elle était une fois

collection dirigée par Marie-Josèphe Guers

KARINE CIUPA

YVONNE PRINTEMPS

L'heure bleue

ÉDITIONS ROBERT LAFFONT
PARIS

ISBN 2-221-05283-8

Pour Simone,
A Marie-Josèphe et Paul

« L'amour est cette merveilleuse chance qu'un autre vous aime encore quand vous ne pouvez plus vous aimer vous-même. »

Jean GUÉHENNO

Premier chapitre

1894-1917

« Je m'étais juré qu'à vingt ans
Je serais celle qu'on adore
Plus qu'aucune autre et tant et tant,
Et davantage, et plus encore ! »

L'Amour masqué,
Sacha GUITRY,
André MESSAGER.

Automne 1893 : Le train manqué

LEQUEL des deux attend l'autre, ce soir d'octobre 1893, en gare d'Arras ? Palmyre, sans doute. Elle est femme à attendre, sur un quai ou ailleurs. Soumise, patiente, attachée. Ce sont les familles qui ont provoqué la rencontre : les parents de Palmyre, les Vignolle qui habitent Le Cateau où la jeune femme est née, et ceux du mari volage, les Wigniolle de Valenciennes. Pour eux, il n'y a aucune raison de ne pas croire en une réconciliation : le fils Wigniolle est bien un peu coureur, mais il n'est pas mauvais homme. Est-ce sa faute s'il plaît tant aux femmes ? Palmyre, qui a bon cœur et n'a rien à perdre, accepte de passer quelques jours avec Léon-Alfred dans leur pays, à la limite du Cambrésis et du Hainaut. L'amertume n'est pas son fait : elle est délaissée, certes, pour quelqu'une ou quelques autres, elle a trente-quatre ans, trois enfants – deux garçons et une fille –, mais elle est amoureuse, Palmyre. Amoureuse de son mari.

Leurs origines sont modestes, l'instruction précaire. Pendant les absences répétées de Léon-Alfred, Palmyre Wigniolle a appris à se débrouiller seule. Elle est restée une femme agréable : ses cheveux sont attachés bas en chignon, presque sur la nuque ; le visage est rond, le menton en poire, la bouche étroite, les yeux petits mais bleus. Palmyre a le teint diaphane des filles du Nord. Elle est un mélange d'exubérance et de crédulité, de conformisme et de drôlerie. Elle aime coudre et chanter. Elle aime aussi aimer.

Aujourd'hui, sur le quai, elle se rappelle leur première rencontre. Un regard avait suffi : elle avait rougi, il l'avait enlevée, ils s'étaient aimés, il avait filé. « Et pourtant j'ai eu un regard... » songe-t-elle. Bientôt, Palmyre croit attendre un enfant et l'homme aux favoris qui porte beau l'habit et la moustache ne se dérobe pas. Vite on les marie. Léon-Alfred continuera de vivre comme il l'entend. Rien, jamais, ne l'empêchera de courir le guilledou, ni de flamber, ni de faire la noce. Mais les conquêtes vont coûter cher à ce caissier qui dilapide, à ce joueur qui touche à tout, à ce don Juan qui va jusqu'au bout de sa frénésie. Il joue aussi avec Palmyre ; il va et vient, présent pour quelque temps aux naissances de Léon et Lucienne qui sont maintenant des adolescents, et de Lucien qui a huit ans. Palmyre toujours l'excuse, admirative, tolérante, influençable.

Est-ce le train qui est arrivé en retard et leur fit manquer la correspondance, ou le départ pour Valenciennes fut-il reporté ? Peu importe. Puisqu'il n'y a rien d'autre à faire, on décide de passer la nuit à Arras. Une soirée seuls, sans les familles, l'occasion est plutôt belle.

Mais, en gare d'Arras, le lendemain matin, ce n'est pas un couple qui monte dans le wagon en partance pour Valenciennes : Léon-Alfred et Palmyre Wigniolle ne sont décidément pas faits l'un pour l'autre. Chacun repart d'où il est venu. La rencontre ratée n'est pourtant pas sans conséquence : neuf mois plus tard, à Ermont près de Paris, le 25 juillet 1894 à 10 h 30, Palmyre Augustine Wigniolle met au monde une petite fille. Le médecin accoucheur est breton, et comme on cherche un prénom pour l'enfant, il propose celui d'Yvonne. Elle a les yeux bleus et le menton en poire. Elle est née sous le signe du Lion.

A Ermont, les années difficiles

YVONNE est enfant de la campagne. Ermont, en cette fin de siècle, est l'un des petits villages qui, bien au-delà d'Enghien, bordent la forêt de Montmorency. Un monde rural, protégé et fermé au sein d'une nation qui vit la Belle Époque. Les révoltes existent, mais sont peu nombreuses et les nantis ne connaissent pas la mauvaise conscience. Les velléités anarchistes condamnant les réalités sociales du XIXe siècle ne sont plus clamées que par les chansonniers de Montmartre. Le pouvoir d'achat est stable : il ne baissera qu'une vingtaine d'années plus tard, au lendemain de la Grande Guerre. Pour l'heure, la France, en Europe et dans le monde, reste un pays fort et écouté. Il est la référence, tandis que sa capitale est le point de mire du globe.

On est au temps des duels et des omnibus à chevaux. Pas un boutiquier ne tient vitrine sur l'avenue des Champs-Élysées et l'avenue du Bois n'est pas encore l'avenue Foch. Avant que n'intervienne la séparation de l'Église et de l'État en 1905 – là est le vrai passage d'un siècle à l'autre – se tient la fastueuse kermesse de l'Exposition universelle de 1900. Du Palais-Bourbon à la Concorde et du Champ-de-Mars au Trocadéro, elle consacre l'ère de la communication : quarante nations étrangères sont représentées, et l'avenir trouve son plus juste symbole au palais de l'Électricité. Cinq mille ampoules en illuminent la façade. Partout on parle de cette exposition et les visiteurs s'y pressent par milliers pendant des mois. Ce fut, sans doute, une occasion pour Palmyre de venir à Paris. Elle n'en connaît pas les divertissements et ne s'évade de son quotidien qu'en fredonnant les chansons populaires d'Yvette Guilbert : l'a-t-elle seulement vue aux Ambassadeurs ? La chanteuse – nez retroussé, teint blafard et chevelure rousse nouée en chignon au-dessus de la tête – vient d'y triompher dans *Madame Arthur :* elle immortalise une silhouette longiligne aux bras gantés de noir, la taille prise dans une robe vert cru, devenue légendaire.

L'opérette à cette époque jette ses derniers feux et le café-concert bat son plein. Le temps est venu des gambilleuses et des chanteurs comiques. On a rebaptisé le Chat-Noir et Toulouse-Lautrec fait l'affiche de Bruant au nouveau Mirliton, après avoir croqué de son trait elliptique la dame en vert, comme il l'a fait pour Jeanne Avril et les danseuses du Moulin-Rouge.

Le père est revenu à la naissance d'Yvonne, pour repartir quelques mois plus tard en Angleterre au bras d'une blanchisseuse. Puis il revient pour disparaître à nouveau. Palmyre ne cherche plus à le retenir, mais ne s'accommode pas de la situation, ni sentimentalement ni financièrement. Il n'est pas certain que Léon-Alfred, à sa manière, n'ait pas fait quelque effort; mais la petite qui grandit défend sa mère de tout son instinct et ne passe rien à celui qu'elle considère désormais comme un intrus. On devine qu'après avoir ressenti, confusément peut-être, les déceptions et le malheur de sa mère, trop peu armée, et mesuré son immense faiblesse, sans comprendre ses attachements, l'enfant a jugé, tranché, condamné. Yvonne n'est pas indifférente. Il y a une colère et une intransigeance sans limites chez cette fillette de quatre ans qui finit par chasser son père du domicile familial.

Plus tard, ni la rancune ni la rancœur ne se seront effacées. Malheureusement pour lui et pour elle, jamais

Yvonne n'aura la moindre indulgence pour cet homme qui s'est mal conduit. On ne quitte pas une femme dont on a des enfants. « Ça fait toujours un beau salaud de moins sur terre ! » s'exclame-t-elle en apprenant au début des années 30, la mort de Léon-Alfred Wigniolle, un défunt qui de son vivant ne la concernait déjà plus. Palmyre, elle, s'est évanouie.

L'attitude d'Yvonne envers sa mère est empreinte de tendresse et de générosité. La petite devine que la plus malheureuse des deux est Palmyre. Elle se sait la plus forte, mais la mère ne peut imaginer que ce contexte difficile a fait naître chez Yvonne une incurable inquiétude.

Léon, le frère aîné, se lance bientôt dans le commerce de tissus, quitte Paris et se marie. Lucienne ne tarde pas à en faire autant : elle épouse un précepteur et part vivre à Dourdan, non loin de Paris. Quant à Lucien, il passe son temps aux Beaux-Arts et fréquente les salles de spectacle. Palmyre n'a plus qu'un enfant à charge, mais n'en tire pas moins le diable par la queue. On vit trop chichement, le superflu est inconnu, parfois même le nécessaire. Le peu de ressources provient des travaux de couture que Palmyre fait chez elle. Yvonne, qui n'est pas maladroite, aide souvent sa mère. Il est d'ailleurs entendu qu'une future jeune fille doit savoir coudre et broder, comme faire la révérence, signes dérisoires d'une éducation qui aura les limites naturelles de ce que Palmyre a appris et du monde dans lequel elle vit.

Yvonne se plie davantage à ces contraintes qu'à la discipline scolaire. Elle préfère flâner et s'amuser, passer un dimanche chez Estelle, une cousine Wigniolle qui tient un café à Butry-sur-Oise, ou se déguiser avec les vêtements et autres effets de Palmyre : un corsage, une dentelle, une jupe ou un jupon, une breloque et un peigne, un volant décousu ou un chapeau. Grâce à ces accessoires dont les enfants se font des parures royales,

Yvonne se donne en spectacle pour elle-même, jouant tous les personnages d'une vie qu'elle observe. Et comme sa mère, Yvonne chante.

A Ermont, tout le monde connaît la petite Wigniolle et on aime l'entendre. Elle est libre et si gaie ! Son nez n'est pas joli, le bas de son visage est un peu large, mais cette gamine de grande banlieue irradie. Elle est le contraire de l'ombre.

La rencontre de Marie Marville

PALMYRE Wigniolle ne voit dans sa petite dernière qu'une complice et un ultime soutien. Elle n'a rien pressenti de ce qu'allait être la carrière de sa fille. Mais elle reconnaît un tempérament différent du sien : elle en est fière bien qu'effrayée parfois. Palmyre regarde Yvonne résister, protester, se cabrer, s'insurger et, en même temps, dégager une évidente joie de vivre. Quand Yvonne est heureuse, elle l'est un peu plus que les autres et aime sentir autour d'elle cette gaieté immédiate mais superficielle.

Une troupe de théâtre amateur se crée bientôt à Ermont. La petite qui est âgée de dix ans n'a de cesse d'en faire partie. « Elle est bien jeune », songe Palmyre. Mais personne ne sait – et ne saura – mieux qu'Yvonne obtenir ce qu'elle veut. Le 24 décembre 1905, Yvonne Wigniolle se serait produite pour la première fois devant un public. Elle n'a jamais eu aussi peur, mais plutôt mourir que se dérober. Comme en classe lors d'une interrogation orale, ce sont les premières secondes qui coûtent. Yvonne est vite à son affaire : délurée, cabotine, bien dans son corps, sans pudeur aucune. A-t-elle dansé, joué ou chanté ? Les trois peut-être. On dirait qu'elle est née dans un cirque. Ce soir, elle est la seule à pouvoir mesurer son plaisir sur l'estrade. Yvonne est grisée, mais rien ne l'étonne.

Dans la salle des fêtes d'Ermont ou sous le chapiteau de fortune, on l'a remarquée. La jeune femme s'appelle Marie Marville, chante à la Cigale – un music-hall à la mode – et partage la vie d'un monsieur connu des scènes parisiennes, Paul-Louis Flers. Pourquoi Marie Marville est-elle venue à Ermont ? Certains de ses amis habitent rue des Fayettes, là même où Palmyre a son logement [1]. La chanteuse rencontre Yvonne et sa mère à plusieurs reprises, et bientôt la fillette fait ses premiers pas sur les planches parisiennes.

« Cette petite a une voix ! » Lorsqu'elle en parle à Paul-Louis Flers, Marie Marville ne tarit pas d'éloges sur cette enfant. A la Cigale, on a toujours besoin de figurants et de seconds rôles. L'opérette et le caf'conc' sont détrônés au profit d'un genre nouveau : la revue. Paul-Louis Flers est l'un des trois ou quatre « revuistes », comme on les appelle, qui remplissent les salles. Il n'est pas de spectacle plus éphémère ni touffu que ce divertissement qui s'inspire de la mémoire collective et d'événements politiques, sociaux ou culturels du moment. Une quinzaine de numéros se succèdent, faisant intervenir la danse, la comédie, le mime, la chanson et l'imitation. Dans le meilleur des cas, le spectacle tient l'affiche trois mois, sans être à l'abri des modifications qu'impose l'actualité. On y fait tout sans faire n'importe quoi. On veut impérativement distraire.

Yvonne est alors âgée d'à peine quatorze ans et Palmyre a beau être fière de sa fille, la voir sur les planches ne l'enchante pas. A Ermont, on la met en garde contre le théâtre. Il paraît qu'à Paris, certains immeubles sont

1. Selon une autre version, Yvonne et Palmyre Wigniolle auraient vécu à Butry-sur-Oise où Paul-Louis Flers possédait une maison. Mais le courrier adressé à la mère et à la fille à partir de 1904 est envoyé à Ermont (trois adresses successives).

interdits aux acteurs, ces marginaux indésirables dont on veut ignorer le mode de vie trop excentrique ou trop libre. A l'époque, les comédiens sont victimes d'un sévère ostracisme. Il faudra attendre janvier 1914 pour que l'un des leurs, Sarah Bernhardt, soit décorée de la Légion d'honneur et ainsi distinguée par la République. Lucien défend Yvonne, mais c'est un jeune homme et un grand frère. Qu'il ne s'avise pas de soutenir le contraire à Palmyre : le milieu des comédiens est un milieu perdu. Jeunes ou vieilles, les actrices sont toutes des cocottes, des demi-mondaines et autres femmes de petite vertu.

Il y eut affrontement entre la mère qui a peur et la fille qui veut, mais Yvonne est impatiente, curieuse et décidée. Elle continuera d'aller à l'école comme ses camarades de classe et Palmyre pourra l'accompagner à la Cigale. C'était bien son intention. Au fond, la mère ne peut s'empêcher de rêver un peu. Elle souhaite pour sa fille une autre vie, presque désespérément, et son imagination fait le reste.

L'époque foisonne de distractions. Depuis la fin de la guerre de 1870, cent cinquante salles de théâtre et de music-hall ont ouvert leurs portes à Paris et aux alentours. Le boulevard de Strasbourg et les rues adjacentes détiennent le record en nombre de théâtres au kilomètre carré, mais il n'est pas un quartier qui ne possède sa salle de spectacle. Les scènes dites de boulevard sont les scènes de théâtre pur : le Gymnase, le Vaudeville, la Renaissance, la Porte Saint-Martin, les Variétés. On y joue Tristan Bernard, François de Curel, Maurice Donnay, Georges de Porto-Riche, Alfred Capus, Flers et Caillavet, déjà Bernstein et bientôt Guitry. De et avec Sacha... *Nono* aux Mathurins, avec Blanche Toutain et Victor Boucher, fut un succès en décembre 1905, mais *La Clef* vient d'être un four. Mauvais temps pour l'auteur Sacha Guitry et Réjane, son interprète principale. On sait pourtant qu'un dramaturge est né et il n'est guère possible de ne pas retenir son nom : parmi les vedettes idolâtrées figure aux côtés de la grande Sarah Bernhardt et de Julia Bartet, de Max Dearly et de Jeanne Granier, un autre Guitry. Son prénom est Lucien, il est le trop célèbre père du premier.

Les nouvelles revues sont dansées et chantées dans d'autres lieux. A la Scala, à l'Eldorado, au Concert-Parisien, à l'Olympia, aux Ambassadeurs et aux Folies-Bergère se produisent Yvette Guilbert, la dame en vert, Félix Mayol – toupet blond et brin de muguet –, Dranem à l'accent faubourien, le rusé Paulus qui joue faussement l'innocent en habit noir et cravate blanche, ou Pauline Polaire – l'amie de la provocante Colette Willy –, une grande fille toute simple et un peu gauche que le public adore.

Le 7 juin 1908, Yvonne Wigniolle crée la revue *Nue Cocotte* sur la scène de la Cigale. Son nom est inscrit sur le programme en caractères suffisamment gros (aux côtés de ceux d'Eugène Gabin, le père de Jean, et de Maurice Chevalier en tout petit) pour imaginer qu'Yvonne a débuté en 1906 ou 1907. La gamine d'Ermont ne sait pas qu'il lui faudra encore sept ans d'apprentissage pour se faire un nom au music-hall.

De la petite Yvonne à Yvonne Printemps

A la Cigale, elle est payée trois francs par représentation en soirée et cinq francs en matinée. Paul-Louis Flers ne lui donne souvent que quatre ou cinq répliques dans des numéros différents. On l'installe contre le portant de droite ou de gauche de la scène. Elle y reste debout, immobile. Les spectateurs la devinent à la voix : les couplets qu'elle interprète font la liaison entre les tableaux de pantomime du spectacle. Yvonne se borne à faire ce qu'on lui demande. Convenablement puisque, d'une revue à l'autre, elle ne quitte plus la troupe de Paul-Louis Flers. Dans *Nue Cocotte,* elle joue Lison, la marchande de Plaisirs, et le Petit Chaperon rouge dans une adaptation revue et corrigée du conte de Perrault. L'année suivante, en 1909, à l'Alcazar d'été, Yvonne donne la réplique à Dranem : elle est Cyrano, tandis que le chanteur de caf'conc' campe une Roxane des boulevards incongrue et hilarante. A la fin de la même année, dans la *Revue des Folies-Bergère,* elle doit imiter Polaire : un nez trop long, une bouche trop grande, des yeux immenses. En dépit d'un appendice qui leur déplaît à toutes deux et d'un regard qui est ou sera l'arme de leur séduction, il y a loin de la jeune adolescente à la chanteuse célèbre. Le déguisement endossé, on s'y tromperait pourtant. Yvonne Wigniolle reproduit à l'identique, par le geste ou l'attitude, l'expression juste, la mimique qui trahit. L'imitation est scrupuleuse, la parodie vivante. Cette petite n'arrête pas de surprendre.

Dans la même revue, une succession de tableaux met en scène les châteaux de la Loire. Yvonne présente l'un d'eux, Azay-le-Rideau, sur un air à la mode dont on a modifié les paroles pour la circonstance : « Fermez les rideaux. » Autres temps, autres rôles : la comédienne connaîtra de meilleurs textes. Clin d'œil enfin de la petite histoire des scènes parisiennes à la grande histoire des cœurs : dans cette même revue des Folies-Bergère, l'un des numéros est une imitation du jeune Guitry dont Paris parle de plus en plus. Colette, qui a divorcé du faux père de ses *Claudine*, est l'interprète de la dixième pièce de Sacha Guitry. Au concert de la Gaîté-Rochechouart, elle joue *C'te Pucelle d'Adèle.* Presque du Feydeau.

Un soir aux Folies, Jane Marnac – l'une des vedettes

de la revue – se foule la cheville. Rien de plus contrariant pour un directeur de music-hall qui ne dispose d'aucune doublure. Sans lui demander son avis, on désigne Yvonne pour donner le change. Elle a appris à respecter les us et coutumes du milieu : le spectacle doit continuer. Quelles que soient les circonstances, elle n'a pas froid aux yeux. Deux ou trois épingles à nourrice suffisent à ajuster le costume, la coiffure est à peine rectifiée, la répétition bâclée en coulisse pendant la séance d'habillage. Annonce, frayeur, griserie, rideau. « L'a-t-elle bien jouée ? » semble interroger du regard Yvonne. Les compliments ne sont pas le genre de la maison, mais on reconnaît que la petite s'en est bien tirée.

Si ce n'était la crainte d'une sanction, elle resterait en scène tant ses pieds collent aux planches. Yvonne aime sentir le rire de la salle, cette espèce de grand corps monstrueux, noir et agité, qui tapisse jusqu'au paradis les balcons du théâtre. Chaque paire d'yeux appartient à quelqu'un qui ressemble à tout le monde. Mais tous ensemble, ils sont un seul et même spectateur anonyme. Lorsque celui-ci applaudit, Yvonne sait qu'elle a gagné parce qu'elle a su séduire.

Son intelligence n'est pas cérébrale. Elle ignore tout de l'abstraction. Rien dans sa nature ni dans le peu qu'on lui a appris ne l'y prédispose. Elle fait partie de ceux qui plongent tête baissée dans la réalité et en font leur miel. L'épisode Marnac, à son échelle, est un défi. Yvonne Wigniolle a parfois le réflexe de l'engagé volontaire qui se jette dans la fosse aux lions. La raison en est son impérieux besoin d'être à la hauteur de ses propres exigences. De toutes ses forces, de tout son être, elle tend vers la conquête : celle du public et celle de chaque homme ou femme qui le compose. Sans imposture, ni fourberie, ni demi-mesure car Yvonne annonce toujours la couleur.

Aux Ambassadeurs, on lui a confié le rôle de Louis

XIV enfant. Comme dans celui de Cyrano, Yvonne y excelle. Qu'elle joue un page, un chevalier, Velasquez ou Jules César, elle est parfaite : son corps semble modelé pour le travesti et elle a gardé le goût du déguisement. De longs membres, une poitrine de garçon et une taille trop grande pour ses quinze ans : son physique ingrat d'adolescente sied aux rôles masculins. Quelque chose en elle semble inachevé mais Yvonne est beaucoup plus qu'un joli minois. Elle est infiniment troublante, par la voix et le regard.

– Elle a des yeux et une bouche à damner tous les saints de Ménilmontant ! proclame Maurice Chevalier qui est en train de devenir le plus célèbre chanteur de Ménilmuche.

De décembre 1910 à juin 1911, Maurice Chevalier et Yvonne se retrouvent aux Folies-Bergère pour créer trois revues, dont l'une des têtes d'affiche est celle qu'au promenoir on a baptisée « la Miss ».

Sur le programme, Yvonne Wigniolle est devenue « la Petite Yvonne » mais, dans les coulisses, on l'a surnommée « le printemps » parce qu'elle est gaie, pleine d'ardeur et d'une bonne humeur contagieuse. Beaucoup plus tard, Yvonne Printemps racontera que sa minceur avait effrayé à l'époque un médecin. Devinant un terrain propice à la tuberculose, celui-ci aurait demandé que l'adolescente cessât toute activité au music-hall. Yvonne n'en fit rien car rien sans doute ne le justifiait. Ce qui n'empêchera pas, plus tard, Mme Printemps de se plaindre à l'interlocuteur crédule de sa santé toujours défaillante.

Le temps où la petite Yvonne cumulait les horaires des répétitions et un emploi du temps d'écolière est passé. Sous les yeux de Palmyre qui est devenue « Mme Hiver », Yvonne Wigniolle apprend son métier et deux ou trois petites choses qui lui serviront dans la vie. Au théâtre, sur la scène ou dans les coulisses, on se débrouille seul : personne ici n'apprend rien à personne. On se dégrossit sur le tas, à force d'observations, d'erreurs, de perspicacité, de patience et de volonté. Le don est peu de chose comparé à l'aisance qui demande travail et acharnement.

Elle sait chanter. Et alors ? Elle n'est pas la seule : les divettes sont légion. Le music-hall demande à ses troupes de savoir tout faire : danser, jouer la comédie, jongler, faire le poirier ou se balancer sur un trapèze, monter à cheval, jouer du saxophone ou de la flûte indienne. Être artiste a un sens. Les textes que l'on déclame ne sont pas éternels, mais on ne se contente pas de faire l'acteur. Yvonne saura le rappeler avec autorité et mauvaise foi. Pour les débutants, il n'existe qu'une seule alternative : obtempérer, vivre dans la sueur, la poussière et l'anonymat, ou partir. Si on décide de rester ne comptent plus que le spectacle et ses lois. Tout ce qui nuit à son rythme est rejeté. Les maladroits et les paresseux en sont exclus.

La petite Wigniolle d'Ermont endure les répétitions qui n'en finissent pas, les changements de costumes à la va-vite, les escaliers bruyants et leurs marches trop hautes. Yvonne accepte ces contraintes comme d'autres les ont acceptées ou les accepteront : Marguerite Deval, Raimu, Arletty, Marie Dubas, Harry Baur, Denise Grey. Celle qui restera, jusqu'à son dernier souffle, l'indomptable apprend à se soumettre à l'entraînement, à dominer et discipliner son corps.

Pas une seconde il n'est question qu'elle abdique ou qu'elle échoue. Yvonne Printemps n'a qu'une seule devise : je veux, donc je peux. Elle respecte les règles, obéit sans plainte ni révolte. Au théâtre, son entêtement et son orgueil la soutiennent au physique comme au moral. Bien qu'elle soit déjà une femme d'amour, au singulier et au pluriel, Yvonne est aussi la femme d'une vocation : la scène.

L'école du music-hall n'a pourtant pas tué l'enfant qui chantait sur les chemins, respirait l'odeur des fleurs et s'amusait avec le copain Fox, son premier chien. Devenu aveugle à la suite d'une bagarre, Fox avait fait son guide d'un chat perdu qu'il suivait au flair. Ensemble, ils faisaient la paire et, avec Yvonne, un trio cocasse. Au-delà d'Ermont et des frontières de l'adolescence, la petite Printemps ne renoncera pas à sa légèreté ambiguë, persistance d'un esprit juvénile pourtant dépourvu d'insouciance.

Bientôt, Palmyre quitte la France pour la première fois : Yvonne et sa mère partent en vacances sur le lac de Côme, à Bellagio.

« Para »...

VERS 1911, la petite Printemps a troqué ses anglaises couleur châtain et ses rubans noués pour une coiffure crantée et un chignon plat sur la nuque. Coquette, elle adore s'habiller et porte la toilette avec une élégance innée. Elle est jolie, mais dans le miroir la jeune fille ne voit que ce nez trop long, trop gros, trop plongeant qui l'exaspère. Malgré cette infirmité physique, Yvonne est à dix-sept ans l'une des filles les plus courtisées du théâtre. Son corps est désirable : elle en éclabousse la jeunesse en y joignant la spontanéité des mots et l'insolence du regard. Cette petite sauvage fait une conquête rapide des hommes qui lui plaisent parmi ceux qui veulent la séduire.

Yvonne se disperse et se prodigue furieusement. Par plaisir, rien n'est moins sûr ; pour quelque chose qui ressemblerait à la passion, peut-être. Elle a beau être le contraire d'une petite-bourgeoise et ne plus rien avoir d'une oie blanche, elle fonce, s'exalte, galope, quitte à s'essouffler, au risque de s'étourdir. Elle tremble de désir et d'émotion, son cœur reste celui d'une midinette dans ce tourbillon d'hommes dont elle ne se cache pas et qui fait sa réputation de jeune femme légère.

En mars 1912, Yvonne joue à l'Olympia dans *Enfin une revue* cosignée par Émile Moreau et Paul Ardot, et non plus Paul-Louis Flers et Eugène Héros. Ce music-hall appartient depuis peu à Jean-Charles, le plus jeune directeur de salle de spectacle. Il vient d'aménager l'ancien caf'conc' : fauteuils plus confortables et nouvelle disposition des lieux. La salle est désormais isolée du hall et du café. Une époque s'achève...

Yvonne interprète revue sur revue : en septembre, *Si j'étais roi* de Paul-Louis Flers à la Scala, avec Mistinguett ; puis retour à l'Olympia pour un autre spectacle en février 1913 ; changement de lieu et d'auteurs avec *Et patati et patata* d'Hugues Delorme et Georges Nanteuil au théâtre des Capucines. Le succès est mitigé. Pourtant, à l'automne, les frères Isola demandent à Yvonne Printemps de se produire dans leur théâtre de la Gaîté-Lyrique. Elle n'ose pas y croire : la Gaîté-Lyrique, comme les Bouffes-Parisiens, s'inscrit dans la tradition des lieux d'opérettes. « Opérette » : le mot magique.

Sur le plan pécuniaire, le contrat est moins intéressant. Qu'importe. La revue-opérette *Les Contes de Perrault* est de Bernède et Choudens, la musique de Félix Fourdrain. Yvonne joue le prince charmant de *La Belle au bois dormant*, le Roi-Soleil et un peintre hollandais. Le spectacle est un échec. Mais la chanteuse qui rêve d'opérettes est loin d'imaginer que l'actuel directeur de l'Opéra de Paris est venu l'applaudir à la Gaîté-Lyrique.

Son nom est André Messager. A soixante ans, il est l'un des plus célèbres chefs d'orchestre français et vient d'occuper les fonctions successives de directeur de l'Opéra-Comique, où il a créé *Pelléas et Mélisande*, et de directeur du Covent Garden de Londres. Compositeur, il a su maintenir à un honorable niveau l'opérette française : les couplets de *Véronique* sont encore sur toutes les lèvres, et lorsque Messager écoute la petite Yvonne Printemps, ce sont ses propres partitions chantées qu'il se plait à imaginer.

– Je veux la voir à l'Opéra-Comique! piaffe-t-il dans son complet foncé et ses souliers Elstern au goût de 1900 qu'il portera jusqu'à sa mort.

On s'étonne. M. Messager est habituellement d'une grande réserve qui n'a d'égale que son extrême politesse et son élégance stricte, inspirée du chic parisien des beaux quartiers. Il est un peu guindé, mais bienveillant et si judicieux dans ses appréciations. Qui est cette petite Printemps dont il parle?

– Vous la connaîtrez! assure Messager sur un ton qui n'admet pas la réplique.

Le compositeur et la chanteuse ne se rencontrent pas. Aucun des deux ne peut soupçonner que, dans moins de dix ans, Sacha Guitry demandera à André Messager d'écrire la musique de *L'Amour masqué*, comédie musicale elle-même écrite pour Yvonne. Contrairement à ce que souhaite le maître, la petite Printemps ne connaîtra pas l'Opéra-Comique. A-t-elle jamais eu l'âme d'une sociétaire, d'une pensionnaire, d'une fonctionnaire? Elle accepte de se plier à une discipline, mais pas à des hommes, encore moins à des institutions.

Après *Les Contes de Perrault*, Yvonne joue à l'Olympia *L'Opérette des X*. Suspendue à un trapèze, elle y chante une mélodie ravissante : « Je sais que vous êtes jolie », d'Henri Christiné, qu'elle n'enregistrera jamais. Chaque soir elle émeut le public et, avec lui, le marchand de programmes astucieux qui clame « Je le paie cinquante centimes » en agitant ses feuillets. Il encaisse ainsi douze sous sur chaque programme et fait un bénéfice de dix centimes qui le rendra millionnaire. Comme il a la passion du théâtre, entre les fortunes et endettements successifs, il dirigera plus d'une demi-douzaine de salles parisiennes. Son nom est Léon Volterra.

Depuis quelques mois, Yvonne se rend chaque semaine, et parfois davantage, rue Richer, quelques pâtés de maisons derrière le théâtre des Nouveautés. Au quatrième étage d'un vieil immeuble habite Mme Paravicini, l'un des professeurs de chant les plus connus de ces jeunes divettes qui font chanter tout Paris dans les music-halls. Son prénom s'est perdu dans l'histoire car ses élèves lui disent « Madame ». Dans leur cœur, elle est « Para ».

Un soir, se faisant violence car elle est d'un tempérament effacé, Mme Paravicini s'est introduite dans les coulisses des Folies-Bergère et a demandé à voir cette petite qui a choisi « Printemps » pour pseudonyme. Yvonne voit entrer dans la loge qu'elle partage avec quelques autres [1] une dame vêtue d'une robe foncée, les cheveux gris tirés et ramassés en chignon. Elle est patiente et drôle, parfois ironique, mais sait faire preuve d'autorité lorsque les voix le méritent.

– Ma petite, dit-elle à Yvonne, vous malmenez la vôtre ! Vous en jouez à tort et à travers. D'ici deux ans, vous l'aurez perdue !

La jeune chanteuse accepte l'aide de Mme Paravicini, d'autant que le professeur, connaissant les difficultés matérielles des débutants, ne lui demande pas d'argent. Pour la voix comme pour le reste, Yvonne a dû se débrouiller seule. Sa première réaction fut de rétorquer à Mme Paravicini : « Pourquoi suivre des cours de chant puisque je chante comme je respire ? »

1. En 1912, Yvonne Printemps signe aux Folies-Bergère un contrat de 1 500 francs qui lui assure une loge particulière et l'inscription de son nom, sur les affiches et le programme, dans le même caractère que celui de la vedette Morton.

Elle ignore ce qu'est une voix et n'imagine pas un instant qu'on puisse devoir la travailler. « Il ne s'agit pas de la travailler pour rien, explique Para. Encore moins de l'exercer pour l'abîmer. Il faut l'entraîner pour la conserver, l'améliorer et en tirer toutes les richesses... »

Volontaire, exigeante et lucide quand on lui a dit le comment et le pourquoi, Yvonne écoute. Para lui explique ce que sont une voix, un timbre, une sonorité, lui apprend le vocabulaire et la méthode. On a sans cesse répété à Yvonne qu'elle avait reçu un don du ciel et que sa gorge était celle d'un rossignol. Dans *Comoedia*, le critique De Brux écrit en 1913 : « Un rossignol ne fait pas le printemps, affirme un proverbe. Par contre, Mlle Printemps fait très bien le rossignol. »

Auprès du professeur, la chanteuse découvre que sa voix est claire et chaude, mélodieuse, riche en résonance, pleine d'un timbre qui est la signature même d'une voix.

– Si vous avez un bon grave, vous aurez un bon aigu, lui assure Mme Paravicini qui s'étonne de la fraîcheur de cette voix. Sans effort, elle monte et descend, fait ce qu'elle veut comme elle l'entend, déjà mezzo et toujours soprano.

Para fait l'impossible pour qu'Yvonne admette qu'un instrument en bon état de marche n'en est pas moins fragile. Il ne s'agit ni d'un violon ni d'un piano, mais de cordes vocales dont les atteintes peuvent être irrémédiables. La chanteuse ne doit ni gâcher le don ni abuser de l'instrument naturel.

– Ma petite Yvonne, respirez donc ici..., demande Para.

– Pourquoi ?

– On respire à cette mesure depuis cinquante ans. Vous ne prétendez pas refaire le monde, j'espère ?

– Et si moi, je ne veux pas respirer ici ?

Yvonne est rebelle, mais admire Mme Paravicini.

Elle ne se résout pas à économiser son souffle. Ici comme ailleurs, elle donne sans compter et s'entête. Cependant, pour ne pas fatiguer sa voix, elle consent à la placer sur les lèvres et non sur la gorge.

Ce que Para a enseigné à Yvonne Printemps, et ce qu'elle ne cessera de lui répéter pendant les années qui vont suivre et durant lesquelles élève et professeur vont conforter leur relation affectueuse, un autre maître aurait pu le lui apprendre. Comme on l'a souvent dit, ce n'est pas son professeur qui a révélé Yvonne Printemps et personne d'autre qu'elle-même n'a modelé sa voix. Le mérite de Mme Paravicini aura été d'introduire le doute dans l'esprit d'Yvonne : facilité n'a jamais voulu dire aisance, et il y a loin de la voix qui est un don au chant qui en est la manifestation.

La Revue 1915

LORSQUE la Grande Guerre éclate, Yvonne et Palmyre, qui ont vécu quelque temps dans le XVIIIe arrondissement, viennent d'emménager à l'entresol d'un petit immeuble de la rue Lauriston, au 11 *bis*, près de l'Étoile. L'appartement qui compte trois pièces exiguës est désormais le domicile familial où la mère retrouve ses quatre enfants à l'occasion des visites de Léon, Lucienne et Lucien. Celui-ci a perdu sa première femme et s'est remarié avec une jeune couturière dont il va avoir deux filles : Lucille et Prisca. En 1919, lorsque le couple se sépare, Palmyre accueille les deux enfants rue Lauriston.

Une atmosphère curieuse règne à Paris au début de la guerre. Dès août 1914, la fermeture des théâtres a fait la fortune des cafés et restaurants, en particulier le Fouquet's dont la terrasse ne désemplit pas et contribue à faire de ce quartier exclusivement résidentiel des Champs-Élysées un nouveau lieu de détente. Presque toutes les voitures ont été réquisitionnées : on se déplace à bicyclette à défaut de pouvoir sortir d'une remise un fiacre de l'autre siècle.

Le 2 août, on a clamé haut et fort que la mobilisation n'était pas la guerre, mais près de quatre millions de Français sont sous les drapeaux, le gouvernement s'est installé à Bordeaux et, à l'annonce de l'avancée allemande, les Parisiens ont fui. La capitale est devenue une cité fantôme.

En quelques semaines va se produire un retournement de situation. Les Français croient en la prédiction de Joffre : « A Noël, la guerre sera finie. » L'affaire des taxis de la Marne a redonné espoir et fait naître des certitudes. Paris retrouve des allures de temps de paix. Le 15 novembre, Léon Volterra, l'ancien marchand de programmes, est le premier directeur à rouvrir une salle : le théâtre des Capucines. Le 6 décembre, c'est au tour de la Comédie-Française, à raison d'une seule représentation par semaine. Puis, le 14, la Gaîté-Lyrique reprend une opérette d'André Messager, *La Fauvette du Temple*, avec Jane Marnac et le truculent Vilbert. Six mois après, la vie théâtrale a totalement repris et, le 6 avril 1915, Sacha Guitry crée *La Jalousie* avec Charlotte Lysès, aux Bouffes-Parisiens. Paris s'installe dans un état de guerre qui ignore le front et les tranchées. Entre mobilisés et civils, le fossé ne cessera de se creuser.

Yvonne est peu concernée par ces événements. Son désintérêt pour l'actualité grave n'est ni prémédité ni calculé. Yvonne révèle simplement une inaptitude à concevoir ce dont elle n'est pas le témoin. La réflexion et la connaissance lui sont étrangères. Elle a vingt ans, elle veut chanter, aimer et réussir. Plus irresponsable qu'indifférente, ainsi est sa nature : Yvonne est une incarnation de la frivolité.

L'année 1915 est une date dans sa vie professionnelle et privée : pour la première fois, un jeune auteur – Louis Verneuil – écrit pour elle trois scènes dans une revue ; elle y remporte un tel succès que Sacha Guitry se déplace et la découvre. Ce sera le début d'une alliance à la scène et à la ville dont la jeune femme s'échappera dix-sept ans plus tard.

« Écoutez-moi, Verneuil... Puisque les théâtres rouvrent, pourquoi ne ferions-nous pas une revue tous les deux ? » Louis Verneuil est stupéfait. A-t-il bien entendu Rip, le plus célèbre auteur de revues parisiennes, lui proposer, à lui qui n'a que vingt et un ans, une collaboration ?

Rip, de son vrai nom Georges Thenon, a une trentaine d'années. Il est l'un des dieux du Boulevard ; depuis 1910, sa revue annuelle, jouée en avril au théâtre Fémina, est l'un des événements de la saison. La dernière en date, *Très moutarde*, est restée à l'affiche quatre mois, jusqu'au 4 juillet 1914. Ce fut un triomphe pour les interprètes, Marguerite Deval et Signoret, et pour l'auteur qui, à la veille de la déclaration de guerre, ose annoncer tout haut ce que tout le monde craint en silence.

Rip est un vrai dramaturge doublé d'un humoriste : « un régal d'esprit », écrit Louis Verneuil. Il en fallait, pour convaincre Edouard de Max, l'un des plus grands acteurs du Théâtre-Français, de se compromettre dans une revue de music-hall. Rip y est parvenu.

Mobilisé dans le service auxiliaire, il fait désormais le cycliste au ministère des Affaires étrangères. Comme il n'est pas sportif pour deux sous, il porte régulièrement en taxi les plis qu'on lui a confiés, après avoir chargé la bicyclette près du chauffeur. « C'est ruineux d'être soldat ! » s'amuse-t-il à tempêter lorsqu'il paie la course une fortune... On est en janvier et Rip songe à une nouvelle revue pour le printemps. Mais il n'aime pas travailler seul et vient de se brouiller avec Jacques Bousquet, son collaborateur. Les emportements de Rip sont connus du milieu théâtral : le personnage n'est pas facile. En dépit de sa verve féconde et de son talent d'amuseur, l'homme est lunatique, taciturne à ses heures, déconcertant et trop habitué au cognac.

– Pourquoi pas Louis Verneuil ?, a conseillé Robert Trébor – le futur directeur du théâtre Michel et du théâtre de la Madeleine – qui s'occupe du « courrier théâtral » au journal *L'Excelsior.*

Le vrai nom de Verneuil est Louis Collin du Bocage. Grande famille bourgeoise résidant avenue Niel. Bien qu'on ait vu d'un mauvais œil l'orientation du fils, celui-ci n'a jamais eu que trois noms à la bouche : Edmond Rostand, André Antoine et Lucien Guitry. Autrement dit l'auteur, le metteur en scène et l'acteur. Pour pénétrer le milieu des planches, Louis Verneuil a voulu devenir dessinateur de théâtre, puis il a fréquenté les salles de rédaction des journaux, écrit des fantaisies musicales et d'autres pièces qu'il déposait à la direction des théâtres parce que François de Curel avait ainsi été découvert par le grand Antoine...

Depuis deux ans, Louis Verneuil, qui est devenu secrétaire général du théâtre Fémina, organise les *Vendredis de Fémina* créés par Robert Trébor en 1910. La place est en or pour se faire des relations. De novembre à mai, le théâtre Fémina accueille, en matinée, environ trente conférences ou « causeries » réunissant des comédiens et un invité de marque : le critique Fernand Nozière, l'aviateur Jules Védrines, Sacha Guitry, le baron de Coubertin ou la comédienne Berthe Bovy.

Louis Verneuil est tenté par la proposition de Rip. Les répétitions de l'une de ses pièces ont été interrompues en août 1914 et la censure vient d'en refuser une autre, trop réaliste au goût du jour : on considère qu'il est mal venu en ce moment de mettre en scène les combattants de la guerre. Verneuil pourtant hésite. Pour cause de congestions pulmonaires successives, l'armée l'a plusieurs fois ajourné. Civil contre son gré, le jeune homme estime qu'il est indécent d'écrire des fantaisies et revues légères tant que la guerre n'est pas terminée. Verneuil cherche néanmoins un avis autorisé et, comme il a rencontré Georges Clemenceau quelques mois auparavant, il se rend rue Taitbout à la rédaction de *L'Homme libre*, le journal que son fondateur a rebaptisé *L'Homme enchaîné*.

– En temps de guerre, explique Clemenceau, le premier devoir du citoyen à l'arrière n'est-il pas de vivre de son métier ? Il n'y a que deux catégories d'hommes : les soldats et les civils. Je préfère un civil à un faux soldat, à un parasite de l'état-major, à l'embusqué de première qui porte un uniforme pour se concilier l'opinion publique ! Pour nous tous, faites votre revue.

Sur l'éternel débat des distractions en temps de guerre, Clemenceau a su convaincre Louis Verneuil. Les mobilisés ont aussi besoin de refrains : ils viennent d'adopter « La Madelon », créée sans succès à l'Eldorado avant-guerre. La revue de Rip et Verneuil va leur fournir un nouvel air de ralliement dont le général Pétain reprendra le titre – « On les aura » – dans une allocution en 1916.

La revue presque terminée, Rip et Verneuil se mettent en quête d'un théâtre et Rip pense naturellement au plus puissant directeur de salles de spectacle parisien : Gustave Quinson. En dix ans, celui-ci a bâti sa fortune sur le billet qu'il a lui-même inventé et qui porte son nom. Le « billet Quinson » est le moyen infaillible pour sauver une pièce qui ne marche pas. Présenté comme une initiative indépendante des directeurs de théâtre de Paris, l'abonnement que Gustave Quinson propose au public donne droit à 50 % de réduction sur le prix des places. Le tarif préférentiel n'est effectif qu'après un nombre variable et non précisé de représentations. Dans le cas où les pièces sont des triomphes, aucune réduction n'est évidemment accordée. Le public qui bénéficie de l'abonnement se croit privilégié alors que Quinson, moyennant une commission de 10 % sur les recettes, reste aux ordres des directeurs dont les salles désemplissent.

En 1915, Gustave Quinson est directeur du théâtre du Palais-Royal. D'ici 1918, il contrôlera plus de dix salles et sera plus tard à l'origine de la construction du théâtre Daunou et du théâtre de la Michodière. Quinson ignore que la petite débutante qu'il va bientôt engager sera la directrice pendant quarante ans de ce même théâtre. Ne pouvant plus faire face à tant d'obligations, le magnat des salles parisiennes se résoudra à céder les Bouffes-Parisiens à Albert Willemetz, le Gymnase à Henry Bernstein et la Michodière au comédien Victor Boucher, dans un premier temps.

Quinson a demandé à Louis Verneuil de lui rendre visite dans sa maison de Saint-Cloud. Nous sommes le 20 février et la première de la *Revue 1915* a lieu le 24 avril. Pour la distribution, Gustave Quinson engage quelques habitués du Palais-Royal : Le Gallo pour jouer le garçon de café qui explique comment gagner la guerre, et Eugène Gabin pour jouer le sergent de ville. Rip impose ses propres vedettes : Spinelly sera le matelot, Marguerite Deval la jeune femme qui a suivi le gouvernement (elle raconte l'épopée du voyage à Bordeaux) et la conductrice d'autobus, symbole de toutes ces femmes qui remplacent les mobilisés et prennent les rênes du pays. Pour le rôle principal du plus populaire des poilus, une tête d'affiche : Vilbert.

– Et le rôle de la chanteuse ? demande Quinson.

– Si nous prenions la petite Printemps ? propose Verneuil. Je la suis depuis les Folies-Bergère. Elle pourrait être parfaite.

– Vous plaisantez ! s'exclame Rip. Mieux que personne vous savez ce que sera notre revue : du dialogue et des couplets. Ni défilés, ni tableaux, ni ensembles. Comment employer la petite Printemps qui est très gentille mais incapable de dire dix lignes de texte ? [1]

Louis Verneuil insiste et finit par convaincre Rip et Quinson qui cèdent, à deux conditions : Verneuil se chargera d'écrire les répliques d'Yvonne (exigence de Rip), qui ne sera pas payée plus de trente francs par représentation (exigence de Quinson). Verneuil écrit trois scènes pour Yvonne Printemps. Dans la première, elle incarne l'opérette française : la Fille du Tambour-Major félicite Paris de s'être affranchie des concurrentes viennoises. Dans la seconde, elle est un jeune garçon qui chante une lettre destinée à son père, soldat dans les tranchées. Dans la troisième, Yvonne est une amoureuse, victime des contraintes administratives de la guerre : l'homme qu'elle aime est soldat et le mariage par procuration nécessite une doublure. Le jour de ses noces, la jeune fille s'éprend du remplaçant.

Les inquiétudes de Rip et Quinson n'étaient pas fondées. La revue est un énorme succès : au Palais-Royal jusqu'au 30 septembre à raison de six représentations par semaine, puis au théâtre Antoine du 6 octobre au 21 novembre. Le triomphe de Vilbert n'étonne ni le public ni le milieu du music-hall. Dans les galas de bienfaisance, Vilbert jouera deux cent quarante-sept fois la scène où le poilu entonne « On les aura ». En revanche, personne n'avait prévu le succès d'Yvonne. Lorsque les représentations de la revue, actualisée, se poursuivent au théâtre Antoine avec une nouvelle distribution, on demande à la petite Printemps d'en faire partie. Verneuil lui écrit trois scènes inédites : Yvonne chante des extraits de *La Vie parisienne* d'Offenbach et

1. *Rideau à neuf heures,* de Louis Verneuil.

joue les rôles d'un boyard russe et de la fameuse mariée à son retour de voyage de noces.

La revue est à l'affiche jusqu'au 21 novembre, mais Yvonne Printemps a dû être remplacée avant la fin des représentations. En effet, elle a été sollicitée pour un autre spectacle dont les vedettes sont Vilbert, Armande Cassive et Raimu, qui fut son partenaire aux Folies-Bergère. La première de cette nouvelle revue, montée au Palais-Royal et intitulée *Il faut l'avoir,* a lieu le 6 novembre. Ses auteurs s'appellent Sacha Guitry et Albert Willemetz.

Charlotte, Albert, Sacha et les autres

COQUETTERIE de femme bientôt délaissée ou vérité historique, la rencontre de Sacha Guitry et d'Yvonne Printemps est, selon Charlotte Lysès – Mme Guitry à la ville depuis 1907 – le fruit de sa propre intuition artistique. Un sens du spectacle qui va lui coûter cher. « Il y a une petite dans la revue de Rip qui, paraît-il, est étonnante. Albert et toi, vous devriez aller la voir... », a conseillé Charlotte.

Depuis la guerre, les revues qui œuvrent pour le redressement moral des armées françaises sont à la mode. Sacha Guitry et Albert Willemetz, qui ont fait leur première communion ensemble et que les planches réunissent à nouveau, ont eu l'idée à l'été 1915 d'écrire une revue de circonstance. En septembre ou octobre, tenant compte du propos de Charlotte, Sacha se rend au théâtre pour écouter puis rencontrer la petite Printemps. Elle le connaît de nom et l'a vu sur scène car son frère Lucien l'a emmenée un soir aux Bouffes-Parisiens.

Celui qui pénètre dans sa loge est un homme jeune

mais sans âge. Il est massif : un torse de catcheur, des traits lourds, un cou épais et un corps pesant qui tout à coup le gêne. Porte-t-il une cape ? Tout au moins un veston ample, un gilet clair, une cravate rayée et sans doute un chapeau incliné. Il est l'élégance même dans l'impeccable mise, le geste ample et la démarche sourde et superbe. Intimidée, la petite Yvonne ? Pas le moins du monde. Impressionnée plutôt, et tout à fait épatée, pour être franc. Que lui veut-il donc ?

– Mademoiselle, accepteriez-vous de jouer au Palais-Royal la prochaine revue que je prépare ?

Yvonne qui ne perd jamais ses moyens répond sur-le-champ par l'affirmative. La chance à nouveau se présente : la jeune chanteuse le devine. Silencieuse et plus attirante encore qu'elle ne le soupçonne, elle écoute cet auteur dramatique qui transforme l'entrevue en une brève séquence théâtrale. La voix masculine – enjôleuse et uniforme –, qui n'en finit pas de moduler, n'est pas un artifice réservé aux planches, comme Yvonne l'avait cru. Il lui semble que Sacha récite un texte et en bouscule la ponctuation pour établir la sienne. Le discours est pompeux, lyrique, inimitable. Cet homme réussit à parler comme il écrit. Son style est un comportement, une manière de se différencier du commun des êtres.

Un rendez-vous est-il pris pour une audition ? Ce n'est pas certain. Sacha Guitry est sûr de son choix. Mais surtout, la pudeur et l'orgueil viennent d'atteindre chez lui leur paroxysme. Cette gamine de banlieue, qui a tout du titi parisien en dessous de soie, le trouble. Elle n'est pas racée, et la bienséance parfois lui échappe, mais quelle envergure ! D'avance, on lui pardonne tout. Lorsqu'elle se déplace, elle est la grâce ; lorsqu'elle chante, elle est le talent ; lorsqu'elle le regarde, elle est le désir. Sacha n'a-t-il jamais vu apparition plus revigorante ? Avec naturel, elle s'impose ;

avec savoir-faire, elle l'éblouit, dégageant ce qu'il faut de mystère, de chaleur et de séduction. Le voici pris au piège de la plus féminine des créatures.

Sacha Guitry a eu trente ans en février et depuis *Nono* il connaît le succès : *Le Veilleur de nuit, La Prise de Berg-op-Zoom, La Pèlerine écossaise, La Jalousie.* En mars 1914, la Comédie-Française a monté une autre de ses pièces, *Deux Couverts.* Le dramaturge ne se contente pas d'écrire : il peint et dessine (en 1911, il a exposé toiles et croquis chez Bernheim Jeunes et est en train de réaliser son premier film – *Ceux de chez nous* – qui veut être, en ces temps de guerre, sa contribution personnelle à la grandeur du pays. De pénibles rhumatismes l'empêchent d'être au front et, de toute façon, Sacha préfère s'illustrer là où il se sait brillant. Il a décidé de fixer sur la pellicule une galerie de portraits témoignant du génie français : Rodin, Octave Mirbeau, Monet, Degas, Camille Saint-Saëns, Anatole France, Henri Pathé. La première projection est prévue aux Variétés le 22 novembre.

La date est justement celle du début des répétitions de la revue *Il faut l'avoir.* Une lettre de confirmation en avertit Mlle Yvonne Printemps, « artiste lyrique, dramatique et chorégraphique [1] » : « Mademoiselle, je vous engage à venir au théâtre des Variétés à partir du samedi 22 novembre pendant au moins une quinzaine de jours à 5 h 30 *exactement.* Un régisseur vous accompagnera sur le plateau et un pianiste vous accompagnera sur la scène. Nous aurons avant cette date choisi d'un commun accord des sélections d'opé-

1. Jane Willemetz fut la seule dépositaire, jusqu'à sa mort en 1976, d'une correspondance privée Sacha Guitry-Yvonne Printemps. Les extraits de lettres utilisés dans cet ouvrage sous la mention « correspondance Jane Willemetz » ont déjà été divulgués au public dans le livre de Claude Dufresne, *Yvonne Printemps – Le Doux Parfum du péché.*

rettes françaises destinées à mettre en valeur toutes les qualités vocales dont le bon Dieu fut envers vous prodigue. Vous voudrez bien en revanche ne pas refuser la somme de cinquante francs par représentation que mon administrateur vous remettra sitôt que vous serez rentrée dans votre loge. Petite Printemps, je vous baise les mains. Sacha Guitry. »

La petite Printemps est ravie. Sa mère fière, comblée, rassurée. Yvonne ignore à cet instant que, dans quatre ans, elle sera la femme de ce Guitry qui est en train de devenir, pour deux décennies, le grand divertisseur de la France, l'animateur de galas multiples et, comme l'écrira Jean-Jacques Gautier, « l'intendant des plaisirs de la République ».

Il faut l'avoir n'est pas une des meilleures réussites du tandem Guitry-Willemetz. La revue se compose d'un prologue et de deux actes allégoriques traitant avec humour et parfois ironie des conséquences de la guerre. On y voit des profiteurs arrondir leur pécule, Harpagon cacher son or dans les caves de la Banque de France, Alphonse Allais et Edmond Rostand planter là leur plume et revêtir le tablier des marchands de quatre-saisons. On y évoque la paix boiteuse qui promet de guérir vite et les nouveaux puissants, le coke et l'anthracite, houilles à combustion lente qui font l'ordinaire amélioré des familles. Yvonne joue l'anthracite et, dans une scène qui trahit l'inclination de son auteur, elle est la rose. Une fleur qui deviendra son emblème.

« Merci, petite rose, d'avoir été la grâce de cette soirée, lui écrit Sacha. Merci, petit rossignol, d'en avoir été le charme [1]. » La carte de visite est déposée dans la loge de la chanteuse, sans doute le soir de la première.

1. Collection Christiane Le Boulère. Le mot de Sacha Guitry n'est pas daté, mais la carte de visite porte l'adresse 48, rue Pergolèse. Là se trouve la villa de l'impasse Dupont où Sacha et Charlotte ont vécu de l'automne 1913 à 1915.

A partir du 10 décembre, Charlotte Lysès et Sacha Guitry interprètent quelques nouvelles scènes, mais les recettes n'en restent pas moins médiocres.

Au front, on entame une guerre d'usure. Depuis le début de l'année 1916, les mobilisés combattent avec l'énergie du désespoir. Se succèdent des batailles indécises et sanglantes : Verdun a entraîné autant de morts chez les Français que chez les Allemands. Grâce au général Pétain dont le rôle est de plus en plus décisif, l'état-major a cherché à ménager les hommes en leur substituant un matériel lourd. Mais les espoirs de reconquête n'ont duré qu'un temps et la désillusion s'est installée pour de bon.

A Paris, on ne perçoit les combats qu'indirectement. Yvonne est tout entière à son spectacle et ses nouvelles rencontres. Au contact de Sacha Guitry, elle découvre un autre monde. Jamais elle n'a côtoyé une personnalité aussi brillante, spirituelle, excentrique. Il vit pour son métier, et s'intéresse à sa nouvelle recrue qu'il touche par sa bienveillance.

Cet homme ne manifeste d'acrimonie en aucune circonstance. Pour un bon mot et parce qu'il est lucide, il manie la distance souriante, mais se garde du sarcasme. La petite Printemps est trop fine pour ne pas mesurer à quel point son éducation sommaire est loin d'être celle de Sacha. Lui est né à Saint-Pétersbourg à une époque où son père avait été engagé pour neuf saisons d'hiver au théâtre impérial Michel. Ses souvenirs de Sarah Bernhardt remontent à l'enfance : la créatrice de *L'Aiglon* fut la partenaire de Lucien sur scène et le témoin à son mariage. Sacha le sait : peu d'adolescents furent autant gâtés que lui. C'est à l'esprit des amis de son père – Tristan Bernard, Jules Renard, Alfred Capus et Alphonse Allais – que le jeune homme a frotté son humour naissant.

Yvonne n'a jamais entendu parler de ces gens-là,

mais se moque des différences et n'a pas de complexes. Son intuition ne la trompe pas : elle admet qu'il lui reste beaucoup à apprendre, et comprend surtout qu'au-delà de la scène, Pygmalion et Galatée ont un point commun. Ni l'un ni l'autre ne regardent la vie par le petit bout de la lorgnette.

On peut imaginer qu'Yvonne se soit sentie plus proche d'Albert Willemetz qui a deux ans de plus que Sacha et une nature moins tourmentée. Fonctionnaire au ministère de l'Intérieur, Albert sera bientôt muté au cabinet de Georges Clemenceau. Mais ce paresseux, qui travaille pour le plaisir, préfère aux couloirs du pouvoir les coulisses des music-halls pour lesquels il écrit revues et opérettes. Un bonheur de vivre se dégage d'Albert qui a fait de la fantaisie sa profession de foi en déclarant : « Elle est la fille du caprice et de l'imagination. » Séducteur, homme du monde et grand seigneur, Albert Willemetz déambule en regardant le monde du haut de son mètre quatre-vingt-dix, les yeux mi-clos, le mégot au coin des lèvres. On le surnommera « l'enchanteur ». Pour Yvonne, il est déjà Tino et le restera le temps d'un demi-siècle de connivence.

Si Albert est l'amitié, Sacha use de mots tendres et fait sa cour en renouvelant la tradition Guitry. Lucien est un homme à femmes, Sacha aime les femmes. Il joue le confident, l'ami, le protecteur pour ne pas dire le père, avant de jouer à autre chose. Mais Sacha est marié... Yvonne n'en a que faire, d'autant qu'il ne s'est rien passé entre eux. Charlotte, en revanche, devine le danger avant la première escapade de son époux.

Charlotte Lysès n'est pas seulement Mme Guitry : elle représente le passé de Sacha, les choix de Sacha, les succès de Sacha, et elle est aussi celle qui ne pourra jamais réconcilier le père et le fils brouillés depuis 1905.

Elle est de huit ans l'aînée de son mari et a dix-sept

années de plus que la petite Printemps. Son vrai nom est Augustine Lejeune. C'est une maîtresse femme : un corps élancé fort agréable, un nez dessiné à la grecque, un regard vif malgré une myopie. Charlotte et son face-à-main ne font qu'un dans Paris : à travers lui, elle examine, inspecte et juge. Il y a chez elle de l'orgueil, de la volonté et beaucoup d'amour pour un homme qu'elle a conscience d'avoir révélé à lui-même. Charlotte Lysès n'est pas seulement la créatrice d'une quinzaine de pièces de Sacha Guitry. Elle a aidé le jeune artiste à se connaître et à choisir entre la peinture, la sculpture et la comédie. Elle l'a poussé à travailler, a su lui donner confiance et l'a admiré avant qu'il ne devienne un auteur dramatique reconnu.

Malheureusement pour elle, Charlotte – sans en être la cause – n'est pas étrangère à la rupture entre Lucien et Sacha. Disons qu'elle n'a rien arrangé. La mère de Sacha, Renée de Pont-Jest – comédienne séparée de Lucien –, était décédée en 1902. Trois ans plus tard, pour des raisons qui ne sont que des prétextes, la brouille éclate. La relation entre le père et le fils est devenue invivable : trop grande volonté de domination, trop grand besoin d'admiration de part et d'autre sans se l'avouer (ni à l'autre ni à soi-même), trop de fierté, trop d'amour et d'amour-propre. Lucien accepte mal que Sacha puisse se faire un nom, même sous un pseudonyme; il accepte encore plus mal que son fils veuille se faire un prénom.

Charlotte est entrée dans leur vie en 1903. Tristan Bernard et Maurice Donnay, qui sont de ses amis, ont demandé à Lucien Guitry, alors directeur du théâtre de la Renaissance, d'auditionner la jeune femme. Si elle n'a pas compris d'elle-même les usages de la maison, on a dû l'en prévenir : une rencontre sur les planches se prolonge fatalement dans l'intimité de la loge de Lucien ou dans son appartement place Vendôme.

La scène que Charlotte Lysès a choisie est extraite de la pièce de Maurice Donnay, *Amants*. Lucien donne la réplique à la jeune comédienne qui se plie aux usages, convaincue d'obtenir ainsi le premier rôle important de sa carrière. Fureur et déception : on ne lui propose que des miettes, un rôle squelettique dans une pièce qui n'a pas laissé de trace. Charlotte a-t-elle rêvé de vengeance ? Elle a la détermination des êtres qui n'aiment pas se faire avoir. Les circonstances vont lui fournir une occasion qui dépasse ses espérances. Espiègle, insouciant et mince encore, un jeune homme de dix-huit ans, la mèche tombant sur l'œil gauche, lui offre le rôle qu'elle attend. A la ville d'abord, puis sur la scène quelques mois plus tard : « Je l'ai eu, dira Charlotte. Il avait le goût d'un baisemain, la grâce d'une révérence, l'intelligence d'yeux malins et la renommée d'un talent. Il avait un nom, celui de mon directeur. Un prénom, celui du fils de mon directeur [1]. »

Lucien n'admet pas cette liaison et éloigne Sacha de Paris. La séparation ne résout pas le litige : l'affaire Charlotte n'est qu'un premier détonateur. Sacha comprend qu'il doit résister aux pressions du père, mais ne se décide pas à une rébellion qui signifierait rupture. Au théâtre, Lucien Guitry multiplie les provocations : il refuse que Sacha joue sous le nom de Guitry et confine le jeune comédien dans de piètres seconds rôles. Par la volonté de Lucien, jamais une seule scène ne les réunit. Et, malgré l'admiration respectueuse du fils pour le père, la crise est latente.

Un soir de janvier 1905, le débutant Guitry-Lorcey (Lorcey est le nom de théâtre de Sacha) arrive en retard à la représentation. On a programmé *La Bonne Hélène* de Jules Lemaître. Sacha y joue le rôle de Pâris. Le sort s'acharne sur lui ce soir-là : à peine en coulisses, le

1. *Charlotte Lysès*, par André Herment.

comédien s'aperçoit qu'il a oublié sa perruque dans le fiacre qui vient de le déposer. Trop tard... Il entre en scène, le casque juqu'aux yeux, déclenchant chez ses partenaires un rire contagieux qui gagne toute la salle. Pour le directeur du théâtre, c'en est trop, et Lucien sanctionne Lorcey d'une amende de cent francs qui équivaut au tiers du salaire du comédien. Lucien sait que la condamnation est injuste car excessive. Sacha demande une entrevue à son père pour en discuter.

– C'est à prendre ou à laisser !, lui rétorque le grondant Lucien. Ne pouvant se soumettre ni tenir tête, Sacha se retire, part chez Alphonse Allais avant de rejoindre Charlotte. Ils passeront le printemps et l'été sur les côtes de la Manche : Charlotte a trouvé un emploi pour elle-même et pour Lorcey au casino de Saint-Valéry-en-Caux.

Il faut peu de temps au jeune comédien pour se faire un nom d'auteur dramatique. *Nono* est présenté au public parisien au mois de décembre. Modestement, le couple s'est installé rue de Clichy dans un deux-pièces sans électricité. Le succès entraînera plusieurs déménagements. Sacha épouse Charlotte en 1907.

Lorsqu'il rencontre Yvonne Printemps, il n'a pas vu son père depuis dix ans. Le jeune homme qu'il était a mûri, l'amoureux s'est lassé, l'auteur est en pleine possession de ses moyens. Le temps et, paradoxalement, la réussite ont émoussé l'admiration de Charlotte Lysès pour Sacha Guitry. Cette femme, qui a été son premier public, qui l'a soutenu avec conviction et discernement, est devenue le témoin, peut-être gênant, d'une époque où Sacha était à la recherche de lui-même. La séparation est inévitable et annoncée dans *La Pèlerine écossaise* que le couple a créée en 1914 avec Georges Noblet et Jane Renouardt. L'un des personnages y confesse les prémices d'une désunion : « J'ai trente ans, mon vieux, et six ans de mariage. Cela fait trente-six. »

Sacha est amoureux

Depuis la mi-janvier 1916, Yvonne Printemps joue et chante à nouveau sur la scène du Palais-Royal aux côtés de Raimu. Le spectacle qui tient de la farce et de l'opérette est intitulé *Le Poilu.* Gustave Quinson avait reçu quelques mois auparavant les textes et musiques de deux actes, l'un signé Pierre Véber et l'autre Maurice Hennequin. Pensant qu'il était possible de réunir les deux pièces, Quinson avait demandé aux auteurs de remanier l'ensemble pour en faire une pantalonnade cohérente. En première partie, on jouait un acte inédit de Georges Feydeau, *Hortense a dit « Je m'en fous ! »* Le spectacle est moyen, mais Yvonne joue l'un des deux rôles principaux et s'impose de plus en plus comme une valeur sûre de la profession. Les auteurs écrivent désormais leurs revues en pensant à la petite Printemps et les directeurs de salles sont prêts à lui signer des contrats substantiels. Ils ne savent pas que Sacha Guitry est sur le point de lui tracer une voie royale.

Partout où Yvonne répète et se produit, il est présent. Rue Lauriston, des fleurs sont régulièrement livrées, des lettres déposées. Sans compter le signe qui ne trompe personne : Sacha Guitry s'est pris d'affection pour Jojo, une petite chienne qu'Yvonne a recueillie un soir, en sortant des Folies-Bergère.

Avec Charlotte, il y a plus d'amitié que d'amour. Leur relation – en tout cas celle qu'entretient désormais Sacha – est faite de reconnaissance et de complicité intellectuelle. Yvonne, c'est autre chose. Ni mieux ni moins bien. Assurément, une terre inconnue jamais accostée. Si Sacha ne vibre pas sous l'effet d'un coup de foudre, la secousse en est bien imitée. Yvonne le touche par sa jeunesse : elle est si naturelle, si fraîche, si gaie...

En avril, ils deviennent amants. Et pour la vie entière – la sienne –, Sacha lui donne l'affectueux surnom de Von.

Comment ne pas être ému par la sollicitude de Guitry ? Parce qu'il est amoureux, il est à l'écoute de la jeune femme, indulgent, compréhensif, généreux. Elle, qui est la plus forte des deux car moins bouleversée par leur rencontre, joue à fond la féminité fragile. Cette lionne, qui sait être une bête de scène quand il le faut, endosse comme s'ils étaient les siens les vêtements de la petite Nono, personnage créé par l'auteur Guitry : frimousse ravissante, esprit léger, évidente sincérité malgré les minauderies, à deux doigts de la puérilité.

La petite Printemps est flattée. Sacha a beau ne pas être musicien, il est stupéfait du talent d'Yvonne. Plus tard, en évoquant Petit Von devant Arletty, il lui confiera son exclamation d'alors : « Dons de Dieu de dons de Dieu ! » Flattée, Yvonne l'est aussi car, en dépit de Charlotte qui les contraint à la discrétion, elle ne forme pas avec Sacha n'importe quel couple illégitime. Yvonne Printemps n'est pas faite pour l'ordinaire, n'en a ni le goût ni la disposition d'esprit. Elle s'enflamme pour l'exception, recherche la rareté et sait reconnaître les virtuoses. Comme elle est artiste et n'envisage son métier qu'à l'échelon le plus élevé, elle préfère M. Guitry, auteur dramatique reconnu, à un anonyme qui le restera.

« Mon Petit Von, lui écrit Sacha [1], vous vous êtes confiée à moi, vous m'avez raconté votre vie, vous m'avez ouvert votre petit cœur tourmenté, vous avez pleuré dans mes bras, vous vous êtes réchauffée sur mon épaule, vous m'avez enfin donné des marques si évidentes de confiance et de tendresse, que vous ne m'en voudrez certainement pas si je vous parle comme je vais

1. Correspondance Jane Willemetz.

le faire. S'il vous arrivait jamais un ennui, je vous prie instamment de considérer que je suis votre ami et je vous demande de ne jamais oublier que je ferai *toujours* tout ce qui me sera *humainement* possible de faire pour vous faciliter la vie et vous la rendre agréable. Je vous le demande du fond de mon cœur, laissez-moi être votre très grand ami, laissez-moi vous embrasser très tendrement, très longuement... »

A-t-on jamais parlé ainsi à Yvonne ? Sacha, faussement paternel mais sincèrement protecteur, ami dans ses lettres mais amant dans ses gestes, assure à Petit Von une présence stable et sécurisante, un acquis de sentiments passionnés et la faiblesse si convaincante d'un homme amoureux et célèbre. Mieux encore, Yvonne ne peut qu'estimer celui qui devine les contradictions qu'elle porte en elle, ses excès quasi simultanés d'abattement et de joie. « (...) mélancolique et souriante, follement gaie et triste tout à coup » : ainsi l'a-t-il définie dans l'une de ses lettres.

Le caractère récent de leur relation et l'impossibilité pour Sacha de jouer le rôle du mari exclusif expliquent qu'Yvonne n'ait pas senti, à cette époque, la dépendance que Guitry instaure dans leurs rapports. Dans ses égards les plus attendrissants, son ton le trahit. Il est déjà le maître et elle la chose, sans que leur admiration réciproque en soit entamée : « Je te supplie de ne faire aucune des choses qui peuvent compromettre ta santé et ta voix, et *je te défends*, tu entends, *je te défends* de jamais sortir du théâtre à pied, car c'est un sale quartier et il me serait odieux que tu t'y promènes seule [1].»

Sacha n'est pas le premier homme séduit et enfiévré par cette Printemps qui bouscule les convenances et les normes de la beauté classique, plonge avec indécence ses yeux bleus jusqu'au tréfonds d'un être qui devient

1. Correspondance Jane Willemetz.

sa proie. Le regard est voilé mais coquin, la lèvre triste mais offerte. La séductrice est pourtant une midinette. On pourrait croire qu'instinctivement – parce qu'elle pressent son intérêt – Yvonne se plie au jeu d'un Sacha-père, bientôt Pygmalion. En vérité, il y aura toujours chez elle la persistance de son esprit d'enfance, mélange de liberté, d'inconscience et de crainte. Avant que la vie de star ne fige sur les portraits une image voulue, Yvonne, qui adore qu'on la photographie, a laissé son frère Léon amasser les clichés. Qu'elle a le regard désenchanté, la petite Printemps !

Dans sa complexité, la nature d'Yvonne a conquis Sacha qui lui écrit bientôt : « (...) il me serait impossible de me fâcher d'une chose venant de toi. Tu me plais en bloc et je serais incapable de te dire si tu as des défauts. Les défauts et les qualités, c'est fait pour les gens qu'on n'aime pas. Alors, tu ne me connais donc pas plus que ça ? Je ne suis ni moqueur ni méchant, et quand je dis que tu me plais, cela signifie tout ce que ce mot signifie – et c'est un des plus jolis mots de notre langue – et notre langue est la plus jolie du monde... [1] »

Charlotte Lysès a senti le danger et s'en inquiète d'autant plus qu'il lui semble venir de Sacha et non de cette gamine qui sait à peine lire et écrire. L'épouse se trompe : en d'autres circonstances, une bagarre entre femmes avec Yvonne pour adversaire serait un redoutable pugilat. Pour l'heure, Charlotte est lucide : Sacha est à un tournant de sa vie et ils le savent tous les deux. Que faire ? Les armes des femmes abandonnées sont éternelles : aux réflexions désagréables succèdent les reproches de froideur et d'ingratitude. Et, puisque rien n'y fait, Charlotte décide de rendre son mari jaloux : elle trompe Sacha avec un ténor de l'Opéra-Comique dénommé Francell.

---

1. Correspondance Jane Willemetz.

La réaction est à l'opposé de celle escomptée. Sacha se félicite d'une situation qui lui octroie plus de liberté. Sa double vie ne lui pèse en aucune façon. Aimer Yvonne est une chose, quitter Charlotte en est une autre. Les amis du couple prennent parti et conseillent plus ou moins ouvertement le statu quo provisoire. Claude Monet et Jean Cocteau soutiennent Charlotte. Le contraire serait insensé : l'aventure avec Yvonne Printemps est trop récente pour qu'on puisse en deviner l'issue.

Mais la patience des proches est égale à la fureur de la femme trompée qui enchaîne scènes sur colères. Il n'est rien que l'homme Guitry déteste davantage. Après l'une des sorties intempestives de Charlotte, à laquelle vient d'assister contre son gré le Dr Issh-Whal, médecin des Guitry et des Bernheim, Sacha soupire : « Elle rend l'atmosphère irrespirable et, ce qui est plus grave, ennuyeuse... »

Et Yvonne rencontre un héros

Paris est en rupture avec la réalité de la guerre, ses soldats en armes et ses batteries d'obusiers. On a évolué depuis quelques mois vers une guerre de chasse : la mort n'est plus seulement dans les tranchées, mais dans les airs. Les avions sont dix fois plus nombreux qu'au début du conflit.

Ce monde de violence, de vermine, d'abris de fortune changés en cimetières, Yvonne Printemps n'en connaît ni le goût, ni l'odeur, ni la peur. Elle ne soupçonne rien du duel à mort qui meurtrit le pays et ses hommes. Au théâtre, on rencontre des permissionnaires dont on fait des héros : leur gloire est celle de la nation.

Après son rôle dans *Le Poilu,* Yvonne a joué au

Gymnase dans deux revues : *Tout avance* d'Albert Willemetz et *La Petite Dactylo* de Maurice Hennequin et George Mitchell, avec Harry Baur. Est-ce à la fin du printemps 1916, durant l'été ou au début de l'automne qu'Yvonne rencontre Georges Guynemer ? Personne ne le saura jamais. Il ne reste rien, si ce n'est une mascotte et une carte de visite [1], de cette liaison qui unit une étoile des planches à l'une des plus étonnantes figures du Temps des As. Photos, lettres, télégrammes, carnets de rendez-vous : rien n'a subsisté. Les années ont rendu inexistant le témoignage de première main et, dans le catalogue édité pour la vente des bijoux d'Yvonne Printemps en 1977, aucune note manuscrite ne mentionne que ce jonc d'or massif ou ce collier de perles fut offert par l'aviateur à la chanteuse de revues.

De leur amour disputé au métier, Yvonne a conservé un objet singulier, une tortue de mer aux écailles ambrées et tachetées que Guynemer lui avait remise. Plus tard, de ce qui aura compté dans sa vie, Mme Printemps parlera peu, préférant fabuler sur des événements insignifiants ou exagérer ses frasques par provocation. Mais la tortue restera toujours accrochée au mur de la loge. Le temps écoulé, le choix d'Yvonne, l'éloignement et la mort du héros ont transformé l'animal figé en un talisman, qu'elle caresse ou effleure du doigt les soirs de première. Et peut-être à d'autres moments qui sont restés secrets.

Lorsque Guynemer quitte la zone de combat pour venir à Paris, il passe ses journées à la maison d'aviation Spad. Il lui faut sans cesse améliorer son engin et les ingénieurs de la société sont ses meilleurs interlocuteurs. De ce quartier général, il s'échappe rarement. Ailleurs, dans les lieux publics, le sous-lieutenant qu'on a récemment décoré de la croix de la Légion

1. La carte de visite vierge du capitaine Guynemer, avec une tilde sur le « n », fait partie des archives Laudenbach.

d'honneur pour près de vingt victoires sur l'ennemi est reconnu et acclamé. Les trompettes de la renommée précèdent ces brillants pilotes de chasse, combattants du siècle nouveau et pionniers d'une aventure dans les airs.

Yvonne est sensible aux applaudissements, non par artifice, mais parce qu'elle a besoin de prendre le bras d'un homme estimé, voire adulé. Le théâtre, c'est la notoriété. L'uniforme, le prestige. Et, en temps de guerre, la grandeur lui est implicite.

Le jeune aviateur a vingt-deux ans. Son physique n'a rien de celui d'un surhomme : « Il est pâle comme un ange du Greco », dit de lui Jean Cocteau. On le dirait malade : il est filiforme et chétif. La poitrine est étroite, les épaules sont tombantes, le buste prolonge des jambes qui n'en finissent pas. Une fine moustache cherche à donner quelque virilité à ce visage anguleux et creusé. Tout contribue dans ce physique à révéler l'antagonisme d'un caractère dur et fragile. Quant au comportement, il est le contraire de celui d'Yvonne : Guynemer est silencieux, sobre et distant. Le regard trahit pourtant une agitation et une ardeur dont la petite Printemps devine qu'elle n'est pas la cause.

Georges Guynemer est issu d'une famille comme il faut, sévère et grave. Son père est un ancien officier qui a longtemps souhaité que Georges soit polytechnicien. Mais sa constitution semble trop faible pour ce genre de carrière. Quoi qu'il en soit, le jeune garçon préfère la mécanique aux mathématiques. A l'école ou dans sa chambre, l'enfant rêvait des frères Wright, de biplans et d'hélices. Il utilisait tout ce qui lui tombait sous la main – papier, toile, bois et fil de fer – pour fabriquer des machines volantes.

En août 1914, Guynemer a voulu s'engager mais la commission de l'armée a ajourné ce gringalet aux prétentions immodérées. Il s'obstine et devient, grâce à la complicité d'un supérieur de l'école d'aviation militaire de Pau, élève mécanicien dans le service auxiliaire de l'aérodrome de Pont-Long. Au terrain d'aviation de Pau, Georges est un clandestin à qui l'on confie de menues et basses besognes. Il s'exécute, mais observe, fait ses preuves et rue dans les brancards, tant et si bien que, le 26 janvier 1915, le capitaine Bernard Thierry, qui l'a déjà aidé, ajoute illégalement le nom de Georges Guynemer à la liste des élèves pilotes. Toujours clandestin, mais incorporé...

Quatre mois plus tard, la nouvelle recrue part pour Vauciennes, près de Villers-Cotterêts, où est installée l'escadrille des Cigognes, placée sous la responsabilité du capitaine Brocard. Selon la formule, Guynemer « casse du bois », et plus d'une fois le capitaine furibond le traite de « bousilleur de zincs ». La chance du gamin turbulent s'appelle Jules Védrines. L'aviateur, qui a gagné la course Paris-Madrid en 1911, apprend le métier à Guynemer. Georges a reconnu dans le ciel l'espace qui est le sien, sans bornes ni frontières, vierge et vertigineux, lieu de toutes les figures et de tous les dépassements.

L'huile, l'essence, le métal et les bruits de moteur sont à Guynemer ce que les coulisses, les escaliers étroits et la poussière des théâtres sont à la petite Printemps. Comme elle, il possède de façon innée ce qu'il n'a pas appris à l'école. Comme elle, il est batailleur, opiniâtre et audacieux. Il n'a peur de rien, et rien, sur le terrain ou dans le ciel, ne doit lui résister. Les événements et leur nature respective l'ont voulu ainsi : Yvonne Printemps et Georges Guynemer, rebelles et marginaux, se sont plu à établir les règles de leur propre conduite. Si l'aviateur n'avait pas été abattu à vingt-trois ans, il aurait vécu la même contradiction qu'Yvonne : comment concilier une fidélité croissante à des principes moraux liés à l'éducation et à la vie communautaire et une aspiration première à se placer soi-même au-dessus des classes et des castes ?

Yvonne Printemps a rencontré quelqu'un de sa race. Tous deux ont chèrement conquis ce qu'ils désiraient. Leur tempérament les rapproche tandis que les divergences de leur caractère renforcent leur attirance. Elle est rieuse, avide et mutine. Il est froid, guindé et émotif. Séduite par Sacha, la petite Printemps va séduire Guynemer parce que brusquement la voilà amoureuse.

« Alors, c'est vous le héros ? » a-t-elle dû lui dire avant qu'il ne l'emmène dîner au Fouquet's ou chez Maxim's. Quelle liberté et quel rayonnement ! Avec Georges, Yvonne connaît l'amour des permissions de soldat, la vie aventureuse auprès d'un amant qui arrive sans prévenir, l'enlève au théâtre et lui fait partager la tourmente guerrière. A nouveau, elle n'a pas choisi la facilité. Elle n'aurait que faire d'un homme soumis, empêtré dans des habitudes et des a priori. Contrairement à Sacha, Georges n'a pas besoin de spectateurs. Dans la vie de Guitry, ses épouses resteront son premier public et l'instrument de ses créations théâtrales. Auprès de Guynemer, Yvonne a senti que la passion de l'aviateur ne laisse aucune place à l'épanouissement des sentiments. Son Spad est toute sa vie : rien n'est plus fort que le plaisir qu'il éprouve à bord de son avion.

Leurs jouissances dans le ciel et sur la scène étant de même nature, Yvonne comprend ce qu'éprouve Guynemer, mais n'admet pas d'être distancée : elle n'est pas femme à se contenter et exige la première place. La mort qui ne cesse de menacer est un rappel constant de la passion dangereuse du héros. Tous deux savent qu'il ira jusqu'au bout : en temps de paix, tel un vainqueur du ciel, quitte à s'écraser lors d'une course, d'une traversée ou d'une épreuve de voltige ; en temps de guerre, tel un tueur qui a depuis longtemps compris que celui qui ne tue pas est tué.

On sait que sa technique est suicidaire. Chacune de ses victoires est un miracle. Il évite son ennemi à la dernière seconde après l'avoir frôlé à moins de cinquante mètres. Puis, se plaçant au-dessus de lui, il le guette, évalue le tir, la distance et le temps, avant de plonger pour frapper à bout portant.

Certains soirs, Yvonne attend Guynemer en vain. Parfois, il la surprend en coulisses et elle annule sur-le-champ un souper avec Sacha. Mais on ne sait rien des extrémités auxquelles son amour l'a conduite. Yvonne a peu le sens du sacrifice. Elle ne sait pas bien donner, excepté à sa mère qu'elle aime, protège et défend. Néanmoins, la petite Printemps est capable d'épanchements démesurés sous le coup d'une impulsion. Comme les gens peu sûrs d'eux-mêmes, elle en fait trop et finit par croire à ses excès.

A-t-elle fait l'impossible pour rejoindre son amant dans les zones interdites aux civils ? A-t-elle songé à partager la vie de l'aviateur malgré l'engin volant qui est son rival ? S'est-elle montrée intolérante et possessive alors que Guitry la courtisait déjà ? S'est-elle sentie désemparée, entre Georges qu'elle était condamnée à aimer de loin, et Sacha qui l'aimait chaque jour un peu plus ? Yvonne est une femme impatiente qui n'attend pas. L'absence de Guynemer lui est insupportable, elle se sent oubliée et mal aimée. Son manque de confiance en elle est un frein. Son orgueil, un obstacle.

Plus tard, Yvonne Printemps a parlé de Georges aux deux confidentes et amies que furent Jane Willemetz – future épouse d'Albert – et Anita Vecchioni qui, dans sa loge de concierge, a surveillé, pendant plusieurs décennies, les allées et venues du théâtre de la Michodière. De ces dialogues et confessions de femme, il ne reste rien.

Pendant les huit ou dix mois que dure leur liaison, Georges et Yvonne se sont vus à l'hôtel Édouard-VII où l'aviateur a l'habitude de descendre. Il a multiplié par deux ses victoires sur l'ennemi et est devenu lieutenant.

L'année 1917

Au printemps 1916, tandis qu'Yvonne Printemps se produit au Gymnase, Sacha Guitry et Charlotte Lysès ont repris *Nono* et *Le Veilleur de nuit*. Le 3 octobre, ils créent aux Bouffes-Parisiens *Faisons un rêve*. Ni l'un ni l'autre ne savent plus où ils en sont. L'aventure Guynemer-Printemps s'est ébruitée : Yvonne ne voit pas pourquoi elle ferait preuve de discrétion. Charlotte y trouve une raison d'espérer et Sacha s'en veut de ne pouvoir faire le moindre reproche à Von. En colère contre lui-même, il supporte de plus en plus mal Charlotte et prétend la haïr sur scène tant elle joue bien. Mais l'exaspération est intériorisée. La situation a beau contenir les germes d'une crise, Sacha veut d'abord la paix. Il refuse de tirer lui-même les ficelles d'une histoire qui s'achève. « Ne provoquons pas de heurts inutiles, semble-t-il penser. Ayons confiance dans les événements... » Il n'y a pas d'âge pour jouer à l'autruche.

« Je t'en prie, mon amour, écrit-il à Charlotte, arrive en souriant. Depuis ce matin, tu me fais la tête absolument comme si j'étais responsable des visites que j'ai dû recevoir (...) Il n'y a pas de milieu en toi, c'est beau fixe ou tempête, tâche que ce soit toujours beau fixe. Fais-toi à cette idée que tu n'as pas près de toi dans la vie un oisif. Je suis très occupé. Je travaille beaucoup – j'ai besoin d'un peu de calme et de beaucoup de bonne humeur. Arrive au beau fixe. Je t'aime. Sacha [1]. »

Pauvre Sacha ! Mal à l'aise entre deux femmes, hypocrite par facilité et faiblesse, ou sincère par égoïsme et pitié ? En écho aux tourments de sa vie privée et d'un amour naissant, Guitry vient de terminer une charmante pièce au doux libertinage : *Jean de La*

1. Collection André Bernard, lettre citée par Dominique Desanti dans *Sacha Guitry, cinquante ans de spectacle.*

Fontaine. Sacha est le poète, Charlotte l'épouse du poète et Petit Von le rossignol. La première est annoncée pour le 17 décembre aux Bouffes-Parisiens. Les Guitry ont juste le temps de prendre quelques jours de repos entre la dernière représentation de *Faisons un rêve* et la nouvelle création.

« Petit que j'aime et qui me manque à un point que je ne soupçonnais pas, écrit Sacha à Yvonne depuis sa retraite dans le Midi. Je te confirme ma dépêche d'hier. Oh ! ma mie, quelle épreuve nous faisons subir à notre amour et que je souffre d'y avoir été contraint. Garde-moi bien intact tout ce que tu m'as donné, puisque également je fais de même. Je suis dans un état de tristesse infinie. Je souffre cruellement d'être séparé de ton corps et de ton parfum (...) Tu as apporté dans ma vie un rayon de fraîcheur et je ne vois rien de plus précieux et de plus exquis que ton amour pour moi. Tu m'en as donné les marques évidentes et ton souvenir ne me quitte pas d'une seconde. Le nom de Petit Von me vient aux lèvres constamment et les larmes me viennent aux yeux. Ce que j'ai fait est fou – et il ne faut pas n'est-ce pas, mon amour, que j'aie à le regretter. Tu retrouveras ton amour tel que tu l'as quitté [1]. »

En dépit de Charlotte et de Guynemer, Sacha est un homme épris. A défaut de pouvoir afficher ses sentiments au grand jour, il écrit à Yvonne sous le sceau du secret et lui offre *Jean de La Fontaine*, première déclaration d'amour dont le public est complice. Après la revue *Il faut l'avoir*, la petite Printemps interprète pour la seconde fois une œuvre de Guitry : elle sera associée à trente-deux autres créations et six reprises.

Pour Charlotte, le comble du grotesque est un mot sur la page de garde du manuscrit : « Je dédie – à ma femme – cette comédie – parce qu'il y a – heureusement

1. Collection André Bernard, lettre citée par Dominique Desanti dans *Sacha Guitry, cinquante ans de spectacle*.

– entre elle et Mme de La Fontaine la même distance qu'il y a – hélas – entre Jean de La Fontaine et moi. S. G. » A la publication de la pièce, Sacha aura choisi une autre dédicace : « A Anatole France qui fit à cette comédie l'honneur de lui plaire. »

Dans *Jean de La Fontaine*, le poète trompe sa femme qui lui est infidèle. A la fin de l'histoire, le couple se retrouve, mais les dialogues entre La Fontaine et Mlle Certain, une jeune cantatrice que l'auteur des *Fables* appelle son Rossignol, annoncent une rupture. L'écho est constant de la correspondance privée à l'œuvre théâtrale. Charlotte ne connaît pas le contenu des lettres mais le devine. On imagine qu'entendre chaque soir la déclaration d'amour de son mari à la petite Printemps fut un supplice pour Mme Guitry.

« Approche... et laisse-moi te respirer, dit Jean de La Fontaine au Rossignol. Ô parfum de ma vie! Que tu me plais!... Mon Dieu que tu me plais! Mais comment t'y prends-tu pour me plaire à ce point? Tu dois le faire exprès! A présent que je t'ai contre moi, c'est en moi que je voudrais t'avoir! Oui, je voudrais que tu sois toute petite! » Plus loin, La Fontaine implore : « Donne-moi ton sourire et ton regard... mais conserve la fleur embaumée de ta jeunesse pour un cœur aussi libre, aussi neuf que le tien (...) Ah! si je pouvais... Dis, vois-tu que je puisse te rendre heureuse... Quelle joie! T'entendre un jour me dire *Je suis heureuse!* »

Comment Yvonne pourrait-elle rester insensible à la passion qu'elle fait naître chez Guitry ? Comment cette vague qui le submerge et l'inspire dans son œuvre pourrait-elle ne pas déferler sur Yvonne elle-même ? Tandis que Guynemer est au loin, Sacha fait sa muse de la petite Printemps.

« Quelle ravissante ébauche tu es, lui dit La Fontaine. Oui tu es l'ébauche d'une femme. Tu sembles n'avoir été que volontairement esquissée (...) Une esquisse ne fatigue jamais. Elle promet tant de choses (...) Il semble qu'on puisse la modifier encore et l'achever à sa façon. »

Griserie du démiurge ? Sacha a trouvé en Petit Von ce qu'un artiste attend d'une femme : la beauté, le talent, et cet état d'inachèvement qui incite le créateur à parfaire une œuvre. Prolongement du théâtre dans la vie ou inversement : on retrouve le thème de l'esquisse dans le courrier intime. « A aucun moment, confesse Guitry, je ne pense que tu es une femme. Sais-tu que les grands peintres avant de faire un tableau en font une esquisse ? Sais-tu qu'il leur arrive souvent de faire l'esquisse et de ne jamais faire le tableau ? Tu dois le savoir. Mais sais-tu que dans l'œuvre des plus grands artistes, leurs esquisses sont d'ordinaire les manifestations les plus émouvantes, les plus éblouissantes, les plus claires de leur génie ? Eh bien, toi, tu es une esquisse... Tu en as le charme, la légèreté, la grâce et la liberté. Une esquisse qui ne se corrige pas et je crois que tu es incorrigible. Tu es l'esquisse d'un tableau d'une femme qu'il ne fallait pas faire ! On dit d'un tableau qu'il est ancien, on ne le dit jamais d'une esquisse et je veux que tu conserves ta fraîcheur. Et quand je pense à toi, à nos rencontres, à tes gestes, j'ai l'impression de feuilleter un album de croquis faits par un divin petit maître... Ton corps est une esquisse, tes robes le sont également, comme tes danses et comme tes chants – comme tout ce que tu fais et c'est pour ça que tu me plais tellement... Esquisse un sourire, esquisse un baiser, je le terminerai moi-même... [1] »

Les représentations de *Jean de La Fontaine* se prolongent jusqu'en mars 1917. En avril Sacha et Yvonne s'installent au 38 de la rue Scheffer, près du Trocadéro. Ils n'emménagent pas seuls mais avec Pépée, une petite

1. Correspondance Jane Willemetz.

chienne de trois semaines, de la race des fox à poil lisse, que Guitry vient d'offrir à Von. La robe du chiot est blanche, tachetée de quelque teinture noire qui disparaîtra au premier toilettage. Jamais Petit Von ne voudra se séparer de ce compagnon de jeux et de tendresse. Depuis l'enfance, les chiens font partie de sa vie.

La petite Printemps ne s'est pas fait prier pour partager la vie de Sacha Guitry. Elle n'en peut plus, non de souffrance mais de colère. L'absence de Georges lui pèse et la présence de Charlotte l'irrite. Des deux résistances, Yvonne choisit de s'attaquer à celle qu'elle peut vaincre. Intuitivement, elle sait que la vie l'éloignera de Guynemer. Sacha représente toutes ses aspirations : le mariage avec un homme en vue, une position sociale inespérée et l'assurance de pièces créées pour elle.

Durant les six mois qui précèdent leur installation rue Scheffer, Yvonne doit se battre pour que Sacha se décide à quitter Charlotte. Le rôle de la maîtresse est un second rôle : il n'est pas pour elle. Guitry a beau lui dire dans ses lettres que sa place est « à part mais pas inférieure », elle s'en moque. Admirative, exaspérée, faussement soumise ou fragile, la petite Printemps arrive à ses fins en exploitant ce don de plaire qu'elle a en partage avec Guitry. Lorsqu'il s'adressait au Rossignol, Jean de La Fontaine ne lui a-t-il pas avoué : « Ceux à qui nous ne plairons pas nous haïront sans doute et seront irrités, mais nous ne connaîtrons jamais ce sentiment affreux : l'indifférence. » Sacha a vu juste. Et pour lui, et pour elle.

Auprès de Charlotte, le mari qu'il est encore vit un drame permanent. Les crises de larmes et un état dépressif font suite aux scènes et à la colère. Sacha se sent coupable et tergiverse. A un ami, il écrit : « Les choses de la vie ne se sont pas arrangées. Bien au contraire. Elles ont repris le côté tragique qu'elles avaient il y a trois mois. Charlotte n'a pu tenir sa promesse de jouer *La Fontaine* jusqu'au dernier jour. J'ai dû la faire doubler durant les quatre dernières. Et comme j'ai annoncé chez moi que je partais pour Dax lundi prochain et que je partais seul, ce mot “ seul ” a paru invraisemblable et il a déchaîné la crise ! Et la maison est devenue infernale et Charlotte pour m'empêcher de partir ira jusqu'aux extrémités les plus folles. Ma situation est profondément pénible [1]. »

Bientôt, pourtant, sa décision est prise. Sacha quitte la rue de la Néva où il s'était installé avec Charlotte vers décembre 1915. Le divorce sera prononcé le 17 juillet 1918. Yvonne gagne sur tous les fronts, d'autant qu'elle vient de remporter un beau succès dans le rôle de Mlle Certain. Plus tard, Francis Poulenc se souviendra de l'émotion qu'il avait éprouvée en écoutant Yvonne chanter l'air de Lulli – « Revenez, amour, revenez » – dans *Jean de La Fontaine.*

D'ici à quelques semaines, Yvonne aura vingt-trois ans. Adolescente, elle avait juré de choisir une autre voie si, à vingt ans, elle ne s'était pas fait un nom au théâtre. « Je me serais lancée dans la mode », dira-t-elle. La reconversion est inutile. La petite d'Ermont est arrivée à ce qu'elle voulait. Auprès de Sacha, l'apprentissage va continuer.

Au front, la « der des der » s'éternise. On n'arrête pas de mourir. Les deux années qui viennent de s'écouler ont déjà fait un million de morts chez les Français. Le moral des troupes est au plus bas, la situation ne cesse de s'aggraver. Les hommes sont désespérés, la propagande pacifiste est largement écoutée, les provinces du Nord ressemblent à une terre de fin du monde. Et personne n'entrevoit l'issue de la grande boucherie. On ne sait plus pourquoi on se bat. La Révolution russe et l'entrée en guerre des États-Unis ne vont guère faciliter

---

1. Lettre citée dans *Sacha Guitry*, par Jacques Lorcey.

la compréhension d'événements dont la portée dépasse les soldats. En avril 1917, la reprise du Chemin des Dames est un désastre. Certains régiments refusent alors de monter en ligne et, à Paris, cent mille grévistes s'insurgent contre l'augmentation du coût de la vie et exigent la paix. Il faut attendre novembre pour que le pays reprenne espoir.

Le général Pétain est le lien permanent entre les troupes et les officiers. Le moral des soldats est son souci majeur. Il s'occupe de leur condition matérielle, des permissions et du ravitaillement. Refusant la fatalité de sacrifices humains qui mèneraient droit à la défaite, le général convainc inlassablement les hommes de conduire le pays à la victoire.

En avril, Georges Guynemer devient capitaine; le 5 juillet, officier de la Légion d'honneur. Le 28 du même mois, l'aviateur remporte sa cinquantième victoire. Il n'est pas le seul pilote de chasse, efficace et acharné, de l'époque, mais son destin a fait de lui un personnage de légende.

En mars, Maurice Lartigue – jeune ingénieur de chez Spad et frère du peintre Jacques-Henri Lartigue – organise chez Maxim's un dîner pour présenter à son ami Guynemer une jeune actrice coquette, légère et drôle. Il s'agit de Jane Renouardt qui habite l'ancien appartement de Cécile Sorel, au dernier étage de l'immeuble du Fouquet's. Sa vie tapageuse est connue du Tout-Paris des théâtres et il a suffi de quelques jours pour qu'Yvonne apprenne la trahison de Georges.

Elle est jalouse. Avec passion, férocité et mauvaise foi. Il est probable qu'au printemps 1917, un jour de relâche puisque Sacha et Yvonne ont repris *Jean de La Fontaine* pour quelques représentations, la jeune femme est allée rejoindre Guynemer en zone interdite. Mais la partie est jouée pour chacun d'eux : tandis que Georges continue de s'abstraire d'une réalité terrestre pour vivre un combat à mort dans les airs, Yvonne fait le choix du couple Guitry-Printemps.

.Le 11 septembre, le Spad de Guynemer s'écrase près du village de Poelkapelle en Belgique. Avec le sous-lieutenant Bozon-Verduraz, il a quitté le matin même Saint-Pol-sur-Mer où est basée l'escadrille des Cigognes. Il fait clair. Un Rumpler allemand a surgi et le pilote de chasse est sur le point de passer à l'attaque. De son propre avion, le sous-lieutenant aperçoit une formation de huit Fokker ennemis. Il va les détourner pour laisser le ciel libre au combat du capitaine.

Le Spad est tombé. Puis, plus rien. Ni avion, ni corps, ni trace quelconque. Des faits remis en question, aucune certitude, un mystère entier et surtout la mort tragique qui transforme la vie en destin. La légende peut prendre ses aises. Que serait le Temps des As sans Guynemer ?

Jane Renouardt a recouvert de tissu foncé les volets de son appartement. Yvonne, d'une écharpe sombre, porte le deuil de son aviateur, déchire les signes de leur amour, et conserve dans le secret une invraisemblable tortue de mer, au pouvoir désormais magique.

Chapitre deuxième

1918-1927

« Si l'on était raisonnable,
Est-ce que l'on se marierait ?
Puisque c'est inévitable,
On se trompe six mois après...
Ne serait-ce pas plus durable
D'adorer qui l'on voudrait ?
Le désir étant variable
Que de fois l'on varierait ! »

Si l'on était raisonnable,
Albert WILLEMETZ,
Henri BOURTAYRE.

Un début de conte de fées

Mme Wigniolle a gardé l'appartement de la rue Lauriston dont le loyer n'est plus réglé par Yvonne, mais par Sacha. Depuis qu'ils vivent ensemble, Von est déchargée de toute question matérielle. Sacha ordonne la vie du ménage dans le moindre détail domestique : il connaît le numéro de téléphone du dentiste et le prix des poireaux. Yvonne se laisse porter, guider, diriger. La dépendance est totale : sur le plan financier, elle ne touchera aucun cachet pendant les quinze années que durera leur union ; dans le quotidien, elle doit se soumettre au programme établi par Sacha et le fait de bonne grâce.

La générosité de Guitry est sincère, théâtrale et égocentrique. Ce qu'il achète pour lui-même et ce qu'il offre aux autres doit être marqué de sa griffe. En cas d'hésitation sur un présent, un projet, un dîner dehors ou chez eux, Guitry seul tranche. Sans manifestation autoritaire. Naturellement, parce que cela doit être ainsi. Petit Von abdique avec bonheur. Avant d'en faire une reine de Paris, Sacha la comble d'attentions et de cadeaux. Il aime faire plaisir, selon son bon plaisir.

Sous les yeux de Palmyre éblouie, Yvonne se métamorphose en une future Mme Guitry. La petite a toujours eu le sens de l'élégance vestimentaire, faisant d'un rien une jolie tenue, aimant tous les accessoires et en particulier les chapeaux, les dentelles – en cols ou mitaines –, les voilettes et les manchons. Yvonne, en revanche, n'a connu ni la beauté de ce qui est rare, ni le luxe ni l'abondance. A Ermont, un sou était un sou. Rien n'a changé depuis.

Or, pour Sacha, la dépense doit être fastueuse. L'argent n'est qu'un moyen d'acquisition et l'achat lui-même est un plaisir, une fête et un spectacle. Il aime le bel ouvrage et veut initier Yvonne.

Lorsqu'ils se déplacent, on les remarque, on les attend, on est honoré de leur présence. Sacha Guitry et Yvonne Printemps forment l'un des plus beaux couples de l'époque et le plus symbolique de leur milieu artistique. Il est, avec Henry Bernstein, l'un des deux auteurs dramatiques les plus applaudis de Paris ; elle est l'une des plus jolies femmes d'Europe, bientôt une star et déjà l'incarnation d'un don vocal et du charme le plus irrésistible.

Ils quittent la rue Scheffer à bord du coupé Renault de Sacha. Aujourd'hui, Yvonne est une simple parisienne. Elle porte un tailleur de lainage léger, une blouse en soie ivoire – sa couleur préférée – et un chapeau cloche. La petite Printemps n'est pas encore consacrée sur les planches par *L'Amour masqué*, ni installée dans le rôle de Mme Guitry, toute gantée jusqu'aux coudes, embijoutée de sautoirs brillants, de bracelets en diamants, d'émeraudes et de rubis ornant huit doigts sur dix. Dans les magasins, Sacha a une tactique. Connaissant l'âme féminine et voulant sans cesse étonner sa compagne, il lui ménage des surprises au cours d'un itinéraire choisi et préparé par lui. Il serait trop banal et ennuyeux de se rendre d'un rayon à l'autre parce que la maroquinerie côtoie les parfums. Puisqu'il s'agit d'offrir, ne faisons pas n'importe quoi, ni n'importe comment. Commençons par les bricoles : un vernis à ongles, un miroir de poche, une mallette pour le prochain voyage à Cap-d'Ail. Viennent ensuite le déshabillé, une lampe pour la table de nuit, un portefeuille en cuir et un papier à lettres où un « Y » enlace un « P ». On termine par une coiffeuse en bois précieux et un collier de perles. Quelle sensation grisante et dangereuse d'être ainsi adorée et adulée !

Elle le regarde choisir pour elle. Il est en train de la convaincre qu'il a raison. Dans cette boutique, comme sur la scène, au milieu des visiteurs et des vendeurs qui sont un public, Sacha personnifie l'aisance, l'assurance, la désinvolture, l'anticonformisme à deux doigts de la tradition. Il a la prétention de ne pas plaire à tout le monde et cette prétention-là plaît à Yvonne. Ils sont tous deux en état permanent de séduction et le charme exercé par chacun rejaillit sur l'autre. Le public est au spectacle.

Sacha et Yvonne courent chez le fourreur et la couturière, chez l'orfèvre et le tapissier, chez le bijoutier et l'antiquaire. Souvent, Guitry part sans payer ou – ce qui choque beaucoup Von – marchande les prix. Comment peut-il oser ? D'un mot d'esprit, il déclenche son rire qui chante et cascade, et tout à coup, anxieux ou simplement heureux, il l'interroge, nuançant sa question d'une affirmation contenue : « Tu es bien ? » D'autres interrogations seront formulées : où es-tu ? que fais-tu ? où vas-tu ? Guitry est jaloux et Yvonne y voit le signe d'un attachement qui la rassure.

Pourrait-elle lui demander ce dont elle a le plus envie ? « Mais oui, mon Petit Von ! Que veux-tu ? » interroge Sacha. Petit Von voudrait changer de tête. Ou plutôt de nez... Elle est pourtant si jolie avec ses yeux pervenche et son menton en poire. Certes, mais ce nez énorme, massif, impérieux, signe de son flair et de son instinct dominateur, elle l'aimerait plus court, plus léger, un peu plus en l'air, moins rond, moins long, moins affreux. Guitry ne lui refuse rien : on opère Yvonne. Le résultat est décevant. On récidivera beaucoup plus tard, sous le règne d'un autre.

En dépit de ce nez qu'elle n'aime pas et qui lui va bien parce qu'il est peu commun, la petite Printemps accepte de rencontrer les amis de Sacha. Autrement dit les amis de Lucien Guitry, ceux qui ont continué de fréquenter père et fils en donnant à chacun des nouvelles de l'autre. Parmi ceux qui fréquentaient la place Vendôme lorsque Sacha était adolescent, certains sont morts : Jules Renard, le rouquin aux yeux bleus, moraliste et poète ; Alphonse Allais, à l'humour désespéré, qui avait accueilli Sacha au moment même de la brouille avec Lucien ; Octave Mirbeau, adorable et redouté, faisant feu de tout bois et colère de toute injustice.

Yvonne et Sacha ont dû se rendre rue Drouot chez Alfred Capus, qui mourra en 1922. Railleur et philosophe de l'absurde, il était capable du pire et du meilleur, et avait régné sur le théâtre au début du siècle avant d'être nommé directeur politique au *Figaro*. Chez Georges de Porto-Riche, Yvonne découvre la pudeur d'un conquérant des lettres françaises. Fier et généreux, l'homme de théâtre adopte immédiatement Von. Il a l'âge d'être son grand-père et leurs rapports, jusqu'à la disparition de Porto-Riche en 1930, seront tendres et respectueux. Les relations avec Georges Feydeau sont trop brèves. Bientôt témoin au mariage d'Yvonne et de Sacha, Feydeau devait tomber malade peu de temps après, et mourir en 1921. Von avait eu le temps d'apprécier chez lui ce qu'elle-même ne possédait pas : une distance bienveillante.

Depuis la brouille de 1905, le lien le plus sûr entre le père et le fils est Tristan Bernard. Il a présenté Charlotte Lysès à Lucien Guitry et n'a jamais caché à Sacha qu'il gardait toute son affection à l'épouse délaissée. Mais une rencontre a suffi pour que l'humoriste national soit conquis par la petite Printemps. Et inversement. Derrière une longue barbe taillée au carré, elle découvre la finesse d'esprit d'un faiseur de mots et la bonté d'un homme qui ignore jalousie et perfidie. Tristan Bernard a réussi ce tour de force de s'imposer dans les milieux littéraires sans se faire un seul ennemi.

« Cette petite a de beaux yeux », déclare la grande Sarah en apercevant Von sur le seuil de sa porte. La voix est chaude et ferme, l'appartement baroque et drapé. Devant Yvonne se tient un demi-siècle de renommée, une femme fatale qui a vieilli, une femme libre qui a vécu des hommes, un tempérament cocasse et excentrique, un personnage dont le plaisir fut de plaire et de jouer. Dans quinze ans à peine, Yvonne interprétera au cinéma le rôle de la Dame aux camélias, l'un des triomphes de Sarah Bernhardt. L'accueil de la tragédienne ne pouvait être que chaleureux : Sacha, brouillé ou non avec son père, est le fils d'un de ses meilleurs amis. Il reste aussi cet enfant qui, chaque dimanche matin, accompagné de son frère Jean, venait offrir à l'actrice un baiser et un bouquet de violettes.

Pour présenter Yvonne à Anatole France, Sacha ne craint pas de faire le voyage jusqu'à la Béchellerie, la demeure tourangelle du plus classique des écrivains français vivants. La famille Guitry a une dévotion pour celui qui deviendra la bête noire des surréalistes. Lucien Guitry a créé *Le Lys rouge* en 1899 et *Crainquebille* en 1903. Il aime l'érudition d'Anatole France, la limpidité de son style, son scepticisme souriant, la sensibilité qui pointe son nez au coin d'une formule ironique. « Monsieur France », comme l'appelle Sacha, figure dans la galerie de portraits du film *Ceux de chez nous*. Le jeune Guitry a hérité de son père une passion pour l'homme à barbe blanche, modèle d'intelligence et de courtoisie.

Von se promène au milieu de ces sommités avec naturel et simplicité. Elle reste elle-même dans l'attitude, le geste, la parole. « Mais c'est l'enfant de Gavroche et de la Dame aux camélias! » s'exclame Anatole France.

De 1913 à 1916, Sacha Guitry et Charlotte ont passé les mois de juillet et août dans une résidence d'été à Jumièges près de Vernon. A de nombreuses reprises, ils sont allés en voisins rendre visite à Claude Monet. Le vieil homme, bourru mais curieux des êtres, s'est pris d'amitié pour le couple. Malgré la légendaire gentillesse du peintre, Sacha hésite à présenter Yvonne à celui qui est resté fidèle à Charlotte. Le patriarche de Giverny a-t-il fermé sa porte à la petite Printemps ? On l'a prétendu. Mais peu avant de mourir, Mme Printemps a raconté ses entrevues avec Claude Monet [1].

Il porte un vêtement clair et ample, un chapeau sur la tête. Lorsque Sacha et Von franchissent la barrière, le peintre est dans le jardin. De loin, il les aperçoit et, en guise de bienvenue, il s'étonne d'un détail : « Mon Dieu! Quels yeux bleus!... Bleus, si bleus... Entrez! Entrez donc! » Monet, qui aime les couleurs et les fleurs, ne peut demeurer insensible au regard de cette jeune femme qui aime les roses et les bleuets. Elle l'a écouté parler botanique. Un matin, Yvonne arrive vêtue d'une robe noire et d'un chapeau vert cru.

– Allez vite changer de robe! s'exclame le peintre pour qui le noir n'est pas une couleur.

Madame Printemps n'a pas oublié le sans-gêne de Sacha qui exigeait, admiratif et intéressé, une esquisse de Monet.

– J'en ai besoin! disait-il.

– Vous la voulez? interrogeait le peintre.

– Oui, monsieur Monet, j'en ai besoin de cette esquisse!

1. Entretiens privés avec Christian Freyburger.

Et Sacha repartait avec l'esquisse sous le bras.

Elle est souvent venue à Giverny et s'est occupée de Claude Monet durant les derniers mois de sa vie. Elle y retrouvait l'un des plus fidèles compagnons du peintre, Georges Clemenceau.

Sacha est-il un sésame ? Yvonne ne s'est pas servi de Guitry. Qu'elle ait été moins éprise est indéniable. Elle a la chance d'être comédienne et de partager aujourd'hui la vie d'un auteur dramatique. De même, la lucidité de Sacha ne le trompera jamais sur Yvonne : il connaît sa chance de disposer d'une telle artiste. Dans les années 30, Sacha, séparé de Von, confie à Arletty : « J'ai perdu la moitié de ma fortune... »

L'année 1917 s'est achevée sur deux créations : un film réalisé en décembre – *Un roman d'amour et d'aventure* – qui sera l'unique rencontre Guitry-Printemps à l'écran [1], et une pièce – *L'Illusionniste* – dont la première a lieu le 28 novembre aux Bouffes-Parisiens. Le texte est dédié à Tristan Bernard et le sujet s'inspire de la rencontre d'un couple de prestidigitateurs anglais, Allan et Cara Shoe. Mensonge, chimère et illusion en sont les thèmes principaux, ainsi que la conquête, ce moment de l'amour que Sacha préfère.

Deburau : *la Dame aux camélias rencontre Lucien*

PENDANT l'été de l'année 1917, Sacha Guitry a l'idée d'écrire une pièce à clés qui sera *Deburau* : l'histoire des mimes du théâtre des Funambules, Jean-

1. Réalisation de René Hervil et Louis Mercanton, sur un scénario de Sacha Guitry.

Gaspard et Charles Deburau. Le sujet en est la leçon de théâtre d'un père à son fils. Sacha semble prêt à revoir Lucien.

Ironie du sort, tandis que Sacha et Yvonne répètent cette nouvelle pièce qui sera présentée au théâtre du Vaudeville le 9 février 1918, Lucien Guitry connaît un four retentissant en jouant un drame qu'il s'est lui-même écrit : un accident de parcours pour un acteur qui voulait tâter de l'écriture, et bientôt un triomphe pour ce fils auteur qui a rattrapé le nom de Guitry en se faisant un prénom.

Au théâtre des Funambules, sur le boulevard du Crime, un talent relève l'autre : *Deburau* est l'histoire d'une passation de pouvoir. Entre Jean-Gaspard et Charles, Yvonne joue Marie Duplessis, courtisane du siècle dernier, avant d'interpréter au cinéma Marguerite Gauthier, l'héroïne de fiction de Dumas fils. Une seule âme pour deux noms, et le même camélia à la ceinture. Yvonne-Marie est l'infidèle qui usurpe les mots d'amour : elle écoute Jean-Gaspard qui l'aime pour mieux convaincre Armand Duval dont elle est éprise.

La leçon de théâtre de Jean-Gaspard à son fils Charles se résume ainsi : sur scène, on ne truque pas ; pour être bon, il faut être soi-même. Un conseil à suivre côté cour et côté jardin : « Continue d'être naturelle et simple, avait écrit Sacha à Yvonne. Fais les gestes qui te viennent et dis tout ce qui te passe par la tête. Ne fais jamais d'effort, ni au théâtre ni dans la vie [1]. »

Depuis quelques mois, Clemenceau est revenu sur le devant de la scène politique. La Chambre a fait appel à cet infatigable vieillard qui ne craint pas d'aller sur le terrain de la guerre remonter le moral des troupes, ni d'user d'un langage ferme contre le pacifisme auquel une partie du peuple aspire par lassitude. Bientôt Foch

1. Correspondance Jane Willemetz.

et Pétain repoussent les Allemands. Une première fois, puis une seconde. Les renforts américains débarquent : plus de deux millions de combattants d'outre-Atlantique viennent défendre et consolider les positions françaises. On sait que la victoire sera une course de vitesse. Les Allemands, conscients du revirement dans l'équilibre des forces, ont annoncé qu'ils bombarderaient Paris le soir.

Plusieurs théâtres décident de jouer l'après-midi, de 15 heures à 18 heures. Le dimanche, on joue à 13 h 30 et à 17 heures. Lorsque les sirènes retentissent en cas d'alerte, le régisseur entre dans la salle et donne les adresses des abris les plus proches. Le Vaudeville fait partie des théâtres qui vont modifier les horaires de leur spectacle. C'est alors que Sacha apprend de son secrétaire général que Lucien Guitry a loué une baignoire pour la matinée du dimanche 7 mars.

Yvonne ne l'a sans doute jamais vu sur scène. Par pudeur et superstition, Sacha évoque rarement son père. Jeune comédien, protégé par Sarah Bernhardt et Mounet-Sully, Lucien est l'une des figures les plus admirées et respectées de la scène parisienne. Les tournées l'ont fait connaître d'une Europe francophone et cultivée. Comme tous les comédiens de sa génération, Lucien Guitry est l'héritier d'une tradition théâtrale inspirée des déclamations, aujourd'hui inaudibles, du XIXe siècle. Curieux de toute innovation, il s'est intéressé au Théâtre-Libre d'Antoine et, durant les neuf saisons d'hiver qu'il passe au théâtre Michel de Saint-Pétersbourg, il côtoie les comédiens de l'École de Stanislavski.

La nouvelle façon de jouer est sobre et débarrassée de toute intonation grandiloquente. On est sur scène comme on est dans la vie. L'homme est lui-même avant de faire l'acteur. Cette révolution est aussi une révélation : on ne jouera plus jamais comme avant et les comédiens conquis par ce style neuf, vrai et dépouillé, ne supporteront plus le caractère dépassé d'un jeu qui désormais sonne faux.

Lucien est l'être que Sacha aime le plus au monde. A-t-il attendu un geste, un mot, une présence après la représentation de *Deburau* ? C'est peut-être trop demander. Ou pas assez... Tristan, qui accompagnait Lucien Guitry, prend le chemin des loges et tend à Sacha une lettre du père : « Ta pièce est un chef-d'œuvre et tu es admirable. Je t'attends à déjeuner demain. Viens seul ou viens avec elle. Venez donc tous les deux. »

Yvonne redoute le face-à-face avec Lucien. Ce n'est pas l'illustre acteur Guitry qui l'impressionne, mais l'homme des coulisses, le père de Sacha. Elle devine l'importance de la partie qui est en train de se jouer.

Lucien n'habite plus place Vendôme, mais avenue Elisée-Reclus. Lorsqu'ils arrivent au Champ-de-Mars, Yvonne reste quelques minutes seule dans la voiture, laissant les deux hommes se retrouver, après treize années d'un éloignement bénéfique mais pénible.

– Où est Yvonne ? demande Lucien.

On lui avait dit qu'il avait la stature d'un colosse. On était en dessous de la vérité. Lucien Guitry est toujours plus grand qu'on ne l'imagine. L'homme est trapu. Nuque épaisse et courte, torse bombé. Yvonne, qui aime les êtres authentiques, apprécie chez son futur beau-père cette franchise qui toujours la séduit.

– Savez-vous, ma chère, que chaque jeudi, je me rends à l'Alhambra ? J'adore le music-hall. Quelle école !

La petite Printemps est conquise.

Lucien l'est aussi. Par le charme, la fraîcheur et la spontanéité d'Yvonne. Cette jeune femme ne frime pas et n'est pas prétentieuse. Elle a de la personnalité, elle vibre. Ils ont en partage le goût de l'imitation, toujours à l'affût d'une grimace ou d'une mimique dont ils font un exercice de mimétisme. Ils se sont reconnus : tous deux sont des comédiens qui jouissent en scène.

Une complicité est en train de naître entre Von et l'acteur. Aux dépens de Sacha ? Qu'à cela ne tienne : jamais le fils ne sera jaloux de cette relation affectueuse qui unit déjà son père retrouvé et la femme qu'il aime.

Ils déjeunent dans la salle à manger qui accueille à titre exceptionnel une représentante de la gent féminine. C'est ici que Lucien réunit ses amis. Sans leurs épouses. En raison du caractère familial et intime du repas de ce 8 mars 1918, il n'a pas voulu convier la jeune comédienne qui partage sa vie, Jeanne Desclos. Bientôt, elle n'en fera d'ailleurs plus partie...

Lucien vit au 18, avenue Élisée-Reclus depuis 1910. Après avoir acheté le terrain, il a fait construire un hôtel particulier par un architecte à la mode dénommé Mawès. La seule exigence du comédien fut un bel escalier en marbre. Outre le hall, les chambres et le cabinet de travail, la maison abrite la petite salle à manger où ils viennent de déjeuner et une galerie de treize mètres sur cinq, lieu de réception idéal.

Au terme du déjeuner, Lucien demande à Sacha de lui écrire une pièce. Ce sera *Pasteur,* créée, sans Yvonne ni Sacha, le 23 janvier 1919. Un rôle noble et symbolique pour Lucien, une pièce de lendemain de victoire pour un pays qui sort enfin de la tourmente.

Dès la fin juillet, on est certain de l'imminence de la paix. Yvonne, Lucien et Sacha passent l'été ensemble : les premières semaines à la Gabelle, une propriété que possède Lucien Guitry sur la commune de Grimaud, au bord du golfe, face à Saint-Tropez, puis à Luynes en Indre-et-Loire, où il a loué le domaine du Prieuré.

Les Allemands sont épuisés. La Turquie et l'Autriche-Hongrie ont déjà signé un armistice. Le Kaiser abdique le 9 novembre ; le 10, le territoire français est libéré ; le 11, les Allemands envoient leurs plénipotentiaires à Rethondes. C'en est fini de la guerre, mais l'explosion de joie n'est pas immédiate. A cause des bombardements, les théâtres ont dû fermer pendant l'été et Paris connaît un nouvel exode. Le peuple est encore en état de choc. *Phi Phi*, la nouvelle opérette d'Albert Willemetz et d'Henri Christiné, fait de maigres salles au début du mois de novembre.

Les villages comptent leurs morts. L'effort de la guerre a épuisé les forces vives. La France est un pays de vieillards. Sacrifice inutile, champs de croix et décombres. Quelques mois sont nécessaires pour que la nation, dans une Europe exsangue, retrouve ses esprits. Les observateurs les plus conscients des prolongements du désastre devinent que cette guerre mondiale fera, à plus ou moins brève échéance, la fortune du Nouveau Monde. Malgré les feux de l'entre-deux-guerres, l'hégémonie européenne est pour la première fois remise en question depuis quatre siècles. Les soldats américains ont débarqué en mâchouillant un nouveau bonbon sucré qu'ils appellent « chewing-gum ». Le monde occidental entre dans l'ère du caoutchouc.

Bien que certains jugements soient lucides, la vie quotidienne marque un temps d'espoir et de retard. La résistance du moribond est étonnante : malgré le bolchevisme qui s'est installé en Russie, malgré l'éclatement de l'Europe, malgré un système monétaire brisé, la France, qui a retrouvé son unité territoriale en réintégrant ses deux provinces – l'Alsace et la Lorraine – arrachées en 1871, se relève et redevient, artificiellement peut-être, le point de mire du globe. Le pays a confiance en lui. Au fond, les nations étrangères ne doivent-elles pas être reconnaissantes à la France d'une paix rondement conquise ? Un besoin frénétique de vie s'empare des années 20 : elles seront folles, géniales, créatives, suicidaires, hors normes et jamais retrouvées.

Les deux amies : Jeanne et Jane

PENDANT que Sacha écrit *Pasteur*, le couple reprend *Nono* dont le rôle-titre fut créé par Charlotte Lysès. On a dit que le personnage semblait avoir été écrit pour Yvonne. Comme elle, Nono est une jeune femme délurée et sans complexes, tirée à la courte paille par deux hommes qu'elle a séduits. Pour cette jeune femme légère qui ne voit le mal nulle part, il n'est rien de plus agréable ni de plus léger que l'amour. Von est bien loin de ce portrait un peu court. Elle connaît l'existence du mal et toute la gravité des liens affectifs. Être une bulle de champagne, n'est-ce pas sa façon à elle de supporter l'existence ?

A la fin de la pièce, dans une scène qui se déroule à Trouville, Nono confesse qu'elle s'ennuie loin de Paris et use d'une expression grossière : « Je m'emmerde ! » impossible à prononcer devant Palmyre qui sera dans la salle le soir de la générale.

– Avec mes cheveux, je n'oserai jamais, s'est exclamée Von.

Pour l'aider, on lui donne une perruque. « En fait, je l'ai dit comme si j'avais fait ça toute ma vie », racontera plus tard Yvonne Printemps. Dans une loge pourtant, on a entendu un grand cri : « C'était ma mère qui m'entendait prononcer ce mot pour la première fois. »

Ce ne sera pas la dernière.

La présence de Sacha n'a rien changé aux relations de la mère et de la fille. Ces deux êtres s'adorent et se portent un amour constant fait de tendresse et de reconnaissance. L'une et l'autre y puisent leur force. Jusqu'à la mort de Palmyre, elles formeront bloc. « As-tu besoin de quelque chose ? lui écrit Yvonne lors d'un court séjour dans la principauté de Monaco. Mais soigne-toi bien. Surtout que je n'aie pas d'inquiétude, ma petite mère chérie. Je t'embrasse fort, fort. Von [1]. »

Guitry et Albert Willemetz viennent d'écrire un divertissement dont la musique est signé Claude Terrasse. Le 3 octobre 1918 a lieu la première de *La Revue de Paris*. L'un des thèmes en est le spectacle dans la capitale à travers une évocation de l'Opéra, de la Comédie-Française, de l'Opéra-Comique, du Vaudeville et du Casino de Paris. Une occasion pour Yvonne d'exceller dans l'imitation : elle est Yvette Guilbert – robe verte, gants noirs et chignon Belle Époque – et l'une des Dolly Sisters – frange épaisse, combinaison moulante et danse barbare. Dans d'autres scènes, Von incarne la Fantaisie, une taxe de luxe, la grippe espagnole qu'on appelle la « nouvelle peste » tant ses ravages ont fait de morts cet automne. Sur une musique de *Véronique* d'André Messager, elle interprète un duo avec Jean Périer. Il est Van Dyck, elle est une danseuse de Degas. Ailleurs, il est Lescaut, elle est Manon. Enfin, Yvonne remporte un beau succès en interprétant *Le Noël des enfants qui n'ont plus de maison* de Debussy. « Nous sanglotions tous comme des Madeleines ! » racontera plus tard Marcel Achard.

Le 11 novembre, sur les indications de Sacha Guitry, l'acteur Georges Lemaire, qui joue au deuxième acte le rôle d'un garçon de café, entre en scène avec le journal *Liberté* et s'écrie : « L'armistice est signé ! » Les spectateurs se lèvent et entonnent la Marseillaise.

A chaque première d'une pièce de Guitry est présente une femme que Sacha estime beaucoup : Jeanne Lanvin. Il y a quelques mois, il a présenté Yvonne à cette créatrice de mode qu'on appelle « Madame ». Sacha est l'un des rares que Mme Lanvin accepte chez elle, à son domicile parisien. N'aimant ni le monde, ni le tapage, ni l'artifice, l'ancienne modiste préfère ses

1. Collection Christiane Le Boulère.

ateliers aux soirées mondaines. Exception faite du théâtre qu'elle adore et qui le lui rend bien, puisque les costumes des pièces de Guitry et de nombreux autres dramaturges sont signés de sa griffe. En 1923, Jeanne Lanvin dessine les tenues de scène de dix-sept spectacles parisiens. « Madame » est en train de bâtir un empire.

Sacha a choisi Lanvin pour habiller Yvonne à la ville. La rencontre a lieu au « magasin ». Ainsi appelle-t-on la boutique de la rue Boissy-d'Anglas. La couturière, vêtue d'une robe noire et d'une jaquette de couleur, y reçoit ses clients à partir du milieu de l'après-midi. Les comédiennes, parmi lesquelles Cécile Sorel, Mistinguett, Berthe Bovy ou Valentine Tessier, sont accueillies dans le salon des Duchesses où est installée une estrade figurant la scène d'un théâtre.

Canne et feutre à la main, Sacha Guitry palpe la laine, la soie et le coton. Von s'extasie sur la forme des silhouettes si longues et élancées, sur les broderies, festons et autres rosaces. On ne sait rien de cette première rencontre d'Yvonne Printemps et de Jeanne Lanvin, mais il reste des preuves de leur attachement.

Von n'a pas vingt-cinq ans et Mme Lanvin approche de la cinquantaine. L'une est frivole, changeante, impudique, capricieuse, expansive; l'autre, réservée, sévère, intimidante, introvertie. Les boucles et les crans de la coiffure d'Yvonne encadrent un visage gracieux et effronté, les cheveux fins de Jeanne Lanvin sont tirés et tressés, en chignon strict.

« Madame » a remarqué le bleu des yeux, le menton en poire, la poitrine plate, la taille si fine et ce physique d'adolescent qui supporte toutes les audaces vestimentaires. A l'occasion des essayages, les deux femmes se découvrent une sympathie et un respect mutuels. Elles ont en commun une origine modeste, le sens de l'esthétique, une haute exigence professionnelle et l'amour des petits chiens.

Jeanne Lanvin est née dans une famille de dix enfants. A treize ans, elle est apprentie couturière chez la modiste Boni. Certaines nuits, elle dort à l'atelier, derrière le comptoir, et pour économiser l'argent du transport, elle court derrière l'omnibus qui l'aide ainsi à gagner du temps et de l'argent. D'où son surnom : « la petite omnibus ». Cinq ans plus tard, la jeune fille tenace s'installe à son compte et à vingt-deux ans crée l'entreprise qui porte son nom.

Devenue « Madame », Jeanne Lanvin est restée besogneuse, opiniâtre et ponctuelle. Bien des années après, quand Yvonne Printemps sera devenue une vieille dame injuste, elle aura beau jeu de prétendre n'avoir jamais été épatée par personne. Von a la mémoire courte. Jeanne Lanvin en a imposé à la petite Printemps : elle a le double de son âge, exerce une profession qui a toujours attiré Yvonne et, dans ce métier qui est un art, Mme Lanvin associe à son talent de créateur des qualités de bon sens, de patience et de sagesse qui sont aussi à l'origine de l'expansion de sa maison de couture. Elle est une femme qu'on admire.

– Vous avez des mains extraordinaires, dit un jour Von à « Madame ». Les plus jolies mains que j'aie jamais vues. Des mains dont les doigts se retroussent vers le ciel...

Les mains dont on parle ne sont pas arrêtées : elles drapent Yvonne d'un abondant métrage de nouveau tissu, créant la robe sur le modèle. La couleur du coupon est cette teinte « bois de rose », très à la mode dans les années 20. Le ton est doux sans être pastel : on a ajouté au rose traditionnel une pointe de marron clair. Sous les doigts « retroussés » de l'artiste, la silhouette se transforme : la taille tombe à l'extrême bas des reins, le perlage et les filets d'or viennent orner les poignets et le large col qui couvre le haut de la robe et les épaules. Jeanne Lanvin n'écoute que son plaisir : rendre la femme plus belle.

Dans les miroirs, Yvonne se regarde, tourne et virevolte. Elle adore les toilettes et l'image qu'elle donne d'elle-même dans ces atours à la pointe de l'esthétique, créés pour elle à l'instant. Fut-elle jamais plus coquette, gracieuse et féminine que dans le salon des Duchesses de chez Lanvin ? Déjà souveraine... Mais l'habit ne fait pas le moine : avec ou sans fourrure, en déshabillé de soie ou en haillons, le peignoir entrouvert ou nue, Von reste Yvonne. Autrement dit la Printemps. Elle a du chic, du chien, un style. L'égalité d'humeur n'est pas son fort, mais on ne pourra jamais lui reprocher de ne pas être restée fidèle à elle-même.

La robe est bientôt prête. Lorsque les essayages sont terminés et la tenue sur le point d'être livrée rue Scheffer ou ailleurs, Jeanne Lanvin jette un dernier coup d'œil sur les ultimes finitions, avant de biffer au crayon bleu le carton attaché au vêtement. Pour ses employés, Mme Lanvin est la rigueur, la discipline et la méthode. Elle y est contrainte pour maintenir sa maison au plus haut niveau. En revanche, ses créations témoignent d'une liberté qui soudain explose dans la forme et la couleur.

Sans doute est-ce cette même liberté qui a touché Jeanne Lanvin chez Yvonne. Elles sont femmes d'instinct et de caractère. Plus qu'aucune autre, Yvonne garde, de la sauvageonne qu'elle fut, une extrême impertinence. Ce droit à l'inconvenance qu'elle ne cesse de revendiquer est aussi ce que les plus sages lui envient. Les natures semblables se rapprochent, y compris dans les forces contraires de leur tempérament.

Yvonne Printemps et Sacha Guitry viennent souvent chez Lanvin en compagnie d'une autre cliente, une jeune femme délicieuse qui deviendra Mme Willemetz au début de l'année 1921. Son prénom est Jane.

Elle a rencontré Albert, « l'enchanteur », à l'occasion du premier mariage de celui-ci avec Thérèse Despras, une artiste-peintre au physique fragile. Il est naturel que Jane soit demoiselle d'honneur. Albert est un peu de sa famille : leurs grands-mères sont sœurs, nées Tallandier. De l'union d'Albert et de Thérèse naît bientôt un garçon : Gérard. Mais la toute jeune Thérèse Willemetz tombe gravement malade et meurt de tuberculose.

La mère d'Albert avait deviné bien avant son fils les sentiments de Jane à son égard. Lorsque la jeune fille lui écrivait de Clermont, elle profitait d'une visite d'Albert pour lui lire ce courrier de province. « L'enchanteur » ouvre enfin les yeux. Jane mérite plus qu'un regard.

Ses cheveux blonds et fins sont ramassés en chignon. Elle a les yeux bruns et le teint mat. Son éducation parfaite est celle d'une jeune fille de province issue d'un milieu bourgeois. Tout chez elle est finesse, au physique comme au moral. Elle est séduisante, mais n'a rien d'une séductrice. Jane est la bonté et l'indulgence.

Lorsque Albert Willemetz la présente à Von et Sacha, le coup de foudre est réciproque. Yvonne trouve en Jane sa meilleure amie : un être à l'opposé d'elle-même qui deviendra, dans son exemplarité, un soutien et une saine référence. Un faire-valoir aussi, par intermittence et inconsciemment.

Guitry n'est pas le dernier à adopter Jane. Qui ne l'aimerait pas ? Pendant de longues années, Sacha conseille Jane dans ses lectures, l'incite à découvrir Proust et lui fait partager ses admirations pour Rodin, Monet et quelques autres. Mais, malgré les défauts d'Yvonne, malgré l'estime et l'affection que lui témoigne Sacha et qu'elle lui rend avec toute la générosité dont elle est capable, c'est à Von que Jane donne le meilleur d'elle-même. Sans défaillance, elle lui restera fidèle et l'excusera toujours. Admirative, compréhensive.

Dans la mémoire de Jane, la rencontre de Von est

restée une apparition liée aux sens : une voix cristalline derrière une porte, des yeux pervenche sous le chapeau cloche et un nuage d'extrait de parfum qui précède Yvonne et inonde son écharpe, son col et ses dentelles...

Les senteurs sont fleuries, sucrées et vanillées. Le parfum a été créé par Jacques Guerlain en 1912. Son nom : *L'Heure Bleue*, moment fragile du crépuscule que baigne une lumière apaisante et bleutée. On imagine que Sacha, connaissant le goût de Von pour les fleurs, sut reconnaître le parfum qui deviendra son symbole. Fragrances de jasmin, d'héliotrope et d'iris, de rose de Bulgarie et d'herbes de Saint-Jean : Yvonne se les approprie et s'enveloppe à jamais de ces odeurs qui l'exaltent.

Après-guerre : des lendemains qui chantent

QUAND et où Yvonne a-t-elle rencontré Jean Cocteau ? Il a quatre ans de moins que Sacha, et fut un ami du couple Guitry-Lysès. A l'époque de *Jean de La Fontaine*, il est venu plus d'une fois rendre visite à Charlotte. « Il ne restera pas avec un Printemps, lui dit-il pour la rassurer. C'est trop bref ! »

Sacha et Jeannot s'étaient bien amusés avant-guerre : en février et octobre 1908, puis en mars 1910, ils avaient organisé au théâtre des Capucines des conférences-bouffes sur l'art birman. Ils n'y connaissaient rien ni l'un ni l'autre : les deux compères avaient décidé de parodier avec truculence et un doigt de surréalisme avant la lettre les débats de n'importe qui sur n'importe quoi.

Une espèce d'indolence, une même passion de la mise en scène des autres et d'eux-mêmes, une effervescence et une curiosité de tous les instants définissent les deux hommes. Mais, dans l'infinie variété des climats de ce premier après-guerre du siècle, les réactions de Guitry et Cocteau ne se rejoignent plus dans une excentricité commune.

Personne mieux que Jean Cocteau n'incarne ces lendemains qui chantent, cette fête qui ne s'achèvera que dans dix ans, cette époque remuante et nerveuse qui veut enterrer la guerre, qui se jette dans l'avant-garde parce qu'il n'y a plus de pères ni de grands-pères.

Homme de tous les mouvements, de tous les milieux, Cocteau est une passerelle entre deux mondes. Une ère nouvelle semble succéder à la Belle Époque. Chanel contre Poiret, la rue de Lappe contre les bals d'Etienne de Beaumont, Braque contre Anatole France ou Buñel contre Maurice Yvain : la caricature tentante est grossière.

Qui s'encanaille ? Qui vénère Picabia et Marcel Duchamp ? Le glas n'a pas sonné pour Bernstein, ni pour Guitry. Loin de ce qu'on appelle la modernité et ses expériences audacieuses, le classicisme d'une littérature bourgeoise connaît le prolongement de son âge d'or. Sacha continue de mettre en scène, dans un salon qui ressemble au sien, la petite femme entretenue, légère et amorale, petite-fille des demi-mondaines de la Belle Époque. En 1924, à la mort d'Anatole France, le pays fait des funérailles nationales à son prix Nobel de littérature. Au-delà de l'écriture, Gaston et Josse Bernheim, qui vont quitter le boulevard de la Madeleine pour s'installer à l'angle du faubourg Saint-Honoré et de l'avenue Matignon, exposent les post-impressionnistes : Bonnard, Gauguin, Van Dongen, Matisse et Vuillard.

La génération d'avant-guerre assure la continuité. Que l'on soit conservateur ou novateur, la référence reste la même : les années 1910, idéalisées ou épanouies dans ses virtualités. La révolution esthétique des années 20 a commencé depuis longtemps. C'est en 1913 que Diaghilev monte *Le Sacre du printemps* de Stravinski, après avoir révolutionné la scène avec ses ballets russes. On se souvient encore des fauteuils cassés.

Le couple Printemps-Guitry fait corps avec ces années dites « folles » qui s'affirment et, pour quelques groupes minoritaires, se cherchent. Mais, au lendemain du conflit, les mondes se croisent sans forcément se rencontrer. Cocteau est l'exception. Sans doute est-ce lui qui entraîne Sacha et Yvonne au Bœuf sur le toit, le bar à la mode qui vient de quitter la rue Duphot pour la rue Boissy-d'Anglas. Jean Wiéner et Clément Doucet y jouent sur des rythmes jamais entendus. Les ennemis de Cocteau ont surnommé l'endroit « le bluff sur le moi ». Qui était présent ce soir-là ? Peut-être Arthur Rubinstein, qui sera longtemps une relation amicale d'Yvonne, Serge Lifar, Erik Satie, le roi Ferdinand de Roumanie, Gaston Gallimard, Robert Trébor, le maréchal Lyautey ou Jean Hugo. L'arrière-petit-fils du poète, peintre et décorateur, est l'une des plus attachantes figures de ce Paris artistique, mouvant et grisant. Maurice Sachs note dans son journal que la petite Printemps a « l'œil étonné [1] ». Et pour cause. Étonné mais coquin. Une revue illustrée va bientôt la placer en tête des vedettes féminines au plus fort « sex-appeal », avec Mistinguett et Joséphine Baker dont le régime de bananes fera fureur. Mais Sacha n'aime guère le Bœuf sur le toit. Ce n'est pas son monde. Il n'y est pas le maître. Dommage pour Von qui aimerait tant s'amuser au milieu de cette jeunesse hétéroclite et bariolée qui se moque de son avenir comme d'une guigne, tout occupée qu'elle est à fêter son présent.

1. *Au temps du Bœuf sur le toit*, de Maurice Sachs, 1939.

Yvonne se marie

Le mariage, enfin. Yvonne n'a pas eu à le demander puisque Sacha est de ceux qui épousent. Le mariage a lieu à la mairie du XVIe arrondissement, le 10 avril 1919. Quelques jours plus tard, Lucien Guitry interprète *Pasteur* pour la dernière fois. Deux femmes l'entourent à la mairie : Jeanne Desclos dont il va se séparer et son amie Sarah Bernhardt, fidèle à elle-même, unique, irrésistible et majestueuse. Sa robe traîne sur le sol, le manteau de chinchilla tombe jusqu'aux chevilles, le manchon est immense et la toque a tout des franges d'un balai renversé. Tristan Bernard s'est joint aux mariés, ravi d'avoir tenu le rôle de messager entre Lucien et son fils. Georges Feydeau, rêveur élégant, est arrivé en retard. A ce comité restreint ne manque qu'une seule personne : Mme Wigniolle. L'explication que Palmyre donnera à sa famille est son émotion trop grande. Bouleversée – et peut-être impressionnée – par cet événement heureux, elle préfère ne pas y assister. Sacha a choisi un petit groupe d'intimes. De ses intimes.

Von est éblouissante. Elle a choisi une tenue sophistiquée : superposition de tissus et dentelles, robe à col montant qu'elle affectionne plus que les décolletés, harmonie de soies ivoire et champagne, y compris pour la cape et la capeline qui font de l'ensemble une merveille de haute couture.

Le 15 avril, les représentations de *Pasteur* s'arrêtent ; le 19, Sacha et Yvonne créent *Le Mari, la Femme et l'Amant*. Écho de la vie privée, crainte de ce qui peut arriver ou obsession d'un sujet éculé ? Sacha a écrit pour Yvonne le rôle d'une Janine charmante, spirituelle et ingénieuse, mais inconstante et menteuse. Yvonne-Janine n'est pas faite pour l'attachement sans faille et, chaque soir pendant cent dix représentations, elle s'entend dire par Sacha-Jacques qui joue l'amant : « Vous serez toujours infidèle. Vous êtes douée pour ça et vous l'êtes merveilleusement. Le coup de téléphone à double entente, et tous les mensonges du monde, voilà votre affaire... »

Si le prolongement de la vie privée à la vie théâtrale est un peu rapide, le clin d'œil de la chronique amoureuse est bien réel : à l'occasion de cette dernière création, Sacha Guitry reçoit la demande d'un confrère : « Pierre Fresnay de la Comédie-Française », mentionne la carte de visite, « serait infiniment reconnaissant à monsieur Guitry de la faveur de deux places pour la représentation de ce soir. Avec tous ses remerciements [1]. » Est-ce la première fois que Pierre Fresnay voit Yvonne Printemps sur scène ?

Yvonne, Sacha et Lucien passent l'été dans le Midi puis près de Luynes. Guitry est en train d'écrire l'une de ses meilleures pièces, *Mon père avait raison*. La première a lieu le 8 octobre au théâtre de la Porte-Saint-Martin. Sacha dira plus tard : « Ce fut le plus beau jour de ma vie. » Jamais père et fils ne s'étaient trouvés ensemble, sur une même scène. Belle revanche de Sacha sur Lucien : dans cette pièce sur la misogynie, chef-d'œuvre de construction, le père est l'interprète du fils dans un rôle qui est le sien dans la vie.

Guitry y met en scène trois générations d'hommes aux prises avec les femmes et la vie de couple. Yvonne joue le rôle de Loulou, une couturière de vingt ans, midinette et amoureuse, qui rêve d'un voyage à Venise avec Maurice. Maurice-Sacha n'a pas confiance dans les femmes et veut combattre par une indépendance rebelle la fatalité de la compagne infidèle. Morale de l'histoire : tentons la vie à deux sans oublier qu'une

1. Collection André Bernard.

femme a besoin de se sentir libre. Sacha se souviendra-t-il de l'épilogue de sa jolie fable ?

Mon père avait raison est aussi une rencontre professionnelle entre Lucien Guitry et la petite Printemps.

Sur scène, entre le père et le fils, elle s'est imposée malgré un rôle secondaire. Pendant les répétitions et chacune des cent huit représentations de *Mon père avait raison*, Yvonne Printemps ne perd pas une miette des leçons induites de son beau-père.

« On n'apprend rien à personne », prétendra-t-elle plus tard. Elle n'a pourtant pas hésité à demander son conseil à Lucien qui s'y refuse : « J'aurais trop peur de contrarier votre nature... », lui dit-il.

Yvonne n'imagine pas que dans deux ans, à propos de son rôle dans *Jacqueline* de Sacha Guitry, Pierre Brisson écrira dans le journal *Le Temps* : « Mme Yvonne Printemps se montre digne de Sacha Guitry. »

1920 : le voyage à Londres

DANS la nouvelle pièce de Sacha créée au théâtre de la Porte-Saint-Martin, le 21 janvier 1920, Yvonne chante « Le Petit Roi d'Yvetot » de Béranger, poète et chansonnier français né en 1780. Guitry en a fait le personnage principal de sa comédie intitulée *Béranger*. Ce n'est pas du meilleur Sacha : les spectateurs le découvrent mal à l'aise dans l'évocation d'une carrière consacrée puis rejetée par les hommes de pouvoir. Lucien Guitry campe un robuste Talleyrand, tandis qu'Yvonne joue successivement une servante d'auberge, une fille entretenue et une pauvresse. Rien ne lui plaît davantage : elle aime se déguiser et chanter.

A la fin de l'hiver, Von et Sacha partent quelques jours en Autriche. Un temps de repos à Salzbourg et

Kitzbühel d'où ils envoient d'affectueuses pensées à Albert et Jane, avant leur départ pour Londres le 5 mai. L'Aldwych Theatre a invité, pour une série de représentations en français, le couple le plus célèbre du Boulevard parisien.

Une suite leur est réservée à l'hôtel Savoy, ainsi que des chambres pour le secrétaire et l'habilleuse. Ils sont à la hauteur de leur réputation : mise en scène parfaite au départ du bateau et à l'arrivée du train à Victoria Station. Enfant, Yvonne adorait poser devant les photographes ; adulte, à l'école de Sacha qui est aussi l'école du paraître, elle fait de sa vie publique un spectacle pour des spectateurs qui n'ont pas payé leur place. Elle y prend goût et donne d'elle-même une image construite, maîtrisée, cohérente, sophistiquée. Contrairement à Guitry qui, partout, reste Sacha-de-Paris, premier auteur du Boulevard, Von sait encore distinguer la petite Yvonne de la Printemps. Son bon sens populaire ne l'aveugle pas. Elle n'a qu'une faiblesse : elle aime se regarder dans les yeux des autres, elle aime être admirée et aimée...

Comment ne pas tomber dans le piège des strass ? L'important n'est ni le bijou qui brille, ni la toilette que Jeanne Lanvin a spécialement créée pour Von. Le danger vient du public qui fait de l'acteur son idole. Yvonne se souvient-elle de l'aveu du rossignol à Jean de La Fontaine : « Plaire, je voudrais plaire... Et ne jamais cesser d'entendre des mots, des mots très doux qui me parleraient de moi, comme ceux que j'entends depuis une heure » ?

A Londres, il y a des grooms, des Rolls, des gerbes de fleurs et des centaines de curieux. Elle porte un ensemble de chez Lanvin, un sac à ses initiales et les premières émeraudes de Sacha, lourdes, théâtrales et impures. Tape-à-l'œil ? Ces gens-là ne sont pas des parvenus. Ce sont des stars, des modèles, des ambassadeurs. Le public anglais va les adorer. Elle, surtout. Reçus tels des maharadjahs d'une Europe continentale, ils sont à eux seuls la beauté, le talent, la culture, la fantaisie. Partout où ils sont accueillis, Yvonne et Sacha laissent un souvenir de gaieté et d'originalité. On ne les prend jamais en défaut de conformisme. Ils ont cette chance de pouvoir inventer sans cesse et d'étonner encore.

Le couple joue *Nono, La Prise de Berg-op-Zoom, Jean de la Fontaine* et *L'Illusionniste*. Le 1er juin, Lucien Guitry vient les rejoindre pour quelques représentations de *Pasteur* et, ensemble, ils reprennent *Mon père avait raison*. La capitale anglaise se déplace. Dans la salle de l'Aldwych, on voit le roi du Portugal et la princesse de Monaco, le gratin mondain et politique du Tout-Londres. George V et la reine Mary viennent applaudir le trio du Boulevard français.

– Êtes-vous heureuse de votre séjour chez nous, Miss Printemps ? demande la reine à Petit Von.

– Majesté, c'est un plaisir de jouer à Londres, répond Yvonne. Je ne regrette que l'absence de ma petite chienne Pépée que j'ai dû laisser à Paris. Votre pays ne m'a pas permis de l'emmener !

– Ils vous ont donc fait la même chose qu'à moi ! réplique la reine. Il m'est arrivé d'emmener sur le continent ma bête favorite. Imaginez-vous qu'au retour les autorités l'ont gardée en quarantaine pendant des semaines...

La conversation se prolonge pendant tout l'entracte. Et comme le roi ne voit pas le temps passer, Sacha a ce mot d'auteur :

– On me dit, Majesté, que le roi d'Angleterre va honorer la représentation de sa présence. Je ne saurais le faire attendre.

Sacha ne manque pas de confier sa satisfaction à son ami Willemetz dans une correspondance régulière. A l'étranger, le courrier reste son seul lien avec la France et cette forme d'écriture lui est aussi nécessaire. L'une des lettres à Tino se termine par ces mots : « Si par hasard tu vois ta femme, dis-lui qu'Yvonne l'embrasse pendant cinq ou six minutes et dis-lui aussi qu'il faut rudement l'aimer pour ne pas l'aimer plus que toi [1]. »

Von n'a qu'un seul regret : elle ne s'amuse pas assez. Guitry adopte l'attitude qu'il a déjà eue au Bœuf sur le toit. Lors des soirées, galas et dîners qui sont donnés en leur honneur, il ne supporte pas qu'elle s'éloigne, qu'elle échange trois mots avec un inconnu, qu'on l'invite à danser ou qu'on la courtise. Elle est sa chose, prisonnière d'un homme jaloux avant de l'être de sa propre image.

Ce voyage à Londres leur réserve ainsi qu'à Lucien l'un des moments privilégiés de leur existence : une soirée avec Fédor Chaliapine à l'hôtel Savoy. La célèbre basse est née à Kazan en 1873. A trente ans passés, en 1908, Chaliapine connaît la consécration en interprétant *Boris Godounov,* à Paris, dans la troupe de Diaghilev. Il devient l'un des plus grands interprètes lyriques de son temps : une voix, une présence, une âme de tragédien.

Les Guitry ont la chance d'assister à une représentation de *Boris Godounov*, de dîner avec Chaliapine et de prolonger le souper par une improvisation. Yvonne reste interdite devant le génial artiste qui fait pleurer toute la Russie.

– Il ne faut jamais respirer là où ils vous attendent, lui dit le grand Fédor. Et n'oubliez pas de vous donner à corps perdu sur scène. Nous pouvons mourir un soir parce que le rôle le veut, et renaître le lendemain pour d'autres spectateurs...

Mlle Printemps se souviendra des conseils de ce

1. Cité par Albert Willemetz dans son livre de mémoires posthumes, *Dans mon rétroviseur*, 1967.

géant blond qui roulait les « r », grognait tant et plus, et lançait des regards de feu.

A l'occasion de ce premier voyage à Londres ou d'un autre séjour qui lui aura permis de revoir Chaliapine, Yvonne Printemps enregistre des extraits d'opéras-comiques en duo avec le chanteur russe. Il semble que les airs aient été gravés en 1929 [1].

Je t'aime

AUSSITÔT de retour en France, Sacha Guitry et Yvonne Printemps reprennent *Nono,* à partir du 17 juin, sur la scène du théâtre des Mathurins. Ils passent leurs vacances avec Lucien au Mesnil-le-Roi, près de Saint-Germain-en-Laye. La propriété louée s'appelle le Clos du Belloy. Sacha y écrit une nouvelle pièce, *Je t'aime.*

En septembre, le frère de Sacha, Jean, est victime d'un accident de voiture mortel, près de Trouville. Le couple Guitry se rend à Bruxelles pour annoncer la tragique nouvelle à Lucien qui est en tournée. Ce frère et ce fils, qu'ils ne voyaient plus ni l'un ni l'autre et qu'Yvonne sans doute ne connaissait pas, était joueur, alcoolique et morphinomane. Douleur, tristesse, remords : les deux hommes réagissent mal à cette disparition. Lucien se rapproche davantage encore de ses enfants.

« Ma chère fille, écrit-il à Von, vous avez été ces jours-ci l'enchantement qui dominait cette désolation...

1. La date mentionnée dans *L'Impromptu de Neuilly* est 1924, mais ne correspond pas non plus au premier séjour des Guitry à Londres, pendant lequel aurait eu lieu la rencontre avec Chaliapine. Les enregistrements sont restés la propriété de Sacha Guitry jusqu'à sa mort.

charmante... charmante. Vous avez été notre courage. Vous avez pu voir le tréfonds de ma misère. C'est une terrible tendresse pour ceux que j'aime. Il y a dans mon cœur une grande place pour vous. J'ai un peu mal à la tête de vous écrire ces choses. Peut-être le sentirez-vous, vous aussi. Et lui, mon petit et si grand Sacha – le nôtre –, le sait-il ce qu'il est pour moi. Si, j'en suis sûr pour vous. Dites-le-lui constamment. Mes chers et très chers petits, je vous prends tous les deux dans mes bras et je vous serre bien fort contre ma misérable poitrine encore battue par les sanglots. Je vous aime, mes enfants, je vous adore. »

Tant d'amour avoué en cette année 1920...

Du 12 octobre au 16 janvier, chaque soir au théâtre Édouard-VII, Sacha – comme au premier jour – déclare son amour à Yvonne. La pièce *Je t'aime* est l'une des plus touchantes comédies de Guitry : un poème en prose qui serait aussi un dialogue de charme et de tendresse. Cette leçon de bonheur d'un jeune couple aurait pu sombrer dans la mièvrerie, la platitude ou l'affectation. Mais l'aisance, la maîtrise du style et de la construction en font un sans faute.

« Il n'y a pas deux façons d'aimer quand on aime vraiment, dit Lui-Sacha dans la pièce. Et pour le dire, on dit « je t'aime » et tout est dit ! C'est la fragilité même de l'amour qui le fait si précieux ! Si quelqu'un pouvait nous donner la certitude que notre amour est éternel... Peut-être cesserions-nous de nous aimer ? »

Comme si Sacha craignait que le message ne parvienne pas à sa destinataire, il dédie sa pièce, le plus joliment du monde, « A Yvonne et à Printemps » :

> « A qui veux-tu que je la donne ?
> Elle est à vous depuis longtemps !
> Elle est à toi, d'abord, Yvonne
> Ensuite, elle est à vous, Printemps !

J'ai bien le droit, Dieu me pardonne,
De la donner en même temps
A mon inspiratrice, Yvonne,
Et à mon interprète, Printemps!

Un seul cadeau pour deux personnes
C'est étrange mais cependant,
Bien qu'avant tout tu sois Yvonne,
Après tout, vous êtes Printemps!

Si ma gratitude t'étonne
Si profonde et juste pourtant!
Et si tu n'en veux pas, Yvonne,
Veuillez l'accepter, vous, Printemps!

Les critiques ont applaudi l'inspiratrice en félicitant l'auteur. Le lendemain de la première, c'est à l'interprète qu'ils rendent hommage. La comédienne s'est épanouie. On ne juge plus la chanteuse mais l'actrice.

En 1921, les Guitry quittent la rue Scheffer et s'installent rue Alphonse-de-Neuville. Comme pour consacrer ce « Je t'aime » qu'il affiche sur les murs du théâtre, Sacha demande à Vuillard de faire le portrait d'Yvonne. Pendant plusieurs semaines, le peintre vient quotidiennement déjeuner chez les Guitry. Les séances de pose ont lieu l'après-midi, car Yvonne se lève tard et la fin de matinée est réservée à une longue conversation téléphonique avec Jane Willemetz.

Mme Lanvin, qui fut récemment le modèle du peintre, a dit à Yvonne tout le bien qu'elle pense de l'homme, sensible et discret. Yvonne est ravie de l'initiative de Sacha, bien que Vuillard ne soit pas encore un artiste célèbre. On l'appelle « le peintre Vuillard » pour éviter les confusions. Mais Guitry, qui a reconnu son talent, ne manque jamais de lui rendre hommage en l'appelant « l'admirable Vuillard ».

L'homme a une cinquantaine d'années. Simple,

effacé et modeste, il porte une courte barbe blanche. Le physique est ordinaire. Et pourtant, Jacques-Henri Lartigue, un autre peintre, évoque ainsi Vuillard dans le journal qu'il tient presque chaque jour : « Il regarde avec son petit œil bleu qui, je crois, serait capable de capter l'image de la poussière, s'il voulait, en peignant une chambre dont le ménage n'a pas été fait. Un œil en pointe d'aiguille, capable de nous montrer un jour de printemps sans soleil, une petite chambre sans chauffage, une femme du monde sans enthousiasme [1]. »

Chez les Guitry, Vuillard retrouve le décor intimiste et familier qu'il affectionne. Celui qui reflète le charme d'un temps passé, seulement retenu par les objets, les livres, les dessins. Le peintre a fait deux tableaux d'Yvonne. La toile achevée rue Alphonse-de-Neuville est probablement celle que conservera Sacha après le départ de Von. Plus tard, lorsqu'une nouvelle femme entrera dans sa vie, il aura pris l'habitude de dire à l'un de ses domestiques : « Remontez donc Mlle Printemps au grenier ! » Mais l'entre-deux-femmes répété lui donnera l'occasion de rapatrier Mlle Printemps dans un endroit plus noble que les combles...

Il existe une autre toile de Vuillard, moins ancienne. Accrochée dans le salon de la maison de Neuilly où Yvonne vécut plus de trente-cinq ans, de 1941 à 1977, l'huile semble avoir été dès l'origine sa propriété. Dans le film *Les Condamnés* qu'elle tourne en 1947 avec Pierre Fresnay, on remarque ce second portrait dans le décor d'un intérieur bourgeois. Il n'est pas impossible que cette toile ait été peinte par Vuillard à la fin des années 30.

Sur les deux huiles, Yvonne est rayonnante, charmeuse, éclaboussante de féminité. Une photo des années 20 ou 25 la montre près d'un Sacha en pyjama de soie foncée, ample et flottant : elle est divine. Femme, de la

1. *L'Emerveillé, 1923-1931*, de Jacques-Henri Lartigue.

pointe du cheveu à l'extrémité de l'orteil. Vêtue d'une robe à pois, taille basse et large col arrondi, Von est au piano, prête à chanter... *L'Heure Bleue* fleurit la pièce, le sautoir de perles frôle le clavier et le mouvement des jambes croisées lui fait presque perdre l'une de ses mules, rehaussée d'un pompon clair, qu'elle retient délicatement. Du bout du pied.

N'est-elle pas la femme la plus attachante et la plus déconcertante ?

Scène de rue : Arletty, qui à cette époque habite dans le XVIIe arrondissement près du domicile de Sarah Bernhardt, remarque la sortie régulière du couple Guitry : trois fois par semaine environ, ils viennent chercher l'illustre comédienne pour une promenade au bois de Boulogne.

Dans son théâtre justement, ils jouent à nouveau *La Prise de Berg-op-Zoom* à partir du 1er mars. Un peu plus tard, au cours du printemps, ils reprennent *Faisons un rêve.* Et, le 13 avril, au théâtre Édouard-VII, Sacha et Von, entourés de Jeanne Granier, Lucien Guitry et Polin, créent *Le Grand Duc.* Jacques-Henri Lartigue, amateur de spectacles depuis toujours, ne manque aucune des premières de Guitry et note dans son journal le caractère exceptionnel de l'affiche.

Le duc chassé de Russie se prénomme Fédor et la petite Marie qu'interprète Yvonne suit naturellement des cours de chant. Mais pas avec le duc... La pièce est bâtarde, à mi-chemin entre le divertissement et le vaudeville pur. L'auteur dramatique Robert de Flers écrit à propos de Mlle Printemps : « Tout rit dans ce visage clair et malicieux où les yeux ont l'air si contents d'entendre cette voix [1]. »

En septembre, ils jouent *Le Grand Duc* à Bruxelles, et le 5 novembre, Yvonne et Lucien créent

1. *L'Impromptu de Neuilly.*

Jacqueline, une pièce dédiée par Sacha « à mon père et à ma femme ». L'auteur ne s'y est attribué aucun rôle. Le texte, adaptation d'une nouvelle d'Henri Duvernois, est un pastiche des pièces d'Henry Bernstein : drame de la vie privée où les êtres comprennent trop tard leurs maladresses.

Non seulement Yvonne s'y montre digne de Lucien Guitry, mais on s'aperçoit qu'elle est capable d'interpréter des rôles dramatiques. Parce qu'elle est charmante et gracieuse, on a cru qu'elle était faite pour jouer exclusivement la comédie et des rôles légers qui, dit-on, lui ressemblent. Paul Léautaud, sous son pseudonyme de Maurice Boissart, pense le contraire et l'écrit dans la *Nouvelle Revue française :* « Mlle Yvonne Printemps à qui je finirai par trouver encore plus de talent dans les rôles difficiles. » On s'aperçoit, enfin, que la composante d'anxiété qui fait la nature contrastée d'Yvonne peut la servir dans l'interprétation de certains textes.

La rencontre de Jacques-Henri Lartigue

Les représentations de *Jacqueline* se prolongent jusqu'au 2 février. Une seule interruption à signaler : le 17 janvier, à l'occasion du 300e anniversaire de la naissance de Molière, Sacha Guitry et Yvonne Printemps jouent sur la scène de l'Opéra une courte pièce intitulée *Chez Jean de La Fontaine.*

Le 15 mars, le couple reprend *L'Illusionniste.* Au premier rang des spectateurs, Sacha et Yvonne remarquent à nouveau la présence de Jacques-Henri Lartigue et de sa jeune femme Bibi qui n'est autre que la fille d'André Messager. Le peintre écrit quelques mots dans son journal sur cette soirée : la curiosité des deux couples l'un pour l'autre est évidente [1].

Ils sont jeunes, beaux, célèbres et destinés à se croiser un jour. La rencontre n'aura pas lieu dans les coulisses d'un théâtre mais place de la Madeleine, devant chez Durand, l'éditeur de musique.

Nous sommes à la fin du mois de mars, il est 15 heures. Jacques et Bibi se promènent à pied, Sacha et Yvonne roulent dans leur coupé Renault noir. Lorsque Sacha les aperçoit, il n'hésite pas à arrêter sa voiture à leur hauteur. Avant même d'engager la conversation, Guitry prend le temps de choisir à un étal de fleurs providentiel un bouquet printanier qu'il offre à Mme Lartigue. Compliments, sourires, paroles aimables que tous attendaient : le premier pas est fait ; Yvonne, Bibi, Sacha et Jacques ne vont plus se quitter. Avec ou sans les Willemetz, le couple Lartigue partagera pendant plusieurs années l'intimité de Sacha Guitry et d'Yvonne Printemps, à Cap-d'Ail, à Royan ou ailleurs.

Le 13 avril 1922, ils se retrouvent dans la double loge des Guitry. Peut-être Jacques-Henri Lartigue leur a-t-il confié ce soir-là qu'il préparait une exposition pour le Salon d'automne, au Grand-Palais. A cette époque, on ne connaît pas encore Lartigue pour ses clichés. Cependant, le photographe amateur a déjà fixé sur la pellicule des images qui lui assureront une notoriété internationale, un demi-siècle plus tard. Il saisit sur le vif des jeunes filles à bicyclette, des douairières aux capelines extravagantes dans les

1. Les éléments concernant la rencontre des deux couples, ainsi que leur amitié naissante au cours de l'année 1922, nous ont été fournis par Mme Florette Lartigue. En effet, le journal du peintre, pour l'année 1922, n'a pas fait l'objet d'une publication, contrairement aux années 1910-1921 et 1923-1931.

allées du bois de Boulogne, le vent dans les jupes qui raccourcissent, des automobiles dans le soleil et les nouvelles machines volantes qui impressionnent tous les publics... Yvonne sait-elle que Jacques, comme Georges Guynemer, fut l'amant de Jane Renouardt ? Les deux hommes avaient dîné à la même table chez les parents des frères Lartigue, en 1917.

Le jeune peintre a les épaules étroites, les lèvres minces et les traits du visage réguliers. En 1914, le conseil de révision a renvoyé dans ses foyers ce grand garçon d'un mètre quatre-vingts qui pèse à peine plus de cinquante kilos. Il est issu d'une famille aisée, bohème et originale. Le père est un homme d'affaires dont on parle dans les milieux d'argent. A l'image de Cocteau, Jacques-Henri Lartigue ressemble à son époque : c'est un surdoué qui improvise en permanence. Dans quelques années, on dressera un portrait justifié bien qu'illégitime de ce mondain dilettante, joueur de tennis et chroniqueur léger, flâneur de profession et éternel amoureux de la femme qui passe. Mais le peintre aux yeux bleus est avant tout un émotif et un sensuel que le moindre sentiment bouleverse, et un homme de passions qui veut garder le sens du bonheur.

Il n'a pas attendu que la petite Printemps joue sur les scènes du théâtre de Boulevard pour la remarquer. Dans les années 10, bien avant Sacha, il l'applaudit au music-hall. Le tout jeune homme qu'il est à dix-sept ans note dans son journal, à la date du 11 juin 1911 : « A l'Alcazar, il y a aussi Yvonne Printemps, une presque petite fille, très mince, l'air timide et un peu moqueur. Elle est ma préférée. » Le 12 janvier 1913, nouvel aveu, à la suite d'un spectacle en matinée aux Folies-Bergère : « Yvonne Printemps est un peu frêle et un peu mystérieuse; elle est comme intimidée ; alors on l'aime plus facilement que les autres [1]. »

En 1917, un an avant sa courte liaison avec Jane Renouardt, Lartigue rencontre au bois de Boulogne Mlle Madeleine Messager. Ils fréquentent les mêmes endroits depuis leur adolescence : l'hôtel Savoy à Londres, la Réserve à Beaulieu, le casino de Monte-Carlo. Lui est seul ou avec des amis ; elle, accompagnée de Nanny, sa gouvernante, et de sa mère, une Anglaise imposante, autoritaire et insensée, maniant avec outrance le fard et la fanfreluche. « Un pot de fleurs », dira Jacques. Comme si les origines britanniques de l'un des parents l'imposaient, on a surnommé Madeleine « Mady ». Le diminutif ne plaît pas au jeune homme qui appelle sa nouvelle amie « Bibi ».

En mai 1918, ils se revoient à Cannes, puis à Aix-les-Bains le mois suivant. Avant de rencontrer Madeleine, Jacques ne connaissait rien d'André Messager. Il préfère Ravel et Georges Auric à l'opérette. Lorsque la jeune fille parle à Jacques de son parrain Albert Carré, le directeur de l'Opéra-Comique, il lui avoue son ignorance. Le jeune homme n'est pas amoureux, mais sensible à cette brune aux yeux clairs, fraîche et directe, sans façons ni exigences, qui aime rire et veut lui plaire. Le mariage a lieu en novembre 1919. Bibi met au monde un garçon, Dani, en août 1921.

A l'été et l'automne 1922 se nouent les premiers liens entre les Guitry et les Lartigue. Selon toute vraisemblance, Jacques et Bibi ont dû présenter André Messager à Von et Sacha. Dix ans se sont écoulés depuis *Les Contes de Perrault* à la Gaîté-Lyrique. Le compositeur s'en est souvenu. Et la petite Printemps de s'enorgueillir des compliments du maître.

A plusieurs reprises au cours de l'année, le couple

---

1. *Mémoires sans mémoire, 1910-1921*, de Jacques-Henri Lartigue.

Guitry joue la dernière pièce de Sacha, *Une petite main qui se place*. Elle y est une oie blanche, et lui un méridional moustachu. Mais l'auteur a déjà d'autres projets en tête. L'un pour Lucien et Sarah Bernhardt, l'autre pour Yvonne.

Dans *Un sujet de roman*, Lucien Guitry va interpréter le rôle d'un romancier et Sarah celui de l'épouse soumise, tout à coup révoltée et cruelle. Les répétitions ont lieu dès la mi-octobre. Sarah Bernhardt maîtrise difficilement son texte : victime d'une mémoire qui la trahit, elle manifeste de la colère contre elle-même et de l'irritation envers la troupe. Le 18 décembre, elle est prise d'un malaise.

Depuis quelques semaines, Sacha travaille à un genre dans lequel il est novice : l'opérette. Pour la première fois, il ne veut écrire ni une revue ni une pièce de théâtre. Son seul souci est d'offrir à Von un rôle sur mesure qui la comble sur scène et mette en valeur son don vocal. Mais Guitry travaille seul et non en collaboration avec un compositeur. Ses brouillons définitifs sont les sosies de ses œuvres précédentes.

Le sujet tient du conte de fées et du marivaudage le plus tendre et léger. Une toute jeune femme, qu'entretiennent un baron et un maharadjah (chacun connaît l'existence de l'autre), tombe amoureuse d'un portrait qu'elle a volé chez un photographe. Le jeune homme du cliché est aussi beau et jeune qu'elle. « Elle » – la femme sans prénom – forme des vœux pour que le sujet du portrait la retrouve. Elle ignore que « Lui » est aussi amoureux d'elle. Craignant que la jeune femme ne partage pas ses sentiments, le jeune homme délègue chez elle son père. Rebondissement : elle préfère ce père en chair et en os au portrait du fils sur papier sépia. Un bal masqué birman organisé pour les vingt ans de la ravissante héroïne lui permet de découvrir la vérité : le séduisant quinquagénaire s'était inventé un fils et le portrait qui avait plu à la jeune femme n'était autre que le sien, vingt-cinq ans en arrière. Supercherie avouée et amour déclaré : l'intrigue est délicieuse.

Bien qu'il n'ait pas l'oreille musicale, Sacha Guitry a pensé que le compositeur viennois Yvan Keril pourrait imaginer les plus agréables mélodies et transformer quelques passages de la pièce en airs d'opérette. A l'automne, Sacha remet son manuscrit au musicien ; deux jours plus tard, en ouvrant le journal, il apprend qu'Yvan Keril est mort subitement.

André Messager, à peine remis d'une légère opération, n'a pas la patience d'attendre l'appel de Guitry. Cet homme de soixante-dix ans, comblé d'honneurs et de gloire, se précipite au théâtre Édouard-VII, pousse la porte de la loge de Sacha et lui lance comme un défi :

– Et moi, je n'ai pas de talent ?

1923 : Le triomphe de L'Amour masqué

Le 31 décembre 1922, après la représentation d'*Une petite main qui se place*, Sacha Guitry a organisé rue Alphonse-de-Neuville le réveillon de la Saint-Sylvestre. On a convié Lucien, Jacques et Bibi Lartigue, Papi Messager comme l'appellent ses enfants, et Berthelmy, l'un des plus fameux bookmakers de Paris. Depuis la fin de l'été, Lartigue fréquente assidûment le théâtre. Sacha a-t-il des soupçons sur l'attirance du peintre pour Von ? Pas encore, à moins qu'il n'ait perçu la gêne du jeune homme, culpabilisé par un désir qui lui semble être une faute au regard de l'amitié que lui témoigne Guitry. Au début du souper, Sacha remet à chacun des invités un cadeau pour la nouvelle année. Jacques-Henri Lartigue reçoit les œuvres complètes de l'homme de théâtre, toutes dédicacées par lui l'après-midi même.

Le cadeau d'Yvonne? Un baiser sous le buis. « Minuit, note Lartigue dans son journal. Deux bouches peintes d'un rouge différent. Celle de Bibi sur la mienne, et, sitôt après, celle d'Yvonne Printemps dont le charme et les yeux transparents bouleversent tant de spectateurs (moi aussi, un petit peu) se posa sur ma joue pour me souhaiter la bonne année, non sans avoir noyé ma figure dans son nuage de parfum. »

Ce 31 décembre, en fin d'après-midi, André Messager est passé voir Guitry. Depuis l'entrevue dans la loge du théâtre, il travaille sur le manuscrit de Sacha qui n'a pas encore de titre.

– Je viens de mettre en musique des paroles qui n'étaient pas faites pour l'être! a-t-il déclaré tout de go à Guitry.

Inquiétude passagère de Sacha qui découvre bientôt l'un des plus jolis airs qu'il ait entendus. En pleine nuit de la Saint-Sylvestre, le compositeur se remet au piano et Yvonne déchiffre la mélodie qui deviendra la plus célèbre de *L'Amour masqué* :

« J'ai deux amants...
C'est beaucoup mieux,
Car je fais croire à chacun d'eux
Que l'autre est le monsieur sérieux.
Mon Dieu, que c'est bête, les hommes!
Ils me donnent la même somme
Exactement par mois...
Et je fais croire à chacun d'eux
Que l'autre m'a donné le double chaque fois...
Et, ma foi,
Ils me croient...
Ils me croient
Tous les deux!
Je ne sais pas comment nous sommes,
Mais, mon Dieu, que c'est bête, un homme...

Alors, vous pensez... deux!

Un seul amant,
C'est ennuyeux,
C'est monotone et soupçonneux...
Tandis que deux, c'est vraiment mieux! »

Cherchant un titre à cette opérette, Guitry veut garder le premier vers libre du passage que Messager vient de mettre en musique : *J'ai deux amants*. Mais la partition n'est pas entièrement composée et Sacha est préoccupé, en ce début d'année 1923, par la générale d'*Un sujet de roman*. Elle doit avoir lieu le 3 janvier, sans Sarah Bernhardt qui a été remplacée il y a moins de quinze jours par Hariett Roggers. Face à Lucien, l'équilibre est rompu. Jusqu'à la dernière minute, Sacha est sur le point de remettre la générale. Ce qui rend Yvonne furieuse : si les répétitions d'*Un sujet de roman* se poursuivent, Sacha doit y assister, et le séjour qu'ils ont prévu de passer à Cap-d'Ail avec les Lartigue et Messager sera annulé.

En vingt-quatre heures la décision est prise : on maintient la date de la générale. Le 4 janvier, jour de la première, Sacha remarque à l'orchestre la présence de Jeanne Lanvin et de Georges de Porto-Riche, de Colette et d'Henri Duvernois. Les représentations vont se poursuivre jusqu'au 11 février.

Comme Von le souhaitait, ils partent tous – sauf Lucien – pour le Midi. Quinze jours de travail et de détente pour mettre au point la partition musicale de *L'Amour masqué*. Dans le train de nuit qui les emmène sur la Côte d'Azur, il y a André Messager, Bibi, « Jack » comme l'appelle Von, le petit Dani et sa nurse, les Guitry, Pépée, la chienne d'Yvonne, et Estelle, sa femme de chambre. La petite Printemps s'est habituée aux domestiques comme aux toilettes de Mme Lanvin et aux bijoux de la rue de la Paix.

A Cap-d'Ail, ils ont réservé cinq chambres et un salon à l'hôtel Eden-Roc, et loué une Rochet-Schneider pour leurs déplacements à Cannes ou Monaco. Le salon commun sert de bureau, d'atelier et de salle à manger. On y a installé un piano pour Papi, un chevalet pour Jacques (il travaille à un portrait de Sacha sur toile et une affiche d'Yvonne sur carton), et un immense secrétaire pour Guitry. A peine arrivé, celui-ci y dépose ses porte-plume et ses buvards, son coupe-papier et ses crayons de couleur. Dans un coin, une table de bridge est dressée pour les repas. Yvonne y fait des réussites. Dans la chambre, elle a disposé ses boîtes et ses flacons, dispersé quelques journaux de mode, et mis des fleurs dans tous les vases de l'appartement.

Sacha est le grand ordonnateur de leur emploi du temps. S'il ne tenait qu'à lui, les séances de travail se dérouleraient à toute heure dans la fantaisie et la bonne humeur. Mais André Messager est un anxieux au caractère difficile. L'admiration et l'affection que lui portent Sacha et Yvonne, sa fille et son gendre, n'y changent rien. Lorsque le musicien est satisfait du thème musical qu'il vient de composer, il est charmant et cherche à se faire pardonner ses grognes et sautes d'humeur. Dans le cas contraire, il est bougon et ne supporte pas que Sacha et Jacques le taquinent en improvisant un quatre-mains sur le piano droit.

– Je ne trouve pas ça drôle du tout! s'exclame-t-il vexé, mâchouillant sa pipe l'air furibond.

André Messager n'est pas un excellent pianiste, malgré ses longues mains pâles qu'on remarque au premier coup d'œil. En revanche, il compose de tête et, lorsqu'il transcrit une mélodie, il entend jouer tout l'orchestre. Ce musicien ombrageux, aux colères sourdes, doit ses succès à la souplesse dont il a fait preuve dans ses créations. Il n'a voulu être qu'un artisan et un serviteur de la musique. A l'écoute de son époque et conscient des moyens qui sont mis à sa disposition, il s'adapte de bon cœur. Selon lui, ce serait stupide et suicidaire de composer, en 1923, une musique d'opérette comme on en écrivait à la Belle Époque. Il y a vingt ans, les fosses d'orchestre étaient pleines, on ne comptait pas moins de quarante pupitres, les figurants étaient légion, les décors aussi nombreux qu'on le jugeait nécessaire.

Les temps ont changé : Sacha n'aura qu'un choix limité de musiciens, pas plus de six à huit chanteurs et, au mieux, deux décors. Le talent du compositeur est de créer à partir de trois fois rien : André Messager a le génie de la simplicité. Avec la partition de *L'Amour masqué*, il offre à Guitry des airs qui ne sont ni faciles ni vulgaires. Une petite musique de comédie musicale.

Sacha s'en rendra compte aux répétitions qui débuteront à Paris, quinze jours plus tard. Soucieux de trouver le mot juste pour définir une pièce chantée, dans laquelle lui-même ne chante pas, Guitry appelle désormais *L'Amour masqué* « comédie musicale » et non plus « opérette ».

Jusqu'au départ d'André Messager qui reste à Cap-d'Ail dix jours à peine, la collaboration est enthousiaste et électrique. Déprimante parfois lorsque Yvonne soupire : « Je n'y arriverai jamais ! » Mais Sacha, Bibi et Jacques sont là pour soutenir le musicien et son interprète. « Ce que chante Yvonne est si vivant qu'elle donne l'impression de l'inventer à mesure », note Jacques-Henri Lartigue dans son journal.

A l'hôtel, Sacha ne quitte pas sa longue robe de chambre chamarrée, ni Yvonne son peignoir tout enguirlandé de colifichets ou sautoirs de perles. Papi est tiré à quatre épingles dans ses souliers cirés et son costume trois-pièces anglais. On l'adore et on s'amuse de cette allure un peu trop stricte d'officier de cavalerie.

Comme les horaires que Sacha impose ne sont pas ceux auxquels André Messager est habitué, il s'entête à avancer les pendules du salon, pour déjeuner à son heure sans contrarier personne. Le petit groupe s'est aperçu de la manigance... Mais Guitry est bien incapable de changer quoi que ce soit au désordre apparent de son emploi du temps. Quant à Yvonne, travailler avec Messager est pour elle une joie. Elle l'admire et il l'étonne : comment peut-on s'astreindre quotidiennement à lire quatre pages du dictionnaire ? Voilà un exercice auquel Von n'aurait jamais pensé. Lorsque Sacha lui demande ce qu'elle veut lire, Yvonne répond : « Des photographies... »

Après son retour à Paris, le compositeur fait parvenir en express aux Guitry les derniers airs de *L'Amour masqué*. C'est un musicien italien, auteur de romances sentimentales et ancien accompagnateur de Caruso, qui déchiffre avec Yvonne les nouvelles partitions de Papi.

Elle voulait que ce séjour sur la côte soit aussi un temps de repos et de vacances. Chaque fin d'après-midi, les Guitry et les Lartigue s'évadent de leur appartement de l'Eden-Roc : haltes au casino, spectacles et soupers au Sporting-Club ou chez Ré avec l'acteur Georges Noblet. Il fut l'un des plus fidèles interprètes de Sacha et vient de quitter les planches pour s'installer dans le Midi.

Au théâtre de Monte-Carlo, une troupe de comédiens venue de Paris présente *La Périchole* et *Les Brigands* d'Offenbach, avec les chœurs du casino. Deux soirées dites de gala, qui ne méritent pas le déplacement, malgré l'interprétation de Vilbert et de Marthe Ferrare.

Marthe Ferrare fait d'ailleurs partie de la distribution de *L'Amour masqué* dont les répétitions commencent trois jours plus tard au théâtre Édouard-VII. Elle y joue avec Marie Dubas l'une des deux servantes, aguichantes et espiègles, de l'héroïne. Avoir deux amants : elles en rêvent toutes les deux sous leur bonnet de dentelle.

La première de la comédie musicale est annoncée pour le 15 février. Le 12 a lieu la répétition en costumes. Jeanne Lanvin – « le seigneur femelle » comme l'a surnommée Lartigue – est dans les coulisses, inspectant ses créations. André Messager en personne dirige les musiciens car il vient de renvoyer le chef d'orchestre !

Dans la pièce, Yvonne porte une ravissante robe longue en mousseline de soie rose pâle et, pour le bal masqué birman, une tenue orientale inouïe, luxueuse combinaison de maille qui brille de toutes ses fibres or et argent. Le justaucorps que prolonge une traîne de dentelle laisse les épaules dénudées. La taille de Von est prise dans une large ceinture drapée. Le turban à la mamamouchi est orné d'une énorme perle et de plumes qui n'en finissent pas. Mme Lanvin a enfilé trois ou quatre bracelets aux bras d'Yvonne, passé cinq colliers autour de son cou et pincé ses oreilles de deux boucles triangulaires qui achèvent la coiffe.

Comment Von pourrait-elle ne pas être irrésistible ?

Le jour de la générale, le 14 février, elle passe l'après-midi rue Alphonse-de-Neuville avec Bibi. Jacques accompagne Sacha dans les magasins : il manque à Guitry quelques accessoires pour que ses costumes de scène soient à la hauteur des toilettes d'Yvonne.

Ce soir-là en effet, tout devra être à la hauteur d'Yvonne Printemps qui connaît l'un des deux grands triomphes de sa carrière. Disons un pré-triomphe puisque la première n'a lieu que le lendemain. Lartigue, présent sur scène par le truchement d'un petit Amour qu'il a peint dans un cadre ovale et qu'on a accroché sur un mur du décor, au-dessus du lit, a noté le matin même dans son journal : « Un grand jour pour Yvonne. Son plus grand jour si elle faisait passer le théâtre avant tout le reste de sa vie. Ce qui est à moitié vrai. Néanmoins, quelle soirée pour elle, son talent, sa voix, son charme, sa façon de parler d'amour avec n'importe quels mots. Cette pièce est le premier grand hommage de Sacha à son talent. Elle n'a été faite que pour elle, comme la musique en partie n'a été faite qu'en pensant à elle. Elle le sait, le Tout-Paris l'attend ce soir pour la voir prendre le fameux virage de son parcours de vedette. »

Aucune ombre au tableau si ce n'est le trac qui lui donne envie de fuir. Yvonne a confiance en Sacha et dans leurs efforts communs pour la réussite du spectacle. Mais, soudain, avant qu'on ne frappe les trois coups, elle se dit : « De quel droit monter sur une scène ? Au nom de quelle certitude s'imposer au public ? Pour quelle raison accepter chaque soir cette exhibition ? »

Ces derniers temps, elle n'a pas beaucoup vu Lucien. Depuis la fin des représentations d'*Un sujet de roman* dont la dernière date de trois jours, le comédien est un peu fatigué. Mais il a promis d'être dans la salle le soir de la première de *L'Amour masqué*. En réalité, il n'y est pas. Pour ne pas inquiéter ses enfants, Lucien Guitry a trouvé un subterfuge : grâce à la complicité d'un employé du théâtre, il fait porter à Von et à Sacha un mot de félicitations et de soutien, à l'entracte, leur faisant croire à sa présence.

En deux heures, Paris est tombé amoureux d'Yvonne Printemps, mutine, gracieuse et grande professionnelle des planches. On l'acclame, on l'ovationne, on la bisse. Elle n'est plus ni la petite Yvonne ni Mme Guitry. Elle est la Printemps, star du Boulevard à part entière, qui joue et chante l'auteur dramatique français le plus connu à l'étranger. Phénomène unique, cet auteur est aussi son mari.

Pour une salle qui ne cesse de l'applaudir, Yvonne reprend l'autre air fameux de *L'Amour masqué* :

« Elle fait dire aux gens : “ C'est vrai,
Elle n'est pas très
Intelligente...
Elle a le menton un peu de travers,
Le bleu des yeux est un peu vert,
Elle est ceci, elle est cela
Et je la crois très ignorante...
Évidemment, seulement, voilà,
Elle est charmante ! ” »

Jusqu'au 28 mai, date de la dernière représentation de *L'Amour masqué* à Paris, le théâtre ne désemplit pas. Texte, interprétation, musique : on rend aussi hommage à Guitry et à Messager. Jusqu'au nouveau chef d'orchestre qui complimente le compositeur à travers son gendre. Le dénommé Schule, qui doit être originaire d'Europe centrale, est venu dire à Jacques-Henri Lartigue : « Votre beau-père a autant de talent que Mozart ! Malheureusement, on ne s'en rend pas compte à cause de la confiserie qui en général recouvre les livrets d'opérette... »

Confiserie ou pas, le 15 février est un jour glorieux pour le trio Printemps-Messager-Guitry.

Tous les critiques musicaux l'affirment : Yvonne Printemps pourrait interpréter les rôles de Manon et de Thaïs dans les deux opéras de Massenet, et celui de Louise dans l'œuvre de Charpentier : trois sopranos. « Von est soprano léger... », nuance André Messager. « Plutôt mezzo clair », dira-t-on plus tard.

Techniquement, Yvonne Printemps vocalise sur l'extrême brève au-delà du *contre-ut*. Et on sait que la note du *contre-ut*, par rapport à l'*ut* supérieur du registre normal, est plus élevée d'une octave. De surcroît, la chanteuse a un souffle qui lui permet d'incroyables prolongements sur l'ultime mesure d'un mouvement. A tel point qu'elle ne semble plus respirer. Parfois, lorsqu'elle se laisse emporter par la griserie que lui procure le chant, Yvonne s'éternise sur un point d'orgue. On lui reprochera cette complaisance.

La caractéristique première du chant d'Yvonne Printemps est ce *legato* qui donne qualité humaine et naturel à ses interprétations. Elle ne chante pas *staccato,* mais lie entre elles toutes les notes du morceau.

Son don vocal est enrichi du don d'elle-même. Yvonne ne chante pas les notes, elle saisit le personnage à bras-le-corps. Léger ou dramatique, le rôle transite par son être tout entier. Par la diction et le chant, elle lui donne cette liberté qui la définit d'abord elle-même. « Les oiseaux chantent comme ça leur chante, selon leur propre mesure », avait dit un jour Sacha.

Est-ce à l'occasion d'une représentation de *L'Amour masqué* que Philippe Pétain est venu complimenter Mlle Printemps ? Sensible à l'allure de l'officier et à l'homme, Yvonne, beaucoup plus tard, devait se souvenir de cette visite : « Quels yeux bleus il avait ! Il était beau à tomber à la renverse !... »

Depuis que Sacha a dû la remplacer pour la création d'*Un sujet de roman*, Sarah Bernhardt faiblit. Elle s'éteint dans son appartement du boulevard Pereire le 25 mars 1923. Lucien, Sacha et Yvonne sont allés se recueillir sur la dépouille de la tragédienne. Dans ces moments-là, Von ne retient pas ses larmes : elle s'agenouille au pied du lit, pleure et prie. Au moment où les Guitry quittent la chambre mortuaire, ils croisent Cléo de Mérode, l'élégante danseuse de la Belle Époque. Sur la commode, Von remarque un coussin de violettes déposé par le compositeur Reynaldo Hahn. Le jour des obsèques, au cimetière du Père-Lachaise, tout Paris envahit les trottoirs pour voir passer le corbillard chargé de couronnes fleuries.

A la fin du mois de mai, *L'Amour masqué* poursuit

sa carrière sans les Guitry qui partent pour Londres avec Lucien. Ils vont jouer *Jacqueline* et *Faisons un rêve*. Seul, Lucien Guitry interprétera *Pasteur* et *Le Misanthrope*. Au retour, fin juillet, ils s'octroient quelques semaines de vacances, peut-être à Royan chez Albert et Jane Willemetz. Sacha écrit une nouvelle pièce, *L'Accroche-cœur*.

A l'automne, le temps des galas et festivités reprend : Guitry et Yvonne Printemps ne manquent ni un thé chez les Bernheim, ni l'inauguration d'une galerie, ni une soirée commémorative au Moulin-Rouge, au Casino de Paris ou à l'Opéra. Dans quelques semaines, au théâtre Sarah-Bernhardt, Mariette Sully, qui a créé *Véronique*, l'opérette d'André Messager, avec Jean Périer, fera ses adieux à la scène. Les Guitry seront présents et Yvonne chantera le premier acte de *L'Amour masqué*.

Le 21 décembre, ils créent au théâtre de l'Étoile, situé au coin des Champs-Élysées et de la rue Balzac, *L'Accroche-cœur*, avec la comédienne Betty Daussmond qui devient une amie d'Yvonne. La nouvelle pièce de Sacha Guitry raconte l'histoire d'une escroquerie d'amour : une poule de luxe victime d'un petit truand. Le couple joue la pièce jusqu'à la mi-février. La presse est louangeuse sur l'interprétation d'Yvonne. Gérard d'Houville, dont le vrai nom est Marie de Heredia (Mme Henri de Régnier devant la loi), tresse des lauriers à Mlle Printemps : « Elle est une fois de plus, dans cette pièce, la Femme (...) Et tout le long de ces trois actes, elle est adorable tour à tour de colère, de tendresse, de mauvais caractère, d'espérance et de déception ; triomphante et trahie presque en même temps, aiguë et violente en dedans, elle est délicieuse ; et elle a beau vouloir jouer le rôle d'une poule, elle est un oiseau de paradis [1]. »

1. *L'Impromptu de Neuilly*.

Les folles semaines de janvier 1924

« De qui n'ai-je cessé de m'entretenir toute la soirée ? » Jacques-Henri Lartigue s'interroge, confiant son agitation à la feuille blanche de son journal, le 1er janvier 1924.

« De qui n'ai-je cessé de m'entretenir toute la soirée ? La faisant revenir sans rime ni raison, et la plaçant de force dans chacune de mes phrases ? D'Yvonne ! (...) Minuit. A minuit hier, elle était presque tout entière dans mes bras, mince, un peu frêle. Et maintenant, j'en suis certain, notre annuel baiser de fin d'année l'a fait trembler tout entière : un imperceptible tremblement chaud qui passe à travers les vêtements et le reste, pour venir vous chatouiller les yeux, le ventre et le cœur. »

Comme l'an passé, Bibi et Jacques ont fêté la Saint-Sylvestre chez les Guitry, rue Alphonse-de-Neuville. Bibi attend un second enfant pour la fin du mois de janvier.

De quel aveu Yvonne s'est-elle rendue coupable ? Quelles paroles a-t-elle prononcées qui font basculer la discrétion et la retenue de Lartigue ?

Le langage des mots et des gestes est superflu. Yvonne n'a besoin ni de parler, ni de toucher pour transmettre son message. Ses yeux seuls disent toute la désobéissance dont elle est capable.

Jacques, qu'Yvonne appelle « Jack », est fou amoureux. Il la devine, la pressent et la voit partout. Il y a entre eux mille repères qui sont autant de liens naturels : leurs amis, leurs souvenirs, le théâtre – ses coulisses et ses escaliers –, la loge de Von. Lui n'en revient pas de ce trouble mutuel, de cette émotion qui les submerge, de cette vérité des sens et du cœur qu'il a trop longtemps voulu ignorer, de cet amour inattendu, insensé et surtout impossible.

– Oh! Si seulement il n'y avait pas ce parfum! pense-t-il. Ce nuage autour d'elle qui liquéfie mes idées...

Jacques est tourmenté, torturé, tiraillé. Comment aimer deux femmes sans trahir l'une et l'autre? Comment aimer ce petit Von qui est aussi Mme Guitry, l'épouse du sacro-saint meilleur ami? Comment aimer cette créature de charme, tandis que Bibi est sur le point de mettre au monde un enfant?

L'homme suit pourtant ses pulsions et écoute son cœur. La loge est trop parfumée, la fourrure trop douce, le regard trop coquin. La femme tend son piège.

– Mon petit Jack, je t'aime, comprends-tu, je t'aime! s'exclame Yvonne.

Avec son cœur de midinette, Mlle Printemps fonce tête baissée, croyant découvrir la terre promise. Est-ce le danger ou l'interdit qui tente Yvonne? Elle ne veut pas résister à un désir, elle aime se sentir troublée et se fait son cinéma, imaginant que l'émoi est le signe d'une passion véritable. Yvonne s'amuse des jeux de l'amour dans la phase de séduction. Elle veut plaire, ne peut s'empêcher de faire du charme. Lorsqu'elle consent à se donner, elle est prise à son propre piège. Elle n'est plus la femme conquérante. Elle s'étourdit, insatisfaite et crédule.

Jacques la sent frémissante, émotive et fragile. Rarement vulnérable. Ils se sont souvenus d'une première rencontre place de l'Étoile en 1911. Elle habitait encore rue Lauriston, et Jacques, rue Leroux.

Le 19 janvier, Bibi entre à la clinique et donne naissance à une petite Véronique dont Sacha et Yvonne sont les parrain et marraine. A peine le premier cliché est-il développé qu'on met sous verre le portrait du nourrisson. Le cadeau d'Yvonne est un sautoir de perles ayant appartenu à Sarah Bernhardt : il sert d'encadrement à la photo de la petite fille.

La jeune femme doit rester quelque temps à la clinique. Jacques ne manque aucune représentation de *L'Accroche-cœur*. Il connaît les moindres mouvements de la mise en scène, l'heure des entrées de Sacha et des sorties de Von. Il la suit dans sa loge qui ressemble à une bonbonnière, sur le plateau dans un décor annexe, en coulisses d'où il aperçoit son corps gracile. Ici, c'est un baiser qu'Yvonne lui envoie par la fenêtre du décor ; là, c'est une violette qu'elle lui offre avant de retourner en scène saluer le public.

Bientôt Jacques n'est plus encombré de scrupules, tout à ce bonheur qu'il revendique comme un droit aux émotions. La vie est ainsi faite : elle ne sait donner qu'au pluriel. C'est elle la coupable. « Est-ce qu'au printemps, s'indigne Lartigue, on ne peut en même temps être bouleversé par un pommier en fleur et par l'odeur d'un pré tiède au soleil ? »

Le 17 février, la jeune mère rentre de clinique avec Véronique qui décédera au début du mois de mai. Bibi a-t-elle dès son retour remis de l'ordre dans le ménage ? La force des horaires établis et des habitudes est l'arme des femmes trompées.

Le retour de Bibi n'est qu'un prétexte : la vraie raison de la rupture est Sacha. Pour Lartigue, aimer Von, c'est trahir Guitry-le-modèle, l'homme dont il admire l'allure, l'esprit, le style. Quant à Yvonne, elle n'a pas eu l'impression de mal se conduire vis-à-vis de Bibi. Elle n'aurait de toute façon rien exigé de Jacques. Elle est cœur d'artichaut mais attachée aux liens du mariage. Lorsque des enfants sont nés d'une union, celle-ci est indissoluble.

Au début des années 30, Bibi et Jacques vont se séparer. Plus tard, pendant la guerre, Jacques rencontre Florette qui devient sa femme pour plus de quarante ans. Lorsque Mme Printemps et Florette, beaucoup plus jeune, se croiseront, Yvonne ne pourra s'empêcher de marquer son territoire. Sa jalousie n'a pourtant plus de sens. A la vérité, elle a peu de sympathie pour les femmes et encore moins pour les secondes épouses. Une seconde épouse signifie qu'on a abandonné la première. Yvonne en est scandalisée. Qu'une femme quitte un homme, oui bien sûr, car elle a ses raisons. Mais comment l'inverse pourrait-il se produire ? Elle, l'indomptable dévoreuse, vivra le reste de ses jours dans la peur de cette rupture, et de la solitude dont fut victime sa mère.

Après la dernière représentation de *L'Accroche-cœur*, en février 1924, le couple Guitry reprend *Le Veilleur de nuit* au théâtre Édouard-VII et, le 5 mai, crée *La Revue de printemps*, écrite en collaboration avec Albert Willemetz. Cette comédie-ballet est le dernier spectacle proposé par Alphonse Franck au théâtre de l'Étoile. Le quartier des Champs-Élysées est résidentiel à cette époque et le public du Boulevard n'est pas habitué à sortir de son périmètre. Il faudra attendre le milieu des années 30 pour que l'avenue la plus célèbre de Paris devienne une artère commerciale.

La revue de Guitry et Willemetz est composée d'une série de tableaux. Yvonne y reprend ses imitations d'Yvette Guilbert, en perruque rousse, et de l'une des Dolly Sisters, en collant de soie pailletée. Elle est aussi le prince de Galles, une gigolette, Diane de Poitiers et, dans un tableau du Second Empire, la Païva. La scène se passe chez le duc de Morny : Offenbach est venu demander à la chanteuse d'interpréter *La Grande Duchesse de Gerolstein*. Yvonne Printemps, le chignon sur la nuque et en robe de taffetas, enguirlandée de nœuds et volants, chante :

> « Dites-lui,
> Qu'on l'a remarqué,
> Distingué... »

Chanteuse, danseuse, comédienne et mime dans ce

spectacle pour lequel elle renoue avec ses premières amours, Mme Guitry est acclamée. Le succès de *L'Amour masqué* ne lui monte pas à la tête : elle se prête avec un plaisir manifeste aux fantaisies du divertissement fourre-tout. Elle y est drôle et pleine de cet entrain qui a séduit Guitry.

En août 1924, Sacha et Von passent quelques jours de vacances à Royan, chez les Willemetz, dans leur maison qui porte le nom d'*Aigues-marines*. André Messager, les Lartigue et les Guitry y ont leur chambre : la villa est une grande bâtisse à deux pas de la plage. Durant l'été, plus de vingt personnes y déjeunent chaque jour. L'emploi du temps varie peu : lever tardif (pour Yvonne), bain de mer, jeux de société sur le balcon, détente au casino en fin d'après-midi, lectures de Guitry après le dîner.

C'est ici qu'Yvonne et Sacha vont mieux connaître la famille Willemetz. L'histoire des cœurs réserve des surprises : six mois après le mariage de Jane et Albert, le Dr Pierre Truchot – l'un des deux frères de Jane – a épousé Paulette Willemetz, la sœur cadette d'Albert. Les enfants à naître, Bernard et Janine, seront pour Yvonne des neveu et nièce d'adoption. A la naissance de la petite fille, Sacha fera monter sur une minuscule chevalière un brillant provenant de l'une des parures de Von.

A Paris comme à Royan, où Yvonne apprend à nager, Guitry est inquisiteur. Il a beau jeter un regard distant sur les incartades passagères de sa femme, sa jalousie est connue de tous. Sacha n'est pas jaloux d'un amant en particulier, il est jaloux dans l'absolu. Dès qu'Yvonne ne s'intéresse pas à lui, dès qu'il cesse d'être le centre du monde, Guitry est le plus malheureux des hommes.

Lorsqu'elle décide de nager par temps couvert, il la traite de « folle » et de « petit monstre ». Le peignoir à la main, il l'attend au bord de l'eau, trépignant sur le sable ; il s'inquiète en maugréant, lui prédit une bronchite, la secoue et l'étouffe en lui frottant le dos à travers le tissu éponge.

Le 6 décembre 1924, le couple crée avec Jean Périer *Une étoile nouvelle*. La pièce est dédiée à Jules Thiroloix, l'un des médecins les plus réputés de Paris. On appelle de partout ce petit homme vif dont la culture est encyclopédique. Thiroloix est dans le domaine médical un précurseur et un humaniste. Il est l'un des meilleurs amis de Lucien Guitry. Et son médecin...

La mort de Lucien

TANDIS que Guitry père reprend la pièce d'Henry Bernstein, *Le Tribun*, en février 1925, Sacha et Von passent quelques jours à Cap-d'Ail où ils croisent Jacques-Henri Lartigue et Georges Auric. Dès leur retour, Jules Thiroloix alerte Sacha des dangers qui menacent la santé de Lucien. Depuis des années, le colosse de la scène parisienne n'a rien changé à sa manière de vivre, ni de s'alimenter. Après une représentation, un cent d'huîtres ou d'escargots, un gigot entier ou dix biftecks ne lui font pas peur. « Manger de la viande rouge, cela donne de la cervelle », rétorque à son médecin ce cardiaque qui est aussi diabétique.

Dans la pièce de Bernstein, Lucien simule chaque soir une attaque comme l'exige son rôle. « Cette crise est feinte au début de la scène, explique Jules Thiroloix à Sacha, mais elle ne l'est plus à la fin. Empêchez-le donc de faire cela car il se tue. »

Le 25 mars, Yvonne, Lucien et Sacha créent ensemble la dernière pièce du fils, *On ne joue pas pour s'amuser*. Le rôle est une forme de testament pour

Lucien qui interprète un comédien octogénaire : « Chez nous, il n'y a ni homme ni femme. Il n'y a que des gens qui jouent, plus ou moins bien, et défendent leur peau pour jouer le mieux possible. »

Yvonne est le personnage ingrat mais touchant de Maggy, une débutante sans talent, intruse dans un milieu qui ne fait pas de cadeau. Par amour pour un jeune acteur joué par Sacha, Maggy apprend la comédie, se hisse à force de volonté et de travail à la hauteur de la troupe professionnelle. Elle s'entend enfin dire de l'homme qu'elle aime : « Je suis bien plus amoureux de ton talent que de tes beaux yeux. »

Prolongement de la vie privée ? Sacha n'a jamais caché sa fierté devant le succès et le talent d'Yvonne Printemps. Il n'y est pas étranger et le sait. Beaucoup plus tard, à Henri Jadoux, l'un de ses proches les plus attentifs et discrets, qui s'était risqué à évoquer le grand amour qu'avait été Yvonne Printemps pour le maître, Sacha répondit : « L'amour ? Oh ! oui, bien sûr... Mais surtout, ce fut une telle réussite ! »

« Vous êtes un bien portant imaginaire ! » continue de s'exclamer Thiroloix devant Lucien qui ne veut rien entendre. Il ne faudrait pas que l'acteur joue tous les soirs, mais les avertissements du médecin ne sont d'aucune utilité. Seule une sérieuse alerte pourrait faire suspendre les représentations. Elle a lieu le 9 mai : contraction et douleur au cœur, puis phlébite le lendemain. Huit jours plus tard, Henry Krauss remplace Lucien sur la scène du théâtre Édouard-VII. Yvonne et Sacha passent deux fois par jour avenue Élisée-Reclus. Le fils ne peut ni ne veut se rendre à l'évidence du mal qui affaiblit son père. Lorsque ensemble ils font des projets, Sacha n'est pas le dernier à y croire.

Lucien prévoit de créer la nouvelle pièce d'Henry Bernstein à la rentrée d'automne. Sacha aura ainsi le temps d'achever les deux textes auxquels il pense déjà :

Franz Hals (Lucien y sera le vieux maître et Sacha le jeune Van Ostade qui, par admiration, accepte d'offrir sa jeune épouse à l'illustre peintre) et *Mozart.*

Mais Lucien ne passera pas le printemps. Le dimanche 31 mai, Sacha et Von dînent avenue Élisée-Reclus après la représentation en matinée. Sacha y retourne en fin de soirée. Lucien est mal et dit à Sacha : « Fais *Mozart !* » L'ordre est celui d'un mourant qui se sait condamné. Yvonne jouera Mozart, mais lui ne sera jamais Franz Hals.

Le lendemain, croyant à une guérison possible, Sacha et Von se mettent en quête d'une maison de convalescence pour l'été. Lorsque, en fin de journée, le couple passe avenue Élisée-Reclus, il est trop tard.

Pour l'un comme pour l'autre, le monde bascule : le trio qu'avait préservé Sacha en éloignant les conquêtes de Lucien et Palmyre Wigniolle – il respectait l'amour d'Yvonne pour sa mère, lui portait une attention affectueuse, mais Palmyre ne partageait pas leur vie – n'est plus qu'un duo. Von devient l'unique interlocuteur, le seul soutien, l'unique objet de son amour.

Avec la mort de Lucien, Yvonne perd un ami et un confident, l'allié qui osait interrompre Sacha et dire à sa belle-fille : « Allez, on laisse le vieux et on va s'amuser ! » Lucien lui manque déjà. De ce père adopté, Yvonne gardera précieusement l'un des objets personnels : un stylo à plume en or guilloché et bakélite, orné du monogramme L. G.

Le 4 juin, en fin de matinée, on enterre Lucien au cimetière de Montmartre. Ni messe, ni couronnes, ni discours. Seul André Antoine prononce quelques mots brefs : « Au nom des comédiens-français, je salue le plus grand des comédiens. » Dans la foule, on reconnaît Pirandello, Léon Blum, Chaliapine, Jeanne Granier et Charles Le Bargy, Victor Boucher,

Denise Grey, Harry Baur et Maurice de Féraudy. Sacha et Yvonne ont l'air de deux orphelins.

L'enfant prodige : Mozart

La pièce n'est pas une reconstitution historique, plutôt une variation sur la jalousie, une occasion pour Sacha de rendre un hommage au musicien de Salzbourg, un prétexte pour qu'Yvonne chante en travesti.

Sacha est le baron de Grimm, ambassadeur de la culture allemande à Paris, homme spirituel et cultivé qui accueille le jeune Mozart, un adolescent à mi-chemin entre Chérubin et don Juan. Il est naïf et roué, égoïste et charmant, conquérant et séducteur. Il plaît à toutes les femmes et toutes les femmes lui plaisent : Mme d'Épinay, la maîtresse en titre du baron ; la Guimard, danseuse à l'Opéra et récente maîtresse de Grimm ; la filleule de Mme d'Épernay et la jolie servante... Le baron ne tarde pas à renvoyer Mozart dans ses foyers.

Le dialogue est du cousu main pour Yvonne :

> « Être adoré ! Prendre les cœurs
> Et les sentir qui se livrent...
> Traverser la vie en vainqueur,
> Oh ! C'est ça, vivre !
>
> Pas seulement le cœur des femmes,
> Non, tous les cœurs, je les voulais !
> S'il me fallait vendre mon âme,
> Je crois bien que je la vendrais...
> Que je la vendrais par-devant notaire
> Pour être adoré de la terre entière ! »

Au début du mois de juillet 1925, le texte de *Mozart*

est achevé. Sacha et Yvonne partent pour Évian rejoindre les Lartigue et André Messager, qui doit écrire la partition pendant l'été.

Guitry est sensible au charme du lac Léman, à cette frontière d'eau entre la France et la Suisse. « Je trouve que c'est amusant ces deux pays qui se regardent [1] », dit-il. Le couple loge à l'Hôtel Royal, sur les hauteurs de la station. On leur a réservé l'appartement des souverains. « C'est le dernier hôtel qui soit distingué, explique Sacha. Une grue n'y resterait pas quarante-huit heures. Et pourtant, ce n'est pas un hôtel de famille. Ce n'est pas un hôtel de malades (...) C'est un hôtel où l'on ne vient pas se soigner. On y vient quand on veut s'éloigner un peu de tout ce qui vous a peiné, chagriné, contrarié, dégoûté pendant l'hiver. On dirait qu'on y fait une cure contre la médiocrité, contre la goujaterie, contre l'ingratitude [1]. »

Comme à Cap-d'Ail ou à Royan, Yvonne pose ses empreintes : fleurs, boîtes, magazines, flacons. Sacha les siennes : encriers, plumes, photos de Lucien. Les quatre chambres (celle de Messager, celle de Bibi et Jacques, celle de Sacha et celle d'Yvonne) donnent sur le salon où tous se retrouvent pour déjeuner et travailler. Von a convaincu Guitry de faire chambre à part lorsqu'ils sont en voyage.

Pour Bibi et Von, ce début juillet est une période de vacances. On s'amuse et on rit de tout et de rien. Peignoir entrouvert et perles sonores, Yvonne déambule d'une pièce à l'autre, les cheveux savamment défaits, pieds nus et joues luisantes de crème grasse. Sacha vient d'acheter un volume de six cents pages qui traite des peuplades sauvages et de leur façon de faire l'amour. Bibi et Von se sont plongées dans cette lecture : on les entend glousser entre deux passages.

Le 4 juillet, Sacha termine la relecture de son

1. *Le Petit Carnet rouge*, de Sacha Guitry.

manuscrit et le remet à André Messager. Le lendemain, Bibi, Jacques et Papi quittent Évian pour Aix-les-Bains où les Guitry doivent les rejoindre dans quelques jours. Le temps pour Messager d'imaginer l'esprit de la partition.

Dans le jardin de la maison d'Aix, l'atmosphère est lourde. Le musicien a lu *Mozart* et grogne contre Guitry.

– Voyons, dit-il à Jacques, peut-on mettre cela en musique ? Ça, il faudrait que... Et là, regardez ! C'est impossible ! Ce serait un tour de force. Ce n'est pas comme ça que l'on fait d'habitude. Ce ne sont pas des couplets, c'est du dialogue chanté !

On croit à un moment de faiblesse, de doute passager. On connaît les humeurs de Papi et personne, au début, ne s'en inquiète. Mais après plusieurs jours d'abattement et de nuits sans sommeil, il faut se rendre à l'évidence. « Finalement, raconte Lartigue, c'est Yvonne et Messager – elle en chantant des morceaux de *L'Amour masqué* et de *Véronique* – qui vont prouver à Sacha que les choses écrites dans son *Mozart* sont inincorporables dans la chanson. »

Mais le texte existe et doit être mis en musique. On a prévu les répétitions pour novembre et la création de la pièce pour début décembre. En désespoir de cause, Sacha lance un appel à Reynaldo Hahn qui a composé la musique de *Ciboulette*, en 1923, pour Robert de Flers et Francis de Croisset. La demande de Guitry est à peu de chose près la suivante : « Voulez-vous tenter une aventure impossible avec moi ? »

Par retour du courrier, Reynaldo Hahn, qui ignore tout du manuscrit, donne son accord. Le musicien le plus parisien et le plus éclectique du moment va écrire une partition sans chercher à pasticher Mozart. Il utilise à bon escient quelques mesures du maître de Salzbourg. L'ensemble est cohérent et les critiques musicaux – y compris les détracteurs du compositeur – reconnaîtront que la proposition de Guitry était un traquenard.

Début septembre, Sacha et Von reprennent *Nono* et enchaînent sur les répétitions de *Mozart*. Novembre 1925 est un mois riche dans l'histoire des théâtres parisiens : on inaugure la Michodière en présentant *L'Infidèle éperdue* de Jacques Natanson, avec Valentine Tessier, Pierre Blanchar, Harry Baur et Carette; Léon Volterra reprend l'ancien cirque Marigny où doit être créée *Monsieur Beaucaire* dont André Messager vient d'écrire la musique. Un après-midi, tandis que Von et Bibi se rendent chez Lanvin, Jacques et Sacha visitent le futur grand théâtre de l'avenue des Champs-Élysées avec Léon Volterra. La piste du cirque est partagée en deux demi-cercles : l'un pour la salle, l'autre pour les coulisses et la machinerie. Dans l'enthousiasme général, Sacha déborde de projets : pourquoi ne pas créer à Marigny une revue avec à l'affiche Guitry, Printemps et Cécile Sorel ?

La première de *Mozart* a lieu le 2 décembre. Yvonne en adolescent surdoué s'y taille le succès qu'elle mérite. La pièce a été écrite pour elle et ne connaîtra pas de seconde carrière. « Yvonne gâche le métier, dira Reynaldo Hahn. Personne ne peut reprendre les rôles qu'elle a créés. » A nouveau, son bonheur d'être en scène et de chanter franchit la rampe de lumière : on ne parle dans Paris que de sa grâce et de son aisance, de sa joie de plaire et de briller. Chaque création théâtrale est une reconquête d'un public pourtant jamais lassé.

« Elle a avalé des oiseaux ! » s'exclame Anna de Noailles, souveraine en poésie et mondanités.

« Ne chantez pas ainsi tous les soirs, murmure une voix à l'oreille d'Yvonne. Vous allez en mourir : votre cœur ne tiendra pas... » Von, interloquée, ne reconnaît pas cette dame d'une soixantaine d'années qui vient lui donner cet avis. « Ah ! j'oubliais de vous dire, ajoute la mystérieuse conseillère, je suis Melba... »

Chaliapine, Melba : les plus grandes voix de l'époque, les plus belles scènes du monde.

Un mois après la première de *Mozart* à laquelle assistait Jeanne Lanvin, Yvonne Printemps et Sacha Guitry sont à leur tour les invités de celle qui fut la présidente du pavillon de l'Élégance lors de l'Exposition des arts décoratifs de 1925. Le 9 janvier 1926, Mme Lanvin devient chevalier de la Légion d'honneur. Son personnel, dont huit cents ouvrières, lui offre une petite plaque en or décorée d'une rose en diamants. Sacha prononce quelques mots :

« Il y a longtemps qu'on vous couvre de roses,
Il est juste enfin que vous ayez la rosette.
Fêtant comme il convient l'artiste que vous êtes,
Il est normal aussi que ce soir on l'arrose
Et qu'on s'écrie, en chœur, à gorge dégrafée,
Vive un gouvernement qui décore une fée... »

Sur les planches, rue Alphonse-de-Neuville, aux galas et cocktails, Guitry ne quitte pas Yvonne. La jeune femme qu'avait séduite cette omniprésence, témoignage constant des sentiments de Sacha, cède à l'agacement puis à la colère face à une sollicitude jalouse. Yvonne étouffe ! Lors d'un dîner chez Larue où, dans un salon particulier, les Guitry ont rejoint Cécile Sorel et son époux, le comte de Ségur, Yvonne ne cache pas son impatience [1]. Au moment où le maître d'hôtel apporte les huîtres, Sacha la fusille du regard.

– Eh bien ! Et la typhoïde ? Veux-tu laisser cela ! Garçon, enlevez l'assiette...

– Ah ! Ne commence pas ! rétorque Yvonne. Laisse-moi dîner tranquille.

1. *La Confession de Célimène*, de Cécile Sorel.

Après le plat principal qui est une poularde, on sert une salade. Sacha rappelle le serveur et demande :

– Cette salade est-elle lavée à l'eau de Vittel ?

– Oh ! je ne le crois pas, monsieur.

– Alors, enlevez cette verdure à microbes !

Et Guillaume de Ségur d'ajouter, sourire en coin :

– Moi, je lave tout au champagne !

Ce qui envenime le dîner est une histoire – forcément spirituelle – qu'Yvonne connaît par cœur et que Sacha se plaît à raconter à tout bout de champ.

– Ah, non ! Celle-là je ne veux plus l'entendre ! s'exclame Yvonne.

– Mais nos amis ne la connaissent pas..., enchaîne Sacha.

– Ils ont de la chance !

Sacha insiste pour le plaisir de s'écouter et raconte le bon mot. Yvonne est fatiguée du spectacle perpétuel de Guitry. Devant un nouveau public, elle doit feindre de découvrir, toujours et encore, l'anecdote qui fait rire tout le monde sauf elle.

– Laisse cela, lui dit Sacha lorsqu'on sert le café. Maître d'hôtel, voulez-vous donner à Madame des morceaux de sucre enveloppés ?

– Mais, Monsieur, nous n'en avons pas !

– Alors, Yvonne, laisse le café, ça t'énerve...

Le comte de Ségur se lève alors de table et revient quelques instants plus tard avec une coupelle contenant des morceaux de sucre enveloppés dans du papier d'argent. Il en offre à Yvonne en l'embrassant. Sacha n'ose protester, mais le regard est réprobateur. Au lieu de se taire pour calmer les esprits, Von ne peut s'empêcher de faire rebondir la dispute latente.

– Je risque bien plus ma vie en ne dormant pas qu'en suçant un morceau de sucre tout nu, dit-elle, agacée.

Et, se tournant vers Cécile Sorel :

– Toute la nuit, ma chère, il écrit et tourne des feuillets. Ce bruit me rend folle. Si je m'endors quand même, il me réveille pour me lire son premier acte. On n'est pas plus égoïste, n'est-ce pas ?

A nouveau Guillaume de Ségur tempère le ton de la conversation en se moquant gentiment de la réputation de Sacha, bourreau des cœurs et non bourreau de travail. Le pauvre Guitry s'enfonce en défendant les passions artistiques.

– J'ai plutôt envie de te gifler que de t'écouter, lui lance Yvonne. Pourquoi ne veux-tu pas que je fasse chambre à part ?

Et, à l'attention de Cécile Sorel, Von ajoute :

– Mais à quoi cela servirait-il ? Je me le demande. Je suis là pour applaudir Monsieur. Sa gloire ne dort jamais. Il lui faut des spectateurs : je fais la foule. C'est un cas de divorce !

Yvonne Printemps aurait-elle jamais prononcé ce mot du vivant de Lucien Guitry ?

– Bravo ! hurle Ségur. Je t'épouserai. Deux femmes ne me font pas peur. Et moi, je ne te laisserai dormir qu'après t'avoir aimée...

– Après ? interroge Yvonne. Mais alors je n'aurais plus envie de dormir. Je me sentirais tout éveillée...

On rit soudain de bon cœur. Yvonne fredonne quelques mesures de *L'Amour masqué*. Cécile Sorel lui envoie quelques roses qui ornaient son corsage.

– Vous êtes faits l'un pour l'autre, dit la comédienne amie. L'auteur crée, l'artiste se laisse féconder. Elle met l'œuvre au monde.

Il n'en faut pas moins à Guitry pour renchérir :

– Faire des œuvres, c'est aussi une façon de faire des enfants. Yvonne, je t'ai fait *Mozart !*

– Tu es l'amant de ton esprit, réplique Mme Guitry.

Et s'ensuit ce dialogue si drôle et si triste qui

annonce la rupture de l'un des plus célèbres couples de Paris :

– Chérie, dit Sacha, les grands esprits domptent les instincts de la nature...

– Mon époux, jetons le cri des bêtes. Soyons bêtes !

– Lorsque je veux l'être, tu t'écries que le chant demande tous les sacrifices. N'accuse que toi, chérie.

– Je ne chanterai plus, proclame Yvonne. Ni aimer, ni boire, ni manger. Je veux vivre, moi !

Sur ces paroles, Von avale quelques gorgées de champagne et, à la demande de Guitry, chante l'air des adieux de *Mozart* :

« Adieu ! Je pars !
Va quelquefois porter des fleurs,
Va quelquefois penser à moi
Dans la minuscule demeure
Qui de nous deux seuls est connue.
Là, je te dois d'avoir vécu
D'inoubliables heures !
Ces heures-là, je les bénis...
Et si, plus tard, peut-être un jour
Quelqu'un dit devant toi :
" Mozart a du génie ",
Tu répondras, mon cher amour,
Que tu sais bien un peu pourquoi. »

Se rappelant cette scène, Cécile Sorel décrit ainsi Sacha dans son livre de souvenirs : « Il est comme ivre de sa voix enivrante (...) C'est un expiateur du succès, un martyr de l'art. Il vit sous le vampirisme de son talent dont il jouit en écoutant Yvonne. »

En janvier 1926, Sacha offre à Von un brillant de chez Boucheron, d'une forme rectangulaire remise à la mode par le joaillier de la place Vendôme. Dans le même temps, Guitry accorde à son épouse la chambre séparée qu'elle a déjà obtenue lors de leurs déplacements. Mais dans cette chambre, Sacha enferme Von. Comme elle le racontera plus tard, à l'heure du petit déjeuner, Guitry donne lui-même à la femme de chambre la clé de cette prison dorée d'où Yvonne Printemps veut s'échapper.

L'installation avenue Élisée-Reclus en avril 1926 accroît l'emprise de Sacha. Yvonne est une recluse comblée et adulée dans la maison du père que Guitry appelle « le dépôt sacré ». Si le mari jaloux ferme les portes, il ne verrouille par les fenêtres : plus d'une fois, elles serviront à Yvonne pour se sauver du vénérable hôtel particulier. Un seul complice en ces nuits de liberté : son frère, Lucien Wigniolle.

A quelques mois de là, Sacha, accompagné d'Yvonne, déclare devant une assistance d'étudiants : « Dans la vie, l'essentiel est de bien choisir son métier et de bien choisir sa femme [1]. » La scène se passe dans le grand amphithéâtre de la Sorbonne où les élèves des classes préparatoires du lycée Louis-le-Grand organisent une fois par trimestre une conférence-spectacle qui associe théâtre, musique et music-hall. Parmi les khâgneux qui écoutent Guitry : Thierry Maulnier, Robert Brasillach, Paul Gadenne et Roger Vailland.

De Londres à New York

MOZART a eu tant de succès que le Gaiety Theatre a demandé au couple Guitry de venir interpréter la comédie musicale à Londres. Départ le 15 juin et retour le 13 juillet. Deux événements qui n'ont pas de rapport l'un avec l'autre sont à retenir : un hom-

1. *Notre Avant-guerre,* de Robert Brasillach.

mage émouvant rendu par les Britanniques au comédien Lucien Guitry qu'ils ont si souvent accueilli, et la rencontre d'un imprésario américain, Al Woods, qui offre à Sacha une tournée dans l'est des États-Unis. On parle dates, contrat et programme : vingt mille dollars par semaine pendant huit semaines au début de l'année 1927. Guitry propose de jouer *Mozart*. En dépit des réticences de l'Américain (la version anglaise et dansée de *Mozart* connaît un énorme succès dans un théâtre de New York), Sacha insiste et l'imprésario cède.

Au retour de Londres, Sacha loue pour quelques semaines une maison à Royan baptisée *Roses rouges*. De leur côté, les Lartigue séjournent dans la *Villa Christiane* mitoyenne de la bâtisse d'Albert et de Jane Willemetz. Sacha et Von retrouvent leurs amis le 23 juillet. Le 25, une fête est donnée en l'honneur d'Yvonne : elle vient d'avoir trente-deux ans. Elle est un monstre de charme au sommet de sa beauté. Hors des sentiers battus d'une élégance conformiste, la Printemps ne cesse de surprendre dans l'image qu'elle veut donner d'elle-même : provocante et joueuse lorsqu'elle cache sa poitrine de garçon en dénouant ses cheveux, déroutante en enfant dépenaillée, cocotte de luxe en femme fatale embijoutée, clown professionnel ou séductrice parfumée qui, d'un baiser, vous imprègne d' *Heure Bleue* pour une demi-journée. Toujours elle-même, jamais semblable.

Aux côtés d'Yvonne-la-tentation, Jane – la confidente et l'amie – est la vertu, la certitude et la rigueur.

Von se baigne dans l'Atlantique, fait des réussites, prépare des meringues pour Tino et répète *Deburau* avec Sacha, dans le jardin des *Roses rouges*. Entre deux meringues, dans son grand salon-bureau, Albert Willemetz écrit avec Georges Auric la nouvelle revue du Casino de Paris. Jacques-Henri Lartigue termine un portrait d'Albert. On retrouve à Royan, cet été-là, de nombreuses connaissances : les Dolly Sisters, Denise Grey, Maurice Chevalier et son épouse Yvonne Vallée. Lorsqu'ils se promènent à la foire de la station balnéaire, une ruée de curieux se précipite sur les têtes d'affiche que sont Chevalier, Guitry et Printemps. Une seule ombre au tableau : la santé inquiétante d'André Messager. Bibi et Jacques ont dû appeler d'urgence le Dr Pierre Truchot qui passe ses vacances chez sa sœur Jane Willemetz.

Les répétitions de *Deburau* ont lieu à Paris en septembre. Sacha a apporté quelques modifications au texte précédent. La générale a lieu le 7 octobre au théâtre Sarah-Bernhardt : Yvonne y joue le double rôle de la Dame aux camélias et du jeune Charles Deburau. Le 25 novembre, le couple crée la dernière pièce de Sacha, *Était-ce un rêve ?*, avec Maurice de Féraudy, l'un des comédiens les plus estimés de l'époque.

Malgré l'inquiétude de sa mère, Von prépare ce voyage en Amérique dont la date de départ approche. Avec Jeanne Lanvin, elle a choisi quatre-vingts toilettes en plus des costumes de théâtre. Jamais Mme Lanvin n'accepterait qu'Yvonne portât deux fois la même robe. Le 14 décembre, les Guitry embarquent à bord du *Léviathan* pour sept jours de traversée. Le voyage est un déménagement : deux femmes de chambre pour Von, un secrétaire pour Sacha, les deux chiennes – Pépée et Crapette –, des malles de vêtements et tous les coffrets à bijoux de Mme Guitry.

Ce sont des dizaines de bracelets et autant de sautoirs dont l'un ne compte pas moins de deux cent vingt-sept perles, des bagues et chevalières, des broches et clips, un collier de dix-huit boules d'émeraude séparées par des rubis, des breloques de jade, des parures de corail rose, des turquoises et améthystes, des épingles à chapeau de chez Van Cleef, douze épingles à cheveux en or dont deux sont terminées par une perle et les dix autres par un diamant. Sacha offre surtout des brillants : Yvonne porte au même bras trois larges bracelets plats en diamants.

Tout Paris parle de ces bijoux. On avance même que Sacha Guitry achète pour trois à cinq cent mille francs d'or et de pierres précieuses ou semi-précieuses par an. Pourquoi douter de ce bruit qui court ? Paul Léautaud, qui a la mémoire des chiffres, le note dans son journal. Yvonne aimait-elle pour autant ces bijoux ? Elle les porte comme accessoires, mais ne dressera jamais l'inventaire du contenu des coffrets.

Lorsque le bateau entre dans le port de New York, Von décide de concurrencer Hollywood et Broadway : elle descend la passerelle dans un ensemble de panthère, gants assortis... *Incredible indeed!* Du Cecil B. De Mille avant la lettre. Ces Français ne débarquent pas en conquérants, mais en vainqueurs.

Du 27 décembre au 26 février, Sacha Guitry et Yvonne Printemps n'arrêtent pas : ils jouent *L'Illusionniste* pendant quinze jours et *Mozart* pendant un mois au Channing's Theatre de New York, puis reprennent *Mozart* à Montréal au Princess Theatre et à Boston à l'Opera House. Une seule enseigne au néon : *The Guitry's.*

Lorsqu'elle voit l'espace des salles de spectacle, Yvonne est prise de panique. Comment pourrait-elle remplir ces gigantesques volumes de sa voix de rossignol ? La frayeur est vaine. Le Printemps « made in France » remporte un triomphe. On la couvre de fleurs après chaque représentation et un admirateur lui offre quelques lignes écrites de la main de Mozart.

Au Waldorf Astoria de New York où leur a été retenu un appartement, Sacha et Von retrouvent Cécile Sorel et le comte de Ségur. En fin d'après-midi, tandis qu'ils conversent dans le salon des Guitry, on apporte à Yvonne une corbeille de fleurs et un flacon de vin. Sans attendre, Guillaume de Ségur verse le liquide dans quatre verres.

– C'est une folie, s'écrie Sacha, de boire un vin qu'on ne connaît pas. Il est trop facile d'empoisonner les gens.

L'histoire ne dit pas si M. le comte a dû remballer les verres et ranger la bouteille...

Guillaume de Ségur vient d'offrir à son épouse un chow (prononcer « tchau »), chien de race à langue noire et poil bleu qui devient la coqueluche des Américains pendant l'entre-deux-guerres. Un matin, Cécile et Yvonne descendent promener le chow avec sans doute Pépée et Crapette. A peine ont-elles fait vingt mètres que les deux amies sont rattrapées par un Sacha qui a enfilé à toute allure une pelisse de fourrure sur son pyjama de soie.

– Je te cherche partout, dit-il à Von sans un mot pour Cécile Sorel. Que fais-tu là ? Tu me rends malade. Viens tout de suite. Rentrons !

– Tu ferais mieux de te cacher, réplique Yvonne. Ce n'est pas une tenue pour se promener sur la Cinquième Avenue...

– Rentre avec moi ! ordonne Sacha.

– Non... Je te suis, c'est plus gai !

Cécile et Von pouffent de rire dans leurs manchons devant Sacha que son autorité rend ridicule.

Les soirs de relâche, les Guitry sont invités dans les meilleurs endroits. Chez le milliardaire Otto Khan, ils rencontrent Fédor Chaliapine et on les présente à Toscanini. A une autre occasion, ils assistent au spectacle improvisé pour quelques intimes d'un petit homme génial qui les fascine : Charlie Chaplin.

Yvonne Printemps est à son aise, souriante et gaie, consciente de ce que signifie « Mme Guitry » aux yeux de l'opinion publique. Elle est trop fine pour ne pas reconnaître les devoirs que lui impose sa situation enviée d'épouse du célèbre auteur dramatique. Mais, depuis *L'Amour masqué*, Yvonne s'est affirmée dans des créations de Sacha, indépendamment de Sacha. Bien qu'il écrive pour elle des rôles sur mesure, elle est une artiste à part entière dont le talent pourrait être exploité par d'autres.

Suite à leur tournée aux États-Unis, on propose à Yvonne seule une série de galas. Paul Léautaud note dans son journal : « Un imprésario américain a offert à Yvonne Printemps pour représentations dans quatre villes des États-Unis : dépôt en banque de deux millions et, à la fin de la tournée, versement de trois millions. »

Courtoisement et avec toute la fermeté dont il est capable, Guitry fait savoir que cette nouvelle tournée, quelles qu'en soient les dates, est impossible.

Est-ce le succès qui amène Yvonne Printemps à se rebeller contre Sacha ? Plusieurs raisons sont à l'origine de ce revirement. Elle s'est contenue et a parfois boudé. Aujourd'hui, elle explose.

Von s'aperçoit que Guitry a besoin d'une femme qu'on aime et qu'on admire. Mais, comme les domestiques ou le secrétaire, elle doit être à toute heure à la disposition du maître.

– Écoute, mon amour, ce que nous allons bientôt jouer...

Sacha vient de débouler dans la chambre d'Yvonne avenue Élisée-Reclus. Il est une heure trente du matin. Après le théâtre, Sacha a l'habitude de se remettre au travail et, lorsqu'il a terminé un acte, il le joue devant Yvonne qui est son premier public. Pour écrire, Guitry fait feu de tout bois : il observe et mémorise des mots, gestes et comportements, puis essaie ses répliques sur son entourage.

Dans l'une de ses prochaines pièces, *M. Prudhomme a-t-il vécu ?*, Sacha explique sa méthode de travail : « C'est un besoin chez moi de raconter mes pièces. Car c'est ainsi que je les fais... Et quand je les sais par cœur, alors je les écris. » L'improvisation est poussée à l'extrême : on ne sait plus avec Guitry où commencent le théâtre et sa fiction, où s'achève la vraie vie. Son goût du spectacle transforme chaque minute en une représentation. « Mon rêve serait de vivre au théâtre, avoue-t-il. Ainsi je passerais de la scène à ma chambre sans m'en apercevoir. »

Ce n'est pas du goût d'Yvonne qui n'est star qu'en public. Éblouie par Guitry, elle l'a voulu, elle l'a eu, mais paie cher ses sentiments qui n'étaient pas exempts d'intérêt. La petite Printemps paie cher parce que Sacha n'est pas facile à vivre et surtout parce qu'elle est incapable de nuances et demi-mesures.

Von en a assez d'écouter le délire verbal du grand homme, de lui donner à tout moment la réplique, de restreindre sa vie quotidienne à l'existence de son mari, de rendre compte de ses faits et gestes, de supporter ses soupçons, ses excès d'avarice ou de générosité, d'accueillir ses visiteurs, de vivre au milieu de ses photos et de ses meubles à lui, de ne chanter que les chansons qu'il lui écrit, d'obéir à des règles établies par lui.

Les détracteurs d'Yvonne crieront « Haro ! » sur l'ingrate. Comment cette petite chanteuse de music-hall se permet-elle de critiquer l'homme à qui elle doit tout ? A une époque où les Offenbach se font rares, qu'aurait chanté la petite Printemps si le grand Guitry ne l'avait pas sortie du ruisseau ?

Acceptons la vérité : ils ont beaucoup de talent et leur rencontre aura compté dans la carrière de l'un et de l'autre.

Plus grave, sur le plan privé, est l'irritation croissante de Von et son ennui. Elle voudrait s'amuser et vivre. A l'occasion d'un dîner chez Arthur Rubinstein, Sacha refuse de prolonger la soirée quand elle aimerait rester. Lorsque Marcel et Juliette Achard viennent rejoindre les Guitry dans leur loge après la représentation (il faut traverser la loge de Sacha pour entrer dans celle d'Yvonne), elle meurt d'envie de les suivre pour un souper suivi d'une nuit de danse. Il n'y a jamais moyen de convaincre Sacha. Le maître impose, décide et tranche.

Quelles sont les évasions d'Yvonne ? Les visites à sa mère qui vit à Montmorency, les conversations avec Jane chez Lanvin ou ailleurs, les escapades qui sont de plus en plus nombreuses grâce à la complicité de son frère Lucien. Mais rien encore ne lui fait claquer la porte de leur hôtel particulier. Yvonne Printemps ne quittera Sacha que dans cinq ans, après la dernière représentation d'une reprise de *Désiré*. C'est au printemps 1927 qu'ensemble ils créent la pièce.

Odette et Désiré

Les Guitry sont rentrés de New York au début du mois de mars. La première de *Désiré* a lieu le 28 avril. Le sujet de la pièce est mince, mais suffit à faire l'une des plus plaisantes comédies de Sacha. L'histoire est celle d'un valet qui ne désire que ses maîtresses. Yvonne Printemps joue le rôle d'Odette Cléry, jeune femme entretenue par un ministre. Elle est charmante, mais le succès de la pièce revient aux dialogues de Sacha qui a su manier l'observation lucide et l'humour.

Le couple continue de s'étourdir dans une vie théâtrale et mondaine. Le 10 juin, ils sont présents à une vente aux enchères qui se tient au Claridge au profit de l'association des Gueules cassées. L'aviation est à l'honneur depuis quelques jours. En effet, le 21 mai, à la fin d'une représentation de *Désiré*, Guitry annonçait au public qu'un jeune pilote américain venait d'atterrir au Bourget après avoir traversé l'Atlantique. Son nom jusque-là inconnu est sur toutes les lèvres : Lindbergh.

Pour cette vente aux enchères, Guitry a demandé au maréchal Joffre l'autographe de son ordre du jour de la bataille de la Marne. Comme Sacha n'a pas été mobilisé, quelques esprits moqueurs l'attaquent haut et fort. Mais l'ovation suit l'orage. Sacha, superbe et généreux, le geste ample et le sourire courtois, la cigarette coincée entre l'index et le majeur au plus près de la paume de la main, fait rebondir l'enchère de cinquante-cinq mille francs à cent mille...

Le couple passe une partie de l'été à Cap-d'Ail où Guitry vient d'acheter une villa dans les pins, toute blanche, rehaussée de bleu foncé et rouge, avec une grande terrasse et un jardin qui dévale vers la plage. Son nom est *Gioia mia*, mais Sacha la rebaptise *Les Funambules*. Les Guitry descendent sur la Côte en sleeping, tandis que le chauffeur conduit la Cadillac par la route. Sur les portes avant de la voiture, Sacha a fait dessiner un « Y » et un « S ». Quand ils arrivent aux *Funambules*, les domestiques ont l'ordre de hisser un drapeau sur le toit de la villa : les deux initiales entrelacées en sont la spectaculaire armoirie...

Pour son anniversaire, Sacha offre à Yvonne un bracelet en or et diamants. Le mot manuscrit qui accompagne le présent est ainsi rédigé : « Voilà pour la centième de *Deburau*! La générale de la *Revue*! La première de ma petite pièce du 25! Ton petit Noël! Ta première à New York! Ton premier janvier 27! Ta fête! Ton anniversaire! Tes yeux! Ta bouche! Ta voix! Ton talent! Ton corps! Mais surtout ton cœur. Le mien bat pour toi. »

Du Cap-d'Ail à Royan, les allées et venues se succèdent. Le 21 août, Sacha et Von doivent être chez les Willemetz pour fêter comme chaque année la fête de

Jane. On y donne un feu d'artifice qui clôt les distractions de la journée. Sa pièce *Désiré* a donné l'idée à Sacha d'étonner encore leur amie. Avec la complicité de Jacques Truchot, le second frère de Jane, qui vient les chercher à la gare, Sacha et Von se glissent subrepticement dans la villa et troquent leurs effets pour deux costumes de valet de chambre et de soubrette. Lorsqu'on passe à table, Jane Willemetz ignore la supercherie, mais reconnaît Yvonne aux mains si familières de la jeune personne qui présente les plats.

Sacha Guitry et Yvonne Printemps aiment autant l'un que l'autre les déguisements et ce type de mystification. Il était arrivé à Sacha et Charlotte Lysès de s'illustrer dans le même registre à l'occasion d'une visite aux Bernheim, dans leur maison près de Cagnes. Le couple avait débarqué en clochards. Lui, les yeux bridés, avait tendu une carte portant une inscription : « Isaac Lévy, pédicure chinois, breveté de l'Institut impérial de Pékin. »

Sacha a trouvé son maître en la personne d'Yvonne. Pour tromper Lucien Guitry, elle s'était déguisée en pauvre vieille femme et avait confondu son beau-père dans le couloir obscur des coulisses du théâtre de la Porte-Saint-Martin. Lors d'un bal masqué plus récent, Von a choisi l'accoutrement d'une centenaire tricotant au coin du feu et, pour prouver à Alphonse Franck – alors directeur du théâtre Édouard-VII – l'efficacité d'un maquillage, elle s'est grimée en garçon et a endossé les habits d'un pseudo-cousin de province. Alphonse Franck ne s'est aperçu de rien.

Avant de reprendre *Jean de La Fontaine* en septembre, Sacha Guitry et Yvonne Printemps font une nouvelle halte à Cap-d'Ail où ils déjeunent avec Jacques et Bibi Lartigue ainsi que Max Maurey, le directeur du théâtre des Variétés. Guitry vient de terminer *Un miracle*, une pièce qu'il accepterait de ne pas jouer si on lui fournit la scène adéquate et des acteurs de renom. Aux Variétés, on monte habituellement des pièces de Maurice Donnay, d'Alfred Capus, de Flers et Croisset. Max Maurey est favorable à cette création de Guitry. A l'automne, la distribution est choisie : le rôle de Robert Josselin sera interprété par Pierre Fresnay.

Seul Lucien Guitry avait eu le privilège de créer le personnage principal d'une pièce de Sacha dans laquelle l'auteur n'était pas acteur. Guitry doit estimer le comédien Fresnay pour lui confier la lourde tâche de cette création. L'homme, qui a passé douze ans au Théâtre-Français, vient de quitter la maison de Molière en claquant la porte. Il est le plus célèbre jeune premier de la fin des années 20, romantique, discret, rigoureux. On l'apprécie pour sa courtoisie extrême, son érudition classique, son charme fait de pudeur et d'intransigeance. Il semble étranger à tout emportement.

« Il a comme un superflu lumineux de compréhension », écrit Colette à son propos. Fresnay est un homme d'ordre et un cérébral. Il a le physique de l'âme qu'on lui suppose. La silhouette est élégante, bien que la taille soit petite; la voix est brève, le timbre si peu commun.

Sacha n'a qu'une exigence : Fresnay devra jouer le rôle de Josselin en portant des talonnettes...

La première a lieu le 6 décembre : la pièce – un homme ruiné qui veut gruger un financier – est un four. Malgré les critiques peu encourageantes et la faible participation du public, on poursuit les représentations.

« Cher Monsieur Guitry, écrit Pierre Fresnay à son auteur, j'ai tenu à vous dire ma reconnaissance, hier, avant de savoir quel parti je saurais tirer de la chance qui m'était offerte d'être votre interprète. Mais je sens peut-être mieux encore, aujourd'hui, tout ce que je vous dois – et si je n'avais craint d'être indiscret, je serais allé ce matin vous remercier. Je ne sais à vrai dire de quoi vous remercier le plus. Du rôle magnifique que vous m'avez confié – ou de l'affectueuse cordialité avec laquelle vous m'avez encouragé depuis que nous répétons – ou encore de la joie que j'ai eue à vous voir travailler et à travailler près de vous. Permettez-moi, cher monsieur Guitry, de vous assurer de mon dévouement à la fois très reconnaissant et très respectueux. »

Dans un article de *Comoedia*, le critique Étienne Rey reproche à Fresnay son manque de spontanéité et de « grâce instinctive dans la fantaisie ».

Comment Yvonne a-t-elle accueilli ce jeune comédien issu d'un univers théâtral dont elle ne connaît rien ? On raconte qu'elle eut cette phrase : « Eh bien ! Vous avez bien fait de quitter le Français... Vous avez tout à réapprendre ! »

C'est pour ce protestant pétri de dignité que Von quittera Sacha en juin 1932.

Troisième chapitre

1928-1945

« C'est la saison d'amour
C'est le joyeux retour
Du soleil, du muguet, du lilas
Viens profiter de tout cela...
Viens fêter les beaux jours
Car les beaux jours sont courts
Souviens-toi que Plaisir d'Amour
Ne dure pas toujours. »

Trois Valses,
Léopold MARCHAND,
Albert WILLEMETZ,
Oscar STRAUS.

Pierre Fresnay
ou les rébellions d'un jeune premier

Sa dernière apparition sur la scène de la Comédie-Française date du 14 janvier 1927. Tout Paris est au courant de la situation critique, mais non embarrassée, du jeune premier qui livre un combat aux pressions politiques. Ce soir-là, la pièce qu'il interprète est *Maman Colibri* d'Henri Bataille. Lorsque le héros dit cette réplique : « Encore une fois, la politique m'a sauvé ! », les applaudissements redoublent. On sait au contraire que la politique est en train de perdre Pierre Fresnay dans un combat inégal et sans doute perdu d'avance. Personne n'en imagine les prolongements : le 13 juin 1928, Pierre Fresnay sera condamné à deux cent mille francs de dommages et intérêts. La somme est trois fois supérieure aux versements mensuels que le comédien a perçus du Théâtre-Français en plus de dix ans. L'amende est colossale, et injuste l'interdiction de se produire sur une scène parisienne.

À quoi tient « l'affaire Fresnay » ? Au fonctionnement de la Comédie-Française et au tempérament d'un comédien. Si l'on remonte à la seconde génération, ses origines sont modestes : un grand-père épicier à Neuf-Brisach. Le père, Henri Laudenbach, a quitté très jeune une Alsace devenue prussienne en 1871. Il est agrégé d'allemand et professeur à Paris, au lycée Saint-Louis. Culture d'honnête homme, esprit libéral et sens du devoir. La famille est protestante, mais la religion est plus une manière d'être qu'une fidélité à un dogme. En dépit de la curiosité intellectuelle de son père, Pierre Fresnay dira plus tard qu'il eut à se libérer, par la lecture et la réflexion, de traditions mentales et séculaires transmises de génération en génération. Pour l'épanouissement de son tempérament artistique, il lui fallut lutter contre les principes d'une foi qu'il n'avait pourtant pas.

En 1893, Henri Laudenbach rencontre celui qui va devenir son beau-père : Hermann Dietz, titulaire d'une chaire de lettres en rhétorique, exerçant au lycée Buffon et à l'École alsacienne. Ses élèves ont pour nom Gide, Bernstein, Géraldy, Cocteau. Il a deux enfants : Claire, qu'Henri Laudenbach épouse en 1894, et Jules qui, sous le pseudonyme de Claude Garry, joue au Théâtre-Français. Il quittera bientôt la vénérable maison pour cause d'incompatibilité avec l'administrateur Jules Claretie. Claire est une jeune femme dont l'élégance est naturelle et sans recherche. Fine et observatrice, elle pose sur ceux qui l'entourent un regard savoureux, non dénué de cette distance qui fait sa personnalité. Son frère est un séducteur qui vit pleinement toutes les heures de sa vie : un homme stylé, précieux, en parfait accord avec son temps.

Henri et Claire Laudenbach auront trois enfants : Henri, Pierre et André. Le second naît à Paris le 4 avril 1897. L'éducation qu'il reçoit est classique : l'adolescent lit le latin dans le texte, aime la littérature et, comme son oncle, veut devenir comédien. Les parents ne s'y opposent pas, mais ont une exigence qui n'est pas un obstacle : « Termine d'abord tes études », lui dit son père.

Au lycée Montaigne, puis à Henri-IV, Pierre Laudenbach est un bon élève. En juin 1911, pour le récompenser d'une brillante année scolaire, ses parents acceptent qu'il joue un petit rôle aux côtés de Claude Garry, qui donne la réplique à Réjane dans *L'Aigrette* de Niccodemi. Dix lignes de texte, un costume de groom et déjà un nom de théâtre : Pierre Vernet.

Le petit Laudenbach a la passion tenace. Il fréquente les théâtres pour y applaudir ses idoles : Paul Mounet, Firmin Gémier, Julia Bartet et Lucien Guitry. Arrive enfin le grand jour d'une audition au théâtre de l'Odéon. Le résultat est concluant, mais l'adolescent mineur : Pierre Laudenbach n'a que quinze ans et son père refuse l'engagement proposé. En 1914, devant l'obstination de son fils qui est reçu quatrième au Conservatoire, Henri Laudenbach accepte que Pierre entre dans la classe de Georges Berr. « Il faudra lui apprendre le sens du mouvement, note le comédien professeur au sortir de l'audition. Mais pour ce qui est de la diction, ce gamin est incomparable ! »

Sans doute mécontent du nom de Vernet, Pierre Laudenbach choisit un nouveau pseudonyme : Fresnay. Pour la baie de La Fresnay au Val-André et, plus sûrement, pour Jean Vaquelin de La Fresnay. Pierre Laudenbach est né dans la rue de Paris qui porte le nom de ce disciple de Ronsard, auteur d'un *Art poétique*.

Le 2 août 1914, sociétaires et pensionnaires de la Comédie-Française sont appelés sous les drapeaux. Pierre Fresnay vient d'être accepté rue de Madrid, dans la classe de Paul Mounet, un méridional généreux, véhément et anticonformiste, qui retrouve ses élèves au café de la Régence après ses cours. Le comédien débutant ne sait pas que l'absence de jeunes premiers va le conduire plus vite qu'il ne l'espère à la Maison de Molière. Dès le début de l'année 1915, le Théâtre-Français recrute parmi les élèves du Conservatoire.

L'époque est foisonnante. Depuis quelques années, Lucien Guitry s'est imprégné des conseils de l'école russe de Stanislavski. Les nouveaux et les anciens se partagent les scènes parisiennes. Le style « Comédie-Française » reste celui de Mounet-Sully, le frère de Paul, et de Sarah Bernhardt. D'autres rejettent la déclamation et s'orientent vers un dépouillement qui leur semble plus proche de la vérité théâtrale. Les admirations de Pierre Fresnay vont aux représentants de la nouvelle école : Paul Mounet, Georges Berr, Charles Le Bargy, Sylvain et Maurice de Féraudy.

Sylvain est un homme coléreux et lunatique, sur la défensive, jouant de sa canne et de son large chapeau de feutre noir. Mais il est d'abord un extraordinaire diseur et Pierre Fresnay, comme tant d'autres, apprend de lui à dépasser la diction parfaite. Le souffle n'est qu'un moyen : pour toucher le public, il faut incorporer le texte classique à sa propre substance, l'assimiler, l'intérioriser et le faire renaître par la parole, la diction et le jeu.

Quant à Maurice de Féraudy, ce qu'il enseigne à Pierre Fresnay est ce sens du mouvement et de sa nécessité qui font défaut au jeune élève. « De lui, j'ai appris surtout l'importance primordiale de la place du comédien en scène par rapport au public, par rapport aux autres personnages, par rapport même aux meubles : un demi-pas à droite, la place est juste ; un demi-pas à gauche, elle est fausse ; un mètre plus à l'avant-scène, la réplique prend toute sa valeur ; un mètre plus au “ lointain ”, elle s'estompe ; à cet endroit du texte, un geste, un regard, un déplacement, un simple changement dans l'orientation du corps de l'acteur détruisent l'équilibre entre les personnages ; trois mots plus loin, ils l'affirment. De Maurice de Féraudy, j'ai appris que la mise en place des comédiens sur le théâtre, c'est la ponctuation du texte dans l'espace et qu'en elle consiste l'essentiel de la mise en scène [1]. »

En raison d'une certaine raideur qui le caractérise, Pierre Fresnay se faufile entre les deux écoles. Naturellement, il est attiré par une sobriété d'interprétation, mais aux personnages romantiques il doit donner élan et chaleur. Son grand air, place du Palais-Royal, sera Musset : Fantasio, Perdican, Valentin, Fortunio... Héros chevaleresques et émotifs qui forcent Fresnay à trouver un équilibre entre les dangers d'une traduction à deux doigts de l'outrance mélodramatique, et la retenue d'un jeu qui doit émouvoir l'homme de la rue. Le choix du jeune comédien est récompensé. Émile Mas, historiographe de la Comédie-Française, remarque chez lui des « dons naturels au service d'une pensée toujours soutenue » et, au lendemain de la première de *On ne badine pas avec l'amour*, Julia Bartet fait ce compliment : « Fresnay est le meilleur Perdican que j'aie connu. C'est celui que Musset eût préféré. »

En effet, chez ce jeune premier très remarqué, dont Maurice Escande et Roger Gaillard sont les rivaux professionnels, on apprécie le style sans afféterie, l'économie de moyens, la chaleur d'âme. Ses amis s'appellent Georges Le Roy et Béatrix Dussane.

En janvier 1918, Pierre Fresnay est mobilisé. Quelques mois auparavant, il a épousé Rachel Berendt qu'il a connue à l'Odéon lorsqu'elle débutait sous la direction de Firmin Gémier. C'est une frêle et pâle jeune femme, mais autoritaire, petite-fille d'un dramaturge britannique.

En 1923 est confié à Pierre Fresnay le rôle de Gonzalo de Porras dans *Le Chevalier de Colomb* de François Porché. Un face-à-face de deux personnages et

1. Extrait de la préface, signée par Pierre Fresnay, de *Si je voulais,* de Paul Géraldy et Robert Spitzer, éditions Max Céalis, 1947.

deux comédiens : Charles Le Bargy interprète un commandant dédaigneux, Fresnay un jeune officier espagnol, gentilhomme insoumis, superbe et généreux. Le succès de Le Bargy était assuré : c'est Fresnay qui remporte un triomphe. Peu de temps après, il devient sociétaire de la Comédie-Française.

La reconnaissance du public et de ses pairs vaut fatalement à Pierre Fresnay des jalousies. Il gêne pour deux raisons : il représente la relève du théâtre et a une personnalité qu'on saisit mal. L'homme se livre peu, mais va au bout de ses choix, de ses responsabilités et, s'il y a lieu, de ses engagements. Il est ardent et passionné, mais la raison est la base même d'une réflexion, conduite de main de maître par un esprit qui manie l'analyse aussi bien que la synthèse. Il est sincère sans aveuglement, observateur et lucide ; sans complaisance vis-à-vis des autres, il en montre encore moins vis-à-vis de lui-même.

Que leur a-t-il donc pris de le nommer sociétaire ? Les envieux l'appellent déjà « le sale petit protestant ». Quand il aura mis son nez dans les intrigues, les abus et les faiblesses qui président au fonctionnement du Théâtre-Français, il sera trop tard pour l'arrêter.

La Comédie-Française est un théâtre d'État, né sous la tutelle de Louis XIV. La République n'y a rien changé. Seul Napoléon Ier, souhaitant que les comédiens-français se sentent chez eux dans leur théâtre, a distingué deux rôles : l'administrateur est nommé et délégué par l'État qui subventionne le théâtre ; les trente sociétaires, qui ne sont pas des fonctionnaires de l'État, forment une société autogérée dont la distribution de parts donne droit à des bénéfices équitablement répartis.

La fonction de l'administrateur est de veiller au bon emploi des subventions et à la direction du théâtre, en accord avec un comité élu par les comédiens. Il est certain que les subventions, si misérables soient-elles, confèrent à l'État quelque souveraineté. Mais l'administrateur n'a qu'un second rôle. Lorsque Jules Claretie avait été nommé administrateur, ses velléités de remue-ménage avaient été tuées dans l'œuf par l'accueil de Paul Mounet – doyen des comédiens – qui en disait suffisamment long sur la place de chacun dans l'honorable maison : « Prenez donc la peine de passer devant, monsieur l'administrateur, vous êtes chez nous... »

On n'en est malheureusement plus là.

En qualité de sociétaire, Pierre Fresnay peut être amené à mettre en scène des pièces. Il a aussi l'obligation de siéger au comité de lecture et de rédiger un rapport des comptes sur l'année 1924 qui doit être remis lors de l'assemblée générale annuelle. La présentation de ce rapport est l'apanage du sociétaire le plus récemment nommé. Le travail rendu ressemble à son auteur : méthodique et informé, courageux dans le fond et brillant dans la forme.

Pierre Fresnay prend les choses à cœur et découvre le Théâtre-Français sous un jour inconnu. Tout ce qui est important pour l'avenir de la maison se dit et se fait dans le lieu sacro-saint du foyer. Selon les caprices ou les sympathies des gens en vue, on y est accepté ou on en est exclu. Chacun y livre ses batailles pour un rôle, un emploi ou un engagement.

Stupéfait de ses découvertes, le nouveau jeune sociétaire ne s'accommode pas des mauvaises habitudes prises et refuse de se compromettre. « Nous guettions le moment où nos votes l'enverraient siéger au comité », devait plus tard confier Béatrix Dussane. Ils sont quelques-uns à souhaiter qu'un comédien pur et dur joue le rôle du chien dans un jeu de quilles. Pendant la guerre, toutes les promotions ont été suspendues. Au lendemain de l'armistice commençe le règne du n'importe quoi : le talent est secondaire, on est engagé au prorata de ses relations mondaines et politiques, dans une lâche indifférence générale. Personne n'ose plus rien dire à personne. C'est compter sans Fresnay qui met le feu aux poudres.

Un après-midi, il incendie la comédienne Renée Falconetti qui en prend à son aise en imposant ses propres horaires aux spectateurs. Esclandre dans l'escalier et démission de la vedette. Qui soutient Fresnay ? Quelques comédiens, mais pas Émile Fabre, l'actuel administrateur. Par indulgence ou opportunisme, celui-ci courbe le dos. A sa décharge, il sait que rien ne le protège à la place qu'il occupe. Ses confidences, peu nombreuses, montrent qu'il n'ignore rien de la situation. « Qu'allez-vous faire dans cette galère ! » a-t-il dit à Henri Duvernois, Jean Sarment et Jules Romains qui souhaitent qu'une de leurs pièces soit jouée sur la scène du Français. A Pierre Fresnay, il fait cette confidence : « La Comédie-Française, c'est une monnaie d'échange pour parlementaires... »

Au printemps 1924, on dépose sur le bureau d'Émile Fabre une liste de candidatures où figure le nom de quelques comédiennes aux appuis reconnus : Mmes Samary et Thomsen, Mlles de Brille et Servière. Clameurs tous azimuts dans la Maison de Molière : on désigne d'office Pierre Fresnay à la tête de l'opposition. Il faut assainir le théâtre. Rétablir un ordre, respecter des hommes et servir un idéal : Fresnay est à son affaire. La révolte est d'autant plus grande que les soixante-dix comédiens du Français ne travaillent pas tous régulièrement. Pendant longtemps, beaucoup ont été payés une misère et ceux qui, tel Fernand Ledoux, lisaient des vers aux banquets de mariage sont nombreux.

En juin 1925, une assemblée générale est réunie pour résoudre la question des engagements abusifs. Vingt-sept sociétaires sur trente et un sont présents. L'administrateur ayant le droit d'engager des comédiens, sans l'avis du comité, pour une période de deux ans, la décision est prise par le comité lui-même d'attendre 1927 pour user de son bon droit. En décembre 1926, trois engagements sur quatre sont résiliés par le comité d'administration. Pour le cas de Mme Thomsen, deux membres sont revenus sur leur promesse. Mais, surtout, entre le 22 juin 1925 et le 8 décembre 1926, un décret – du 12 janvier 1926, rendu sur le rapport de M. Daladier, ministre de l'Instruction publique – a apporté une modification dans le mode de scrutin du comité.

Auparavant, le comité était élu par moitié par l'assemblée des sociétaires et le ministère de l'Instruction publique. Le nouveau décret stipule que le comité sera désormais désigné par le ministre. Les sociétaires n'ont plus de pouvoir électif, leur indépendance se réduit à une peau de chagrin. Sourde colère de Pierre Fresnay qui se raidit à l'annonce de l'échec du comité : sur-le-champ, il remet sa démission comme il s'y était engagé au cas où les quatre comédiennes ne seraient pas toutes renvoyées.

On essaie de le retenir. Depuis le début des années 20, Fresnay partage la vie de Berthe Bovy qu'il a épousée après son divorce d'avec Rachel Berendt. La comédienne, découverte à Liège par Sarah Bernhardt, est un des grands noms du Français : de dix ans plus âgée que son mari, elle est rentrée dans la Maison de Molière en 1907 et en est devenue sociétaire en 1920. A-t-elle essayé de fléchir Fresnay dans sa décision ? Intransigeante elle-même, elle ne peut lui reprocher son manque de souplesse.

Émile Fabre a l'idée d'afficher Pierre Fresnay dans tous ses grands rôles. Le public lui fait une ovation. En 1923, Perdican était interprété par un jeune acteur appointé par le Théâtre-Français ; aujourd'hui, le scandale rôde autour d'un membre, éminent et toujours prometteur, de la famille théâtrale. Il faut faire rentrer dans le rang cette brebis galeuse qui a trop de talent pour que son départ passe inaperçu.

A la dernière de la reprise de *On ne badine pas avec l'amour*, Béatrix Dussane quitte la salle et monte sur le plateau avant la fin des applaudissements. Depuis les coulisses, au moment où le rideau tombe, elle dit à Pierre Fresnay :

– Voyons ! La joie de jouer ce répertoire et de le jouer ainsi, cela ne vaut-il pas une concession, même si elle vous paraît une faiblesse ?

– Non..., répond Fresnay de cette voix si personnelle, alliant une douceur courtoise à la plus inexorable fermeté.

Devant la décision du comédien de partir en tournée en province et de jouer *Un miracle* de Guitry aux Variétés, le comité demande la résiliation de son contrat. Mais, aux yeux de Fresnay, son départ de la Comédie-Française n'est qu'une protestation contre des mesures arbitraires. Une assemblée générale, le 13 octobre 1927, se prononce contre un éventuel procès. Le comité maintient un avis contraire : la résiliation du contrat doit se faire aux torts et griefs du comédien. Pierre Fresnay soulève alors la question de non-recevabilité et présente une demande pour obtenir la résiliation à son profit et la condamnation au franc symbolique.

– Il n'y a rien à faire avec Fresnay, soupire Béatrix Dussane devant Émile Fabre. Fresnay, c'est Jeanne d'Arc !

– Eh ! Fichtre, s'écrie celui-ci, il n'entend guère ma voix !

– Mais vous n'êtes pas l'archange Gabriel..., ajoute celle qui fut au Français l'un des plus sûrs soutiens du jeune premier rebelle.

Le procès est plaidé le 16 mai 1928. « J'ai assisté, déclare Pierre Fresnay lors de sa défense, à un déchaînement d'intérêts personnels, à un perpétuel sacrifice de l'intérêt général aux avantages immédiats, à un esprit d'opportunisme politique, à une incohérence, à un désordre qui me paraissent constituer le régime par essence le plus incompatible avec un effort et une réalisation artistiques. Pendant trois ans, j'ai essayé de lutter par tous les moyens. J'ai apporté dans ma collaboration personnelle un souci d'ordre et de discipline que je ne pense pas voir contesté par notre adversaire... Et puisque tout le monde – à la Comédie-Française, dans la presse, chez les auteurs –, tout le monde dit : “ Il est urgent de faire quelque chose ” et que personne ne fait rien, je demande qu'on ne me tienne pas rigueur de ce que j'ai essayé de faire (...)

« Je suis un acteur, je ne suis pas un parlementaire. Je veux jouer la comédie, je ne veux pas jouer cette comédie-là ; je ne veux pas passer ma vie à me défendre contre les caprices de ministres passagers ou de leurs représentants. J'ai quitté ce théâtre où le désordre administratif rend impossible qu'on y fasse honnêtement et librement œuvre d'acteur (...)

« Je suis rentré dans une société contrôlée par l'État, il se trouve que l'interprétation qu'on me propose des règlements auxquels j'ai adhéré est fausse, qu'on prétend m'imposer un esprit pour lequel j'éprouve une certaine répugnance, que le contrôle de l'État s'exerce à l'encontre des intérêts de la société, et je demande à me retirer de cette société. »

Le 13 juin, le jugement est rendu : amende et sanction. Pierre Fresnay fait appel, et le 7 février 1930, un second jugement est rendu : l'amende est maintenue, l'interdiction levée.

Yvonne-la-cavaleuse : le temps des transitions

LORSQUE Pierre Fresnay crée *Un miracle* au théâtre des Variétés le 6 décembre 1927, Von et Sacha viennent de reprendre *Jean de La Fontaine*. Comment Fresnay pourrait-il ne pas subir le charme d'Yvonne ? Elle est son contraire : drôle, fantasque, enjôleuse. Rien ne la retient, rien ne l'arrête, rien ne la gêne.

Lui a-t-elle plu et se l'est-il avoué ? Qui sait. L'homme est réservé et pudique. La jeune femme désirable et si vivante, dont la seule présence est un bienfait, reste à ses yeux Mme Guitry. Lui-même est à la ville l'époux de Berthe Bovy. Sa droiture interdit à Fresnay d'enfreindre les règles : il n'a pas l'âme d'un hors-la-loi, contrairement à Yvonne que le scandale n'effraie pas.

Berthe Bovy est une petite femme mince et fluette. Regard bleu incisif et nez impérieux. Elle a été mariée au comédien Charles Granval et au dessinateur Don, avant de rencontrer Pierre Fresnay. En lui, elle a reconnu la jeunesse et l'amour : il a suffi au jeune comédien d'être Fortunio pour lui plaire.

Ce sont des rôles comiques et de travesti qui ont fait connaître Berthe Bovy, mais son âme est celle d'Ondine. Singulière et imprévisible, elle est une écorchée vive qui s'indigne et s'enflamme, prête à brûler pour un texte, une idée ou un sentiment. Le personnage est émouvant et rusé, dur et vulnérable, humble et orgueilleux. Jean Cocteau résume ainsi la femme et l'artiste : « Elle est toute en os et en nerfs, et vibre comme un stradivarius. »

Pierre Fresnay doit beaucoup à cette sensibilité aiguë et à cette intelligence si excitante, à la fois intuitive et cérébrale. De ses origines, Mme Bovy (« Pas Madame ! Berthe ou Bovy ! » dit-elle) a gardé une pointe d'accent liégeois. Elle martèle les dentales et scande sa diction.

De ce qui aurait pu apparaître comme un défaut ou une fâcheuse marque distinctive, la comédienne a fait un instrument au service de son art. Pierre Fresnay a su retenir la leçon : à son tour, il martèle et scande pour le meilleur des interprétations.

Érudite, généreuse et exigeante, Berthe Bovy est un maître en comédie, sévère mais estimé. Simone Renant fait partie de ces jeunes comédiens que Berthe révèle à eux-mêmes.

– Tu peux le faire, lui dit-elle. Ose donc! Fais comme tu sens. Tu dois trouver par toi-même.

Mme Bovy a de l'esprit et du caractère. Ses reparties qui foudroient sont redoutées. D'un trait ou d'un mot, toujours fondé, pointu et symptomatique, Berthe croque les êtres qu'elle croise, devine ou connaît. Lorsqu'on lui demande ce qui s'est passé entre elle et Marie Leconte, une ennemie du Français, elle laisse tomber : « Vingt ans... »

– On raconte que je suis méchante, dit-elle. C'est faux... J'ai de la défense préventive. D'ailleurs, ce n'est pas vraiment ça : j'ai de la mémoire.

Cette grande dame de la scène qui est une femme de qualité, éprise de son mari, ne se remettra jamais de la tempête qui se prépare.

En mai 1928, les Guitry reprennent *Le Mari, la Femme et l'Amant*. Le titre est de circonstance : Yvonne fait le mur et Sacha l'autruche. Le 28 septembre, le couple crée *Mariette ou Comment on écrit l'Histoire*, nouvelle version d'une pièce jouée une seule fois, le 4 décembre 1920, à l'occasion des adieux du comédien Georges Noblet. Guitry a demandé au compositeur Oscar Straus de mettre en musique quelques passages du rôle de Mariette interprété par Yvonne. Mlle Printemps ne peut imaginer qu'Oscar Straus, dans moins de dix ans, lui proposera de créer l'opérette *Trois Valses*, avec Pierre Fresnay.

Le sujet de *Mariette* est la petite histoire de cœur d'un grand homme de l'Histoire de France. Le prince Louis-Napoléon (Sacha) rencontre en 1848, au théâtre d'Amiens, une jeune chanteuse qui joue en travesti le rôle d'un amoureux. La scène de l'invitation à souper est délicieuse : Guitry y est plus Sacha que jamais, Yvonne adorable et coquine. Au deuxième tableau qui se passe en 1851, Louis-Napoléon doit quitter Mariette : l'Histoire l'attend pour un coup d'État qui dépasse son coup de cœur. En 1928, Mariette est centenaire et sa mémoire défaille. La vieille dame qui réécrit son passé mélange l'histoire des cœurs et l'Histoire de France.

Ce divertissement, qui n'est ni une pièce classique ni une comédie musicale comme *L'Amour masqué,* est un demi-échec.

A cette époque, le procès de Pierre Fresnay suit son cours. Au terme du jugement qui lui interdit de paraître sur une scène parisienne, le comédien fait appel et continue de jouer. Il interprète une pièce d'Yvan Noé au théâtre Daunou, une comédie de Jacques Natanson au théâtre Michel et *Cyrano de Bergerac* au théâtre Sarah-Bernhardt. Le voici bientôt consacré par le public de Boulevard : pendant plus d'un an et demi, Fresnay joue aux côtés de Raimu *Marius,* la première pièce de Marcel Pagnol.

En 1929, le jeune auteur marseillais est un inconnu. Il a donné son manuscrit à Raimu en espérant que le comédien acceptera de créer le rôle de Panisse.

– C'est César que je veux jouer ! déclare Raimu de sa voix qui chante et fait trembler les murs.

Le texte de Pagnol est désormais entre les mains de Léon Volterra qui promet de monter la pièce au théâtre de Paris. Pierre Blanchar est pressenti pour jouer le rôle de Marius, mais le jeune premier vient de signer un engagement au Gymnase, chez Henry Bernstein. Le nom de Fresnay est alors lâché. Raimu est stupéfait.

– Môssieu Fresssnay! s'exclame-t-il.

Alsacien, protestant, ancien de la Comédie-Française, cet acteur a toutes les infirmités. L'estime, pourtant, devient réciproque. Après avoir travaillé l'accent provençal avec Berthe Bovy, Pierre Fresnay part pour Marseille et met en route, sur les quais du Vieux Port, ce qu'André Roussin appellera sa « mécanique à enregistrer ». De retour à Paris, Fresnay a l'accent du Midi. Il est marseillais. « C'est gagné! » dit Raimu à Pagnol.

Derrière la timidité coléreuse de César, Fresnay découvre l'instinct sûr d'un comédien dont la connaissance de la scène est parfaitement intuitive. « Jamais je n'ai vu Raimu se tromper », dira Fresnay qui retrouve chez Yvonne Printemps la même pertinence dans les appréciations. Ces enfants du music-hall, qui ont fait leurs classes ensemble à l'Olympia et à l'Alcazar, n'ont d'autre formation que professionnelle. Gens d'instinct, ils éprouvent souvent quelque irritation à ne pouvoir justifier leurs avis. Place du comédien dans le décor, sens des rapports entre les partenaires, mouvements de scène imposés par le dialogue : Raimu, même en colère, donne une leçon de théâtre et révèle les faiblesses d'une construction dramatique. Le succès de *Marius* lui doit beaucoup : Pagnol se nourrit de l'enseignement.

Le jour de la générale, Pierre Fresnay reçoit un mot de Sacha Guitry : « Je vous défie d'avoir ce soir un succès plus grand que celui que je vous souhaite. A vous, demain. » Le lendemain, un nouveau courrier est déposé au théâtre de Paris : « Je veux vous dire une fois encore bravo et merci. Ce qui était aussi émouvant que votre jeu, c'était le bel exemple de conscience professionnelle que vous donniez à tous. Sacha Guitry. »

Au début de l'année 1929, les Guitry prennent quelques semaines de vacances à Cap-d'Ail après avoir joué *Mariette* au palais de la Méditerranée à Nice. Le 24 février, Jacques-Henri Lartigue leur apprend la mort d'André Messager. Un déraillement de train retarde toutes les liaisons ferroviaires entre la Côte d'Azur et Paris : Sacha et Von ne pourront pas assister à l'enterrement du compositeur, au cimetière de Passy.

La carrière de *Mariette* se poursuit au théâtre Edouard-VII en mars, puis à Londres où le couple Guitry est invité du 3 au 22 juin. *Mozart,* pièce fétiche outre-Manche, est au programme de quelques représentations. Le 12, de l'hôtel Savoy, Yvonne envoie un télégramme à Palmyre qui habite désormais Montmorency, près d'Ermont.

« Ma petite mère chérie, nous allons très bien et nous avons un succès fou. Gros baisers, Yvonne [1]. »

Sacha et Von passent un mois d'été au Royal-Évian avant de partir pour Monte-Carlo. A l'automne, tandis que l'Amérique est sur le point de connaître un « Jeudi noir » dont les prolongements n'atteindront l'Europe qu'au début des années 30, les Guitry créent une fresque historique au théâtre Pigalle. La première d'*Histoires de France* a lieu le 7 octobre 1929.

On a voulu faire de la salle Pigalle l'espace scénique le plus moderne d'Europe. Les travaux qui ont été plus longs que prévu (l'inauguration devait avoir lieu en avril) sont commandités par une branche de la famille Rothschild. André Antoine, nommé directeur, a demandé à Guitry d'écrire une pièce à la gloire du pays. Du temps des Gaulois à la Belle Époque, Sacha raconte notre histoire en quatorze tableaux. Yvonne est Gabrielle d'Estrées, Armande Béjart et la comtesse de Montebello qui interprète l'air de la déclaration de *La Grande Duchesse de Gerolstein.*

La pièce est un four. A la demande de Guitry, André Antoine maintient le spectacle à l'affiche jusqu'au 19 janvier. Le couple Sacha-Yvonne part en quenouille

1. Collection Christiane Le Boulère.

et, en écho à la vie privée, Molière dit à Armande Béjart :

« Je ne déteste pas que vous ayez pitié de moi, car c'est un sentiment dont je ne vous croyais pas capable... Continue si tu peux. Après aussi. A la maison, demain, les jours suivants, l'année prochaine... Si tu peux! Je souffre tant, si tu savais! »

Dans la succession de Mme Printemps figurait un jonc d'or de cette époque, gravé « Y.P.-J.P. » : un amant qui n'a laissé la trace que de ses initiales. Que cherche Yvonne dans cet étourdissement de l'épiderme? La chasse et le déchaînement ne la rendent pas plus sûre d'elle-même. Condottière des hommes, elle prétexte des courses dans les grands magasins et des essayages chez Mme Lanvin pour donner libre cours à ses frasques.

Le Diable et le bon Dieu se partagent la nature de Petit Von. Mi-ange, mi-démon, créature de chair à qui la séduction donne puissance et pouvoir, Yvonne vit mal son affectivité. Pour justifier ses abandons, elle claironne en grande prêtresse ès légèretés : « C'est la seule chose qui ne s'use pas! »

Aujourd'hui, elle veut échapper à Sacha, mais depuis toujours elle court après quelqu'un qui s'éloigne lorsqu'elle s'approche. La petite Printemps est une insatisfaite chronique. Guitry se rassure en pensant que Von est comme toutes les femmes : après quinze ans de vie commune, elles ont besoin de croire qu'elles seraient mieux auprès d'un autre. Sacha, qui a la mémoire courte, veut oublier que personne n'est à l'abri du coup de foudre.

1930 est l'année de trois reprises et d'une revue inédite qui retrace cent ans de spectacles, de la bataille d'*Hernani* aux innovations du théâtre des Arts. L'ensemble des quatre divertissements est joué au théâtre de la Madeleine, une nouvelle scène pour le couple Guitry-Printemps. A la Comédie-Française, Berthe Bovy crée un dialogue à une voix, prémonitoire et douloureux, *La Voix humaine* de Jean Cocteau. Yvonne flirte avec Maurice Escande, ancien jeune premier du Français, jouisseur distingué, libre et clairvoyant.

Sacha et Von interprètent la revue *Et vive le théâtre* du 24 mars au 20 mai. Les textes ont été écrits en collaboration avec Albert Willemetz. Yvonne doit à Tino l'arrangement du *Pot-pourri d'Alain Gerbault* qui devient l'un de ses plus grands succès. Willemetz s'est inspiré du répertoire d'un navigateur solitaire : chansons et airs d'opérettes sur les thèmes du voyage et de l'évasion. Dans son actualité, le pot-pourri est fidèle à la tradition de la revue. En 1923, à l'âge de trente ans, Alain Gerbault, qui s'est embarqué en solitaire à bord de son voilier, *Le Firecrest,* a réussi la première traversée de l'Atlantique d'est en ouest, de Gibraltar à New York.

Sur la scène du théâtre de la Madeleine, à bord d'un bateau en carton-pâte, la petite Printemps chante pieds nus, en chandail rayé et pantalon de toile clair. Son portrait en moussaillon sera l'un des deux clichés favoris de Pierre Fresnay.

Après avoir joué *Un soir quand on est seul* et *Le Veilleur de nuit,* les Guitry reprennent *La Jalousie,* en octobre 1930. Dans les seconds rôles : Pauline Carton et Maurice Escande. La pièce avait été créée par Charlotte Lysès et Sacha en 1915.

« Ce sont elles qui nous prennent et non pas nous qui les prenons », reconnaît Sacha. Yvonne s'est-elle jetée au cou du jeune Escande ? Elle n'a pas le choix : la présence du Maître rend velléitaire le plus audacieux. Le comportement de Von frôle la provocation : elle en a assez de la patience de Guitry et de sa grandeur d'âme. Pourquoi jouer à celui qui ne voit rien ?

Maurice Escande, qui observera une discrétion élégante sur son aventure avec Mme Guitry, n'a jamais nié les sentiments qu'il avait éprouvés à son égard [1]. La situation devait fatalement se compliquer : par respect pour Sacha, le jeune comédien décide de rompre. Guitry, auteur attentif et généreux, lui offre un portefeuille marqué à ses initiales. Mari compréhensif ou blasé, Sacha s'obstine : il veut convaincre Maurice Escande de jouer le rôle de Van Ostade à ses côtés dans *Franz Hals*. Homme courtois et délicieux, Escande reste pourtant inébranlable.

– Vous comprenez que je ne pouvais pas rester..., avouera-t-il aux rares interlocuteurs dans la confidence.

Le 28 mai 1931, au théâtre de la Madeleine, Pierre Fresnay, aux côtés du couple Guitry-Printemps, crée le rôle du jeune disciple du peintre flamand.

1931 : l'année de Franz Hals

TANDIS qu'ils répètent *Franz Hals* (la pièce fut écrite pour Lucien en 1925) avenue Élisée-Reclus, Guitry, Printemps et Fresnay reprennent *Nono* au théâtre. Chaque soir, Yvonne est une petite femme de Paris; l'après-midi, elle est Annette, l'épouse d'Adrien Van Ostade, courtisée et séduite par le maître vénéré. Adrien pardonne lorsqu'il apprend qui est son rival : « Je ne sais pas juger les hommes que j'admire », dit-il.

La pièce est un succès. Sacha n'offre pas un portefeuille à Fresnay, mais une canne au pommeau ouvragé.

Les contacts quotidiens révèlent l'attirance des deux

1. Témoignage cité par Dominique Desanti dans *Sacha Guitry, cinquante ans de spectacle.*

interprètes l'un pour l'autre : mari et femme à la scène, bientôt amants illégitimes à la ville. Seule Yvonne est capable de faire les premiers pas. Fresnay ne veut rien comprendre aux regards qui ont tant parlé à Jacques-Henri Lartigue. Yvonne piaffe d'impatience. Comment peut-on être aussi inhibé ?

La petite Printemps, envoûtante et fébrile, se résout à une déclaration muette : dans les coulisses, derrière un décor ou au bas d'un escalier désert, elle s'approche et parfume, effleure et embrasse. Elle a choisi et séduit, éprise, conquise et captive. L'homme est l'opposé de Sacha : ni don Juan sentimental, ni épateur épaté. Il n'est pas de ceux qui font des dettes ou font croire qu'ils peuvent en faire. Le boniment n'est pas sa tasse de thé. Pierre Fresnay est le fort en thème qu'on imagine taciturne, moins drôle que Sacha, mais plus ambigu. Il est le feu sous la glace, le doute permanent derrière un masque de certitude.

La représentation de *Franz Hals* est suivie d'une seconde pièce : *Sa dernière volonté ou l'Optique du théâtre*. Au premier acte, une scène intimiste se déroule dans un intérieur modeste : canapé vieillot, guéridon sans style et faux bronze sur la cheminée. Un homme (Fresnay) va mourir et demande à son meilleur ami (Sacha) de ne pas lui être infidèle en consolant son épouse. Pauline Carton, l'air triste et renfrogné, le physique ingrat poussé à la caricature, joue le rôle de la future veuve.

Entre les deux actes, un comédien explique au public que le tableau suivant est la transcription théâtrale de la première séquence. Le texte de transition qui flatte le démiurge, c'est-à-dire Sacha, est signé Sacha. Yvonne ne supporte plus ce contentement de soi : « Écrivain délicat, psychologue avisé, notre auteur connaît les règles de l'art, dit le porte-parole, et je puis bien me permettre de dire que l'optique du théâtre n'a plus de secrets pour lui. Vous allez en avoir la preuve car, d'un sujet pris sur le vif, il fit une comédie en un acte à la représentation de laquelle vous allez assister. »

Boiseries et orchidées dans les vases. La scène se passe dans l'hôtel particulier du marquis de Gautiez-Lannois. Face au public, la marquise (Yvonne) et Robert de Lorens (Fresnay), diplomate et meilleur ami du couple, commentent la promesse exigée par le mari mourant :

« – Dieu m'est témoin, ma chère et ravissante amie, affirme Lorens, que l'idée jamais ne m'était venue de lever les yeux sur vous. Je ne suis pas de ces gens qui disent : « *Les femmes des amis, c'est sacré, il faut qu'elles y passent !* »

Le mourant ne meurt pas. Fresnay ne résiste pas à Yvonne et tend les bras vers la marquise :

« – Mon amie, je pense à quelque chose. Il n'avait prévu que sa mort... et cette prière qu'il m'adressa et ce serment que je faisais n'étaient valables en somme que s'il devait mourir. Lui vivant, lui sauvé, lui guéri... Rien ne saurait nous empêcher de donner libre cours aux sentiments qu'il a fait naître en nous. »

Rendez-vous est pris avec la marquise pour le lendemain, cinq heures. Yvonne a trente-sept ans, Pierre Fresnay trente-quatre. Dans Paris, on ne tarde pas à murmurer sur le couple Guitry. Personne n'imagine que Von quittera Sacha dans un an pour vivre avec Fresnay une passion de quarante-trois années.

La première rencontre seul à seul a lieu un 12. Quel mois ? Le couple illégitime fait son porte-bonheur d'un chiffre qui est une moitié de date.

– Ce fut le plus beau jour de ma vie..., dira Mme Printemps aux jeunes comédiens amis qu'elle entraîne volontiers sur les traces de son parcours interdit : la loge de la Madeleine où Pierre l'embrassait lorsque Sacha était en scène, le soupirail qui a gardé l'écho de leurs dialogues secrets. La légende – entretenue par Yvonne – veut que les amants se soient retrouvés dans le salon des Duchesses de Mme Lanvin lorsque Guitry signait des autographes au rez-de-chaussée de la maison de couture.

Le 3 juin 1931, Yvonne et Sacha sont les têtes d'affiche d'un nouveau spectacle écrit avec Albert Willemetz, *La Revue coloniale.* L'actualité est l'exposition sur les colonies qui se tient à Paris et rassemble les représentants des territoires lointains sous domination et protectorat français. La musique de la revue est signée Jean Wiéner qui interprète lui-même la partition aux côtés de Clément Doucet, le complice du Bœuf sur le toit. Yvonne joue les personnages de la Liberté, de Mlle X et de l'Exposition coloniale. Sacha est Washington, Aristide Briand en pêcheur à la ligne, et un roi nègre. Pauline Carton est une charmeuse de serpent, Paul Dufrény (secrétaire de Sacha à la ville) est marchand de tapis, Michel Simon joue le rôle de Gandhi.

Le travail est un dérivatif. Guitry ne va pas bien : sa maladie s'appelle Yvonne Printemps. « Vois-tu, lui a-t-il écrit, je n'ai qu'un seul reproche extrêmement grave à te faire : c'est que tu n'as jamais cru que, du jour où je t'ai aimée, je t'ai voué un amour qui ne devait cesser qu'avec ma vie [1]. »

Un soir, un bruit de petits cailloux heurtant une vitre attire l'attention de Sacha. Dufrény ouvre la fenêtre du bureau tandis qu'une silhouette s'enfuit dans l'obscurité. Quelques jours plus tard, une pile de chaises s'effondre dans le jardin de l'hôtel particulier. La fenêtre de la chambre d'Yvonne est toujours celle que vise l'intrus. Dufrény se met en chasse sans succès : la voiture a filé. A défaut de chaise, l'importun grimpe aux arbres : de sa fenêtre, Guitry remarque un point de lumière qui s'allume et s'éteint dans le feuillage. Une

1. Correspondance Jane Willemetz.

simple cigarette dans l'obscurité... Ambroise, le valet de chambre, se précipite trop tard. Peu de temps après, Dufrény relève le numéro d'une voiture au klaxon suspect. Il a semblé à Guitry qu'il s'agissait d'un code sonore. Le secrétaire fait des recherches et découvre que le véhicule appartient à Mme Berthe Bovy.

– Le mariage de Sacha est en loques ! dit Colette à Marguerite Moreno.

– Tu ne vas pas me quitter pour un petit acteur ! se serait écrié Guitry.

La petite Printemps avoue : « Quand un homme passe son temps dans les arbres, on l'épouse... »

Berthe Bovy aurait pris son téléphone et dit à Sacha : « Je ne voulais pas que vous l'appreniez par un autre que moi. Nous le sommes tous les deux, par eux ! » Entendez : « Nous sommes cocus. » L'implacable et malicieux Léautaud note dans son journal : « C'est Mme X... qui a écrit un jour à Sacha Guitry : *Si vous voulez savoir où se rend tous les jours Yvonne, je vous y conduirai.* Et tous les deux ont été surprendre, lui sa femme, elle son mari dans un entretien qui ne laissait pas de doute. »

Est-ce la version qui court dans Paris ? Berthe Bovy sort ses griffes, Sacha veut sauver la face.

A l'automne 31, Guitry s'est mis en quête d'une comédienne pour interpréter le rôle de Mrs. Al Schmith, élégante Américaine à accent, qui est l'un des personnages secondaires d'un spectacle intitulé *Villa à vendre,* programmé le 4 novembre. Robert Trébor, codirecteur avec André Brûlé du théâtre de la Madeleine, conseille à Sacha de recevoir une jeune femme qui vient de jouer dans une revue de Rip et qu'on a remarquée au théâtre de l'Empire dans une imitation de Joséphine Baker. Elle est issue de la pure bourgeoisie lyonnaise. Son nom est Jacqueline Basset. A la scène, on l'appelle Jacqueline Delubac. Elle sera la troisième Mme Guitry.

– J'ai trouvé mon Anglaise! dit Sacha à Von en ouvrant la porte communicante de leur double loge [1].

Yvonne toise la nouvelle venue. Le corps est élancé, le profil court, les yeux immenses et bruns. Jacqueline a beaucoup d'allure et des jambes qui n'en finissent pas. On dit même qu'elle a le plus joli pied de Paris.

Les regards se croisent.

– Pourquoi pââås ? rétorque Von d'une voix dénaturée.

Yvonne Printemps n'intimide pas Jacqueline. Le coup d'œil de la jeune Lyonnaise est une gifle. Impertinent, le regard semble dire : « Jolie Printemps qui avez un gros nez, auriez-vous perdu votre voix de rossignol ? »

Guitry engage la petite Delubac. Pendant trois mois, leurs relations se bornent à un bref échange courtois, dix minutes avant l'entrée en scène :

– Bonsoir, monsieur.

– Bonsoir, mademoiselle.

Le 1er octobre, Yvonne a créé *Chagrin d'amour,* un prétexte en un acte, cousu main par Sacha. Von y incarne Sophie Arnould, cantatrice et courtisane du XVIIIe siècle. La scène se passe en 1775 chez la chanteuse. On y raconte comment est né *Plaisir d'amour,* texte de Florian et musique de Martini. Louis Beydts, qui adapte la chanson pour le spectacle de Guitry, se souviendra que la clarinette devait déclarer forfait : tenir et prolonger une note en duo avec Mlle Printemps est une gageure.

Sacha demande au compositeur d'écrire pour l'automne la musique d'un opéra-bouffe intitulé *La S.A.D.M.P.* Yvonne y joue le rôle d'une adorable Parisienne, non dépourvue d'à-propos, femme de petite vertu qu'entretiennent un jeune homme, un industriel, un commerçant et un aristocrate. Elle s'est mise aux

1. *Faut-il épouser Sacha Guitry?* par Jacqueline Delubac.

enchères et réclame à ses amants des sommes astronomiques. Ensemble, ils décident de créer la S.A.D.M.P., société anonyme des messieurs prudents : chacun rétribuera la jeune et jolie personne au prorata de ses visites. Le conte est délicieusement immoral mais la méthode efficace.

Le 10 novembre a lieu l'inauguration d'un monument à la mémoire de Lucien Guitry, devant l'hôtel particulier de l'avenue Élisée-Reclus. Le buste en bronze, exécuté en 1922 par Rothlisberger [1], est dévoilé par Yvonne Printemps en présence de Tristan Bernard et Fédor Chaliapine, du préfet de la Seine et du ministre des Beaux-Arts.

La vie mondaine des Guitry semble se poursuivre comme aux premiers temps de leur union. Le symbole en est la couverture du menu des Tuileries, un restaurant à la mode, qui a reproduit un dessin en couleurs montrant André Tardieu et Max Dearly, Charlie Chaplin et Alphonse XIII, André Citroën et le duc de Windsor, Yvonne Printemps et Sacha Guitry, à la même table.

Sacha qui a reçu les insignes d'officier de la Légion d'honneur en début d'année (il était chevalier depuis 1923) continue de courir après les distinctions. Il s'est mis en tête de se présenter à l'Académie (l'Académie française ou l'Académie des beaux-arts ?) et passe son temps à recevoir de vieux messieurs. Yvonne s'en plaint à Berthellemy, un amateur d'art ami de Guitry et de Léautaud. « C'était à fuir ! » dira-t-elle dans quelques mois.

D'une crise qu'il veut croire passagère et de la difficulté de vivre avec un artiste, Sacha tire une comédie dramatique, *M. Prud'homme a-t-il vécu ?* La pièce met en scène l'écrivain Henry Monnier et son épouse Caroline dans les années 1830. L'analyse sans complaisance

1. Le sculpteur a réalisé deux bustes d'Yvonne Printemps.

est une main tendue à Yvonne et un aveu. « Tu vois bien que je te comprends », semble lui dire Sacha lorsqu'il écrit cette réplique pour Caroline Monnier :

« – Tu aurais dû en épouser une autre et me prendre pour maîtresse (...) Ton travail passe avant tout (...) Je ne te suis pas vraiment nécessaire. D'autant qu'entre nous, tu n'aimes pas l'amour, toi... Je veux dire par là que l'amour dans ta vie ne joue pas un grand rôle... Que ce soit moi ou une autre, tu t'en moques... Parce que toi, tu as des joies supérieures que moi j'ignore. »

Pour Von et Sacha, il est trop tard.

Sacha dépossédé

En janvier 1932, ils partent pour l'Italie. Le 10, le couple est introduit auprès du Duce que Guitry souhaitait rencontrer. Exprime-t-il ainsi sa fascination du pouvoir absolu ? Yvonne se contente de dire à Mussolini : « Duce, votre cravate est de travers ! » C'est elle-même qui racontera plus tard son entrevue avec le dictateur italien. La petite Printemps n'invente rien : elle est capable de tout.

De retour à Paris, les Guitry reprennent *Faisons un rêve* et *Mariette*. Pierre Fresnay répète au théâtre Michel *Jean III ou L'Irrésistible Ascension du fils Mondoucet*, une pièce de Sacha créée en 1912. Guitry envoie au directeur du théâtre ce mot de soutien à Fresnay, qui sera publié dans *Comœdia* :

« Pierre Fresnay jouera le rôle que j'ai créé. Il le jouera avec cette jeunesse, cette franchise, cet éclat, avec en un mot ce talent sans rouerie, sans procédé, qui lui assure une place si belle parmi les meilleurs comédiens de Paris. Il sera mieux encore : il entraînera ses camarades dans un mouvement ordonné dont *Jean III* a le plus besoin. »

Du 14 mars au 22 mai, Sacha et Yvonne créent deux nouvelles pièces, *Françoise* et *Le Voyage de Tchong Li*. La seconde est une ravissante fable sur la crédulité pour laquelle Von se déguise en Chinoise. *Françoise* est l'ultime message de Guitry à Yvonne Printemps. Le personnage féminin de la pièce obtient de son mari la permission de se rendre au chevet de son premier époux gravement malade. Sacha joue le rôle de cet homme qu'on a quitté pour un autre. Avant de mourir, il se confie à Françoise qu'il aime toujours. Les dernières paroles du mourant sont un appel désespéré à Von :

« – Toi, puisque tu es partie, c'est que tu n'étais pas heureuse... et puisque je faisais tout au monde pour te rendre heureuse, c'est que je m'y prenais mal. Tu as donc une excuse. Mais lui... Quand j'ai vu qu'il commençait à tourner autour de toi, car tu sais, on voit toujours tout... on en voit souvent plus qu'il y en a... mais ce qu'il y a on le voit toujours... eh bien ! à ce moment j'ai voulu être plus malin que les autres. Au lieu de l'empêcher de venir à la maison, j'ai voulu en faire mon ami... (...) Toi, tu ne peux pas savoir ce que c'est pour un homme qu'un petit être comme toi... Lui le savait. Les hommes savent bien ce que c'est ! C'est précieux une femme ! »

Depuis longtemps, Yvonne n'écoute plus Sacha parce qu'il s'écoute trop. Aujourd'hui, elle ne l'entend même plus.

Le 15 avril 1932, Guitry fête au George-V ses trente ans de théâtre. Il a composé pour cet anniversaire un court dialogue entre le poète (Sacha) et sa muse (Yvonne), intitulé *La Nuit d'avril*. Une quarantaine d'amis sont conviés : Albert et Jane Willemetz, Robert Trébor et André Brûlé, Victor Boucher qui a créé *Nono*, Francis de Croisset grâce à qui la première pièce de Sacha, *Le Page*, a été jouée au théâtre des Mathurins le 15 avril 1902.

Sacha a choisi le menu du dîner : consommé Jacqueline, salade de Printemps, bombe illusionniste, madeleine du théâtre, eau de La Fontaine système Pasteur. L'orchestre est dirigé par Louis Beydts, et les chanteurs Charpini et Brancato sont venus interpréter les airs de *L'Amour masqué, Mozart, Mariette* et *La S.A.D.M.P.* Le duo imite Mme Guitry avant qu'elle-même ne se caricature dans ses propres succès.

« C'est elle aussi, mon cher Sacha, que nous fêtons ce soir, conclut Francis de Croisset. Nous ne pouvons pas plus la séparer un instant de toi que tu ne consentirais à te séparer d'elle. Votre double effigie, comme une médaille amoureuse, s'inscrit pour nous au fronton de ton théâtre et ajoute au rayonnement de ta gloire tous les radieux rayons de l'amour. »

Dans trois mois, Yvonne aura quitté l'avenue Élisée-Reclus.

Pour Pierre Fresnay, la partie qui est en train de se jouer n'est pas facile. Berthe Bovy fait ce qu'il faut pour retenir son mari et les amis du couple Guitry cherchent à sauver le ménage. Jane Willemetz, qui est la plus sûre alliée de Sacha, veut croire que le coup de foudre de Von ne cache aucun sentiment durable. Elle encourage toutes les tentatives de rapprochement et gardera espoir au-delà du départ d'Yvonne. Jane fera même jurer Sacha sur le buste de Lucien : « Si Von revient, je pardonne », promet-il.

Jane Willemetz n'aura jamais pour Fresnay la tendresse qu'elle ne cesse de témoigner à Sacha. Le comédien restera celui qui a brisé le couple Guitry-Printemps. Par affection pour Yvonne, et par estime pour Fresnay qu'ils apprendront à connaître, Jane et Tino réussiront pourtant l'exploit de maintenir, après la rupture, de bonnes relations avec Yvonne et Pierre d'une part, Sacha et ses trois autres épouses d'autre part.

Tant que la séparation n'est pas effective, personne n'imagine que puisse se briser l'une des plus brillantes associations théâtrales et amoureuses. La gloire de Printemps semble fondue dans celle de Guitry. La réciproque n'est pas moins vraie. Comment Yvonne pourrait-elle songer à quitter un créateur pour un acteur ? Comment cette jeune femme si gaie, souriante et cordiale pourrait-elle partager la vie d'un homme renfermé, sévère et rigide, issu d'une famille protestante et de surcroît plus petit qu'elle ?

En dépit de ses réticences, Jane demeure la confidente et le premier soutien d'Yvonne. Plus d'une fois, elle se réfugie à Marnes-la-Coquette, dans la maison baptisée *Rosalba* que les Willemetz ont achetée en 1928. Les mois qui précèdent la séparation sont difficiles. Les comportements d'Yvonne et de Fresnay ne révèlent pas l'inconstance de leurs sentiments mais l'embarras et les tiraillements que suscite une double désunion.

Pierre Fresnay n'a pas quitté Berthe Bovy lorsqu'il reçoit à Marseille, où sans doute il tourne *Marius*, un télégramme d'Yvonne transmis au bureau de poste par Jacques Truchot, l'un des deux frères de Jane. L'esprit de la dépêche semble sans appel : « C'est fini. Nous ne nous voyons plus », a décidé Mme Guitry. Sacha emmène Yvonne au Trianon-Palace de Versailles pour vivre des retrouvailles éphémères.

L'affaire Jacqueline complique la situation. Von aimerait partir en vainqueur. Il ne lui plaît guère que Guitry s'octroie le beau rôle. « Quand Sacha n'assiste plus aux habillages de sa femme, remarque Mme Lanvin, je sais qu'il va en changer. » Aux yeux d'Yvonne, ce n'est pas lui qui change de partenaire, mais elle-même.

Au terme d'une répétition d'un spectacle d'été où elle ne figure pas, Von surprend Sacha et Jacqueline enlacés dans la loge Guitry-Printemps. Yvonne se jette sur son mari en hurlant et le gifle sans autre forme de procès. Quelques semaines plus tard, elle provoque un scandale chez Le Doyen où déjeunent Guitry et sa nouvelle conquête, dans un cabinet particulier. Le face-à-face inopiné est une scène de mauvais Boulevard : Mlle Printemps tremble de fureur et se débat avec le fermoir de son sac à main qui refuse de s'ouvrir. Que peut contenir la pochette de cuir bombée ? Jacqueline imagine qu'Yvonne est armée, mais le dénouement tient de la farce. Dans l'agitation, la femme légitime perd son solitaire qui roule sur le tapis. Sacha se penche pour le ramasser lorsque Yvonne s'exclame : « Ah, non ! Pour que tu me le voles ! » Elle a compris depuis longtemps que les bijoux offerts par Guitry sont de faux cadeaux qu'elle devra laisser si elle le quitte.

Le 28 juin 1932, les jeux sont faits : le couple joue pour la dernière fois ensemble. Le dialogue final de *Désiré* est un nouvel écho de leur vie privée :

« – Adieu, madame », dit le valet.

« – Adieu, Désiré », répond Odette.

Le 17 juillet, Yvonne s'installe à l'hôtel George-V.

– La vie est bien trop compliquée pour qu'on puisse vraiment l'expliquer, dit-elle à Mme Choiseul, la dactylographe engagée par Guitry pour taper le manuscrit de *Jean de La Fontaine*, la première pièce écrite pour le Rossignol.

Von a écrit quelques lignes à l'attention de Sacha : « Sacha, mon Sacha, tu es parti sans un petit mot, sans rien. Pourquoi ? Tu avais été si gentil ce tantôt... C'est affreux. Je pars tout à l'heure. J'ai mal, j'ai trop mal. La vie est dure... dure (...) »

Mme Printemps évoquera parfois cette rupture. Jamais le ton des confidences ne sera amer car l'animosité est contraire à la nature d'Yvonne. Sincère et presque grave, elle dira à Simone Pineau, une toute jeune femme qui est devenue sa répétitrice :

– Sacha était si étincelant qu'on ne pouvait que se taire.

Plus drôle est la réponse à la question : « Pourquoi avez-vous quitté Guitry ? »

– A cause de son esprit, explique Yvonne. Lorsque le domestique nous apportait le petit déjeuner, il frappait à la porte de la chambre et Sacha demandait : « Qu'est-ce que c'est ? » Le valet répondait : « Le petit déjeuner, monsieur » et Sacha d'ajouter : « Qu'il entre ! » J'ai beaucoup ri de ce dialogue matinal et puis, au bout de quinze ans, il m'a cassé les oreilles !

Sacha Guitry et Jacqueline Delubac passent l'été 1932 à La Baule et ne s'installent dans l'hôtel particulier de Lucien qu'au début décembre. A l'automne, Sacha préfère habiter l'Élysée-Palace. D'une femme à l'autre, il a choisi un lieu anonyme et sans fantômes (ceux du père et de la femme aimée, si complices) pour conjurer une tristesse qui est un éternel regret d'Yvonne.

La rupture Printemps-Guitry est livrée à la curiosité publique. Alfred Savoir, un dramaturge qui n'est pas tendre envers Sacha, écrit *La Voix lactée*, comédie qui s'inspire du différend entre les deux stars de la scène parisienne. La pièce met en scène un auteur de Boulevard, Jimmy Till, qu'interprète Harry Baur, et une chanteuse prénommée Maïka, dont la voix est un « incomparable instrument ».

– « Un paysage, explique Maïka à son Pygmalion, n'est pas un paysage pour toi, mais une toile de fond. Et moi, ta femme, je ne suis qu'un personnage autour duquel tu écris une pièce, et un partenaire qui la joue. Si tu veux me conserver, il faut changer, t'intéresser à moi pour moi-même, oublier parfois pour un instant qu'il y a un théâtre, des pièces, des acteurs. »

Sacha ne décolère pas. Il est pourtant soutenu par des amis, dont Berthellemy, qui estiment la séparation bénéfique. Guitry n'est plus tenu d'écrire pour Yvonne Printemps des pièces légères à partition musicale. Il peut s'atteler à des sujets sérieux et des pièces de caractère. L'avenir montrera qu'Yvonne, pas plus qu'une autre, ne fut un frein à l'activité créatrice de Sacha. Ses plus belles pièces sont écrites : *Deburau, Mon père avait raison, Le Veilleur de nuit*. Personne ne semble deviner que ni *L'Amour masqué* ni *Mozart* ne pourront être repris, faute d'interprète féminine qui ait la présence d'une comédienne et la voix d'une artiste lyrique.

Les 15 et 25 septembre 1932, Yvonne Printemps reprend seule le rôle de Mozart à l'occasion de deux représentations exceptionnelles. Pour la première fois, le baron de Grimm n'est pas Guitry. Sacha fait livrer au théâtre une gerbe de fleurs accompagnée d'une carte : « A mon admirable interprète, avec émotion. » A la presse, l'auteur déclare : « Yvonne Printemps fut ce soir-là, pour nous, beaucoup plus qu'une interprète. »

La séparation inspire à Guitry une pièce qui est l'une des moins connues et l'une des plus belles de son répertoire, *Le Nouveau Testament*, créée en octobre 1934.

« Pourquoi dis-tu " abandonné " ? demande Jean à Lucie. Une femme qui s'en va avec son amant n'abandonne pas son mari : elle le débarrasse d'une femme infidèle. Ne prends pas mal ce mot, mais considère bien que c'est bien inutile une femme infidèle. Est-ce que tu t'imagines, mon enfant, que je serais resté seul plus de vingt-quatre heures si ça ne m'avait pas plu ? La vanité des êtres est incommensurable ! »

Selon le vœu de Sacha, Ambroise a décroché le portrait de Mlle Printemps et rangé la toile au grenier ; mais le tableau de Vuillard reprendra sa place dans l'escalier dès le départ de Jacqueline Delubac.

Lorsque Yvonne quitte l'avenue Élisée-Reclus, elle

emporte avec elle les lettres de Sacha. Il lui semblerait inconvenant de garder cette correspondance amoureuse, quand elle choisit de partager la vie d'un autre. Elle fait un paquet des lettres et le remet à Jane Willemetz, l'amie de confiance.

– Je ne veux pas les conserver, lui dit-elle, mais je n'ai pas le cœur de les jeter.

Il est vraisemblable que Sacha a donné son accord pour faire de Jane la dépositaire de cet échange épistolaire. Le paquet contient en effet quelques lettres d'Yvonne à Guitry. Selon leurs intimes, aucun des deux ne se serait opposé à la publication de cette correspondance.

Le Bonheur : *Yvonne joue Bernstein*

YVONNE est devenue l'astre de Pierre Fresnay. A lui désormais de faire briller cette lionne de la scène et d'entretenir la légende de la star. A lui de se montrer à la hauteur de leur passion.

Il a failli tomber dès le premier round. Combien de jours se sont-ils écoulés avant qu'il ne vienne la rejoindre au George-V ? Trop... Taquine ou sérieuse, elle lui en voudra toujours de ce retard qu'elle a interprété comme une hésitation. Yvonne est de ces femmes qui se font tout pardonner, sans jamais rien pardonner elles-mêmes.

Mme Guitry n'est pas habituée à vivre d'amour et d'eau fraîche : pour régler les notes de l'hôtel, Pierre emprunte une importante somme d'argent à un directeur de théâtre.

– A 50 % d'intérêt..., exige l'usurier du spectacle.

– Comme vous voudrez, répond Fresnay.

Quelques années plus tard, le comédien fait cette

confidence : « Elle est arrivée à moi sans aucune espèce de fortune. Dieu merci ! Ça m'aurait bien embêté [1] ! »

Depuis le balcon de leur appartement, Yvonne aperçoit une Rolls décapotable, stationnée devant l'hôtel.

– Elle te plaît ? demande Fresnay.

La voiture appartient à un comte russe qui prend un verre au bar. Il n'a pas payé un centime depuis six mois : la direction du George-V veut croire aux miracles. Pierre Fresnay se présente :

– Monsieur le comte, votre voiture m'intéresse. Me la céderiez-vous ?

L'autre donne un chiffre et Fresnay sort son chéquier.

– Si cela ne vous ennuie pas, ajoute le comte, veuillez le remplir à l'ordre du barman. Je lui dois un peu d'argent...

Dans l'heure qui suit, Yvonne et Pierre partent en Rolls-Royce vers les plages de la côte normande, mousselines au vent. Fresnay file à toute allure, faisant fi du code de la route. Ce n'est pas pour déplaire à Mlle Printemps qui aime vivre dangereusement.

Aux stations balnéaires trop fréquentées, le couple préfère un port de pêche breton ou une petite ville de cure telle que La Roche-Posay, près de Poitiers. Ils sont certains d'échapper ainsi à la surveillance de Guitry dont Yvonne connaît les antennes à Biarritz, Évian et Monte-Carlo. A La Roche-Posay, le couple reviendra régulièrement, jusque dans les années 60, fêter l'anniversaire d'un voyage en amoureux.

Le Pilat est une autre de leurs destinations : les séjours qu'ils y passent témoignent de l'attachement de Mme Lanvin à sa jeune cliente et amie. En dépit des liens qui l'unissent à Sacha, Jeanne Lanvin prête à Yvonne une « pinasse », habitation traditionnelle et rustique construite en forme de bateau.

---

1. *Pierre Fresnay,* par Fresnay et Possot.

A l'hiver 1932, Yvonne Printemps et Sacha Guitry entament une procédure de divorce. Leur séparation sera légalement enregistrée le 7 novembre 1934. Le jugement est prononcé aux torts respectifs. La préoccupation d'Yvonne est d'obtenir un dédommagement proportionnel aux cachets que Sacha ne lui a jamais versés. Pourquoi pas des droits d'auteur sur les pièces écrites pendant la durée de leur mariage ? Mlle Printemps ne doute de rien.

Il existe plusieurs versions concernant les bijoux. Guitry les aurait fait porter à Yvonne au George-V. Cette éventualité est peu plausible. Il se pourrait que la gouvernante ait subtilisé les joyaux pour les remettre à la jeune femme. A moins que ce ne soit la camériste ou Yvonne elle-même. Dans tous les cas, Guitry aurait exigé à un moment ou un autre de récupérer les bijoux estimés à cinq millions et demi de francs.

Jusqu'en 1934, Yvonne va toucher une pension de dix mille puis de six mille francs par mois. Elle réclame alors le maintien de ce versement, mais ne l'obtiendra pas. Au terme d'une polémique qui s'est éternisée, le jugement est rendu : l'épouse divorcée garde les bijoux, mais ne recevra plus aucune pension. Les cachets que Mlle Printemps perçoit au théâtre sont suffisamment élevés pour subvenir à ses besoins.

L'un des premiers bijoux offerts par Pierre Fresnay à Yvonne est sans doute un bracelet Cartier à maillons dont le fermoir est orné d'un pavé de diamants. Sur la tranche est gravée une inscription : « Lilas pour très longtemps mon joli Printemps. Pierre 7-2-1914. » Malgré la date, ce bijou semble être un présent de Fresnay. Dans les archives du joaillier de la place Vendôme, le bracelet est enregistré sous le numéro 3025 : fabriqué en 1913, il fut vendu à cette époque à un client connu. Il n'est fait aucune référence à l'inscription.

En 1977, lors de la vente des bijoux de Mme Printemps, l'expert affirmera que le travail de gravure remonte au début des années 30. Que signifie alors la date mystérieuse du 7 février 1914 ? Un souvenir en commun ou une rencontre muette [1]...

Avant que les Guitry ne se séparent, Henry Bernstein avait proposé à Yvonne le rôle de Clara dans sa pièce *Le Bonheur* [2]. Sacha s'est opposé à cette trahison déguisée. Yvonne ne peut être l'interprète d'un autre. Lui seul est capable de combler la comédienne et la chanteuse. Mme Guitry se serait déconsidérée en jouant la mauvaise pièce d'un confrère. Pire encore, si la pièce avait été bonne, elle aurait appris à comparer.

Bien que Bernstein et Guitry ne soient pas amis intimes, ils se connaissent. Lucien a joué plusieurs pièces d'Henry Bernstein et, en 1907, à la création de *Samson*, l'auteur, qui était au courant de la brouille du père et du fils Guitry, avait tenté vainement de les rapprocher.

Sur scène, Guitry et Bernstein sont de faux rivaux : un théâtre différent pour des personnalités de même stature. Reconnus et applaudis, ils écrivent sans cesse et se partagent le public parisien. En privé, Henry Bernstein, dandy à longue silhouette, est un furieux séducteur qui aime le poker et les chevaux. Il a le duel facile et, en commun avec Sacha, un sens irrésistible du cadeau extravagant.

Dès l'automne 1932, Bernstein renouvelle sa proposition par l'intermédiaire d'Albert Willemetz. La

1. L'éclairage sur cette énigme est donné par le journaliste Jean-Pierre Montespan dans un article paru dans *Minute* en décembre 1977. Information supplémentaire fournie par Jean-Pierre Montespan : une amie d'Yvonne lui a confirmé que la date inscrite est celle d'une première rencontre : Yvonne Printemps sur une scène de music-hall, Pierre Fresnay dans la salle.

2. Le film *Le Bonheur*, d'après la pièce de Bernstein, sera réalisé en 1934 par Marcel L'Herbier, avec Gaby Morlaix dans le rôle de Clara, Charles Boyer et Michel Simon.

réponse d'Yvonne est favorable. Voici l'occasion qu'elle attendait de faire ses preuves. Au grand agacement de Sacha, les répétitions au Gymnase commencent en février avec Charles Boyer, Michel Simon et Simone Renant. Yvonne Printemps ne fait pas la moindre allusion désobligeante sur Berthe Bovy qui est le professeur de la jeune comédienne.

Star internationale, Clara, l'héroïne du *Bonheur*, est blessée par un anarchiste. L'acte criminel et prémédité conduit le jeune homme (Charles Boyer) aux Assises. Le procès est l'occasion pour Bernstein d'une peinture sans complaisance de l'entourage de l'artiste. Clara, troublée par l'accusé, le sauve en lui pardonnant son geste. Ils deviennent amants. Mais Clara est seule à croire au bonheur : l'anarchiste recouvre sa liberté et les pièges de sa rébellion.

« De l'aisance et de grandes manières, note Henry Bernstein sur le rôle de Clara [1]. Des ducs français, anglais et écossais ont passé par là. Par surcroît, l'impersonnelle cordialité d'Hollywood. Sous un exquis déploiement de charme, toute la dureté désirable. Une vanité qui n'est pas désobligeante, faite de la totale ignorance du monde extérieur. On ne découvre qu'après longtemps l'humble naissance. Elle a la malice et la naïveté d'une enfant du Berry. »

Le personnage semble avoir été créé pour Yvonne.

« Yvonne chérie, écrit Bernstein, vous avez été à cette répétition *merveilleuse*. Lundi, vous verrez ce que vous verrez. Pour ne rien dire de ce que vous entendrez, d'ici là vous n'avez le droit que de travailler, de manger, de vous reposer et de toucher du bois. Vous seriez lamentablement folle si vous permettiez à quelque pensée que ce fût de vous troubler, de vous détourner de ce qui fera la rage et le désespoir de vos ennemis (si vous en avez).

---

1. Indications scéniques mentionnées par Georges Bernstein-Gruber et Gilbert Maurin dans *Bernstein le magnifique*.

Et le bonheur de ceux qui vous aiment. Ma tendre amitié [1]. »

Après la répétition, auteur et interprètes conversent à bâtons rompus. Charles Boyer, le séducteur français le plus apprécié aux États-Unis, raconte Hollywood où il poursuit une carrière cinématographique. Des mythes vivants de cette usine à stars, la divine Greta Garbo est le moins contestable. Mlle Printemps est la seule à en douter :

– Elle n'est pas très belle après tout..., ose prétendre Yvonne.

Henry Bernstein s'étouffe tandis que Charles Boyer, au flegme imperturbable, se contente de rectifier :

– Pardon, chère Yvonne, mais on ne peut pas dire qu'elle n'est pas jolie, je vous assure. A Hollywood, nous avons travaillé ensemble et je l'ai vue tous les jours pendant six mois. Elle a un visage ravissant et des yeux... admirables.

– Emballez-vous donc un peu ! s'exclame Bernstein. C'est exaspérant ce calme !

Lorsqu'il est question de beauté et de charme féminins, Yvonne n'a pas l'admiration généreuse. Elle veut être la première et l'unique. Son orgueil la fait souffrir : Yvonne se prépare à mal vieillir.

Le Bonheur est un succès. Seul Édouard Bourdet dont la pièce, *La Fleur des pois*, triomphe pourtant à la Michodière, déclare, perfide, qu'une mise en scène de talent réussit à masquer les carences d'une mauvaise construction dramatique.

En avril, Sacha Guitry et Jacqueline Delubac créent *Châteaux en Espagne*. L'accueil du public est un réconfort pour Sacha, mais Jacqueline n'est pas dupe du combat que se livrent le théâtre des Variétés où ils jouent et le théâtre du Gymnase.

---

1. Collection Laudenbach.

– Yvonne l'emporte, dit-elle. Son talent autant que son expérience ne me laissent aucune chance.

La petite Printemps de la Cigale jouait avec son corps et son cœur. Sacha lui a appris à jouer avec son âme et son esprit. Sans Guitry, Yvonne prouve qu'elle reste la Printemps.

Pierre Fresnay, qui joue au théâtre Michel les auteurs de Boulevard (Claude-André Puget, Yvan Noé, Marcel Achard et Steve Passeur), vient chercher Yvonne au Gymnase après chaque représentation. En coulisses, l'échange de brèves paroles entre Fresnay et Charles Boyer se limite à une courtoisie virile mais sèche :

– Bonsoir, Boyer ! dit l'un.

– Bonsoir, Fresnay ! répond l'autre.

Lorsque s'achèvent les représentations du *Bonheur*, Henry Bernstein envoie ce mot à son interprète féminine : « Chère Yvonne, je suis si fatigué que je n'ai pas la force de vous dire comme il faudrait mon regret de vous perdre. Bien longtemps le Gymnase gardera le souvenir de cette visite admirable et charmante. Vous avez été le bonheur à tous les étages. A tout à l'heure. Votre ami. H.B. [1]. »

D'ici à quelques années, Mme Printemps aura ce mot, drôle et féroce : « Mon petit chien a mordu Bernstein ! Je suis immédiatement allée chez le vétérinaire car j'ai eu peur qu'il ne soit empoisonné ! »

Que lui a fait le bel Henry pour mériter pareille invective ? Yvonne a la repartie mordante et parfois gratuite. Dans ses provocations, elle ne cherche pas la brouille. Économe en amitié, elle se moque de déplaire à ceux qui ne font pas partie de son entourage proche et restreint. L'art de la réplique est encore une façon de se distinguer.

1. Collection Laudenbach.

Tour à tour exquise ou capricieuse, furibonde ou affable, Yvonne joue de son caractère fantasque selon l'humeur, les circonstances et le public. Elle sait être la Printemps, impulsive et excentrique, mais aussi femme telle qu'en elle-même : secrète et franche, superstitieuse, insatisfaite, doutant de son bonheur. Yvonne aime mais n'est jamais sûre d'être heureuse.

Pendant plus de quinze ans, Sacha Guitry a étouffé cette personnalité riche et forte, née pour les sentiments extrêmes. Amoureuse, Yvonne se révèle accaparante et omniprésente. Dès leurs premières rencontres, Fresnay a perçu sa puissance volontaire et exigeante. Il avouera s'être posé la question : « Cela en vaut-il la peine ? »

Il y a l'amour et les aiguillons de l'amour. La jouissance de ce couple commence par une extase mutuelle et, malgré le mal et les déchirures, exemplaire sera leur passion. Printemps et Fresnay choisissent de vivre loin des gens, dans une tour d'ivoire qui semble garantir, à leurs yeux, le fragile équilibre d'une intimité qu'ils veulent préserver.

Leur nature opposée est un gage de curiosité durable. « Il est tout organisation et je suis tout désordre, dit Yvonne. Il est tout réflexion et je suis tout instinct. » La compréhension qu'ils ont l'un de l'autre est leur chance. Yvonne a besoin d'être aimée et admirée. Pierre, dont le sentiment d'amour confine à la dévotion, en fait la septième merveille du monde. Lui-même a besoin d'une présence autoritaire qui le tient et le bouscule. Elle est la femme que rien n'arrête et qui saura toute sa vie surprendre l'autre pour le retenir.

La rencontre du jeune homme pauvre

LORSQUE Pierre Fresnay reçoit Jean Anouilh, il n'a pas encore quitté Berthe Bovy. La scène se passe en fin d'après-midi, un jour de janvier 1932, dans la loge de la sociétaire du Français, étage Talma. Dans sa lettre, Anouilh dit à Fresnay qu'il a peut-être un rôle pour lui. Le jeune homme ne tient pas à déposer son manuscrit au théâtre. Il aimerait lire lui-même sa pièce au comédien. Fresnay, qui répond à toutes les lettres et lit avec attention les textes qui lui parviennent, fixe un rendez-vous à l'auteur inconnu et audacieux. Le flair serait-il un trait de génie, ou l'habitude une formidable récompense ?

Le nouveau venu a vingt et un ans, l'air grave du séminariste et le regard embrasé du rebelle derrière ses lunettes cerclées de fer. « Une gueule de délinquant campagnard qui vient de mettre le feu au village après avoir massacré père et mère », écrit Marcel Dalio [1].

Avant d'avoir prononcé trois mots, Anouilh vous fait comprendre qu'il ne doit rien à personne. Lorsque son copain Marcel le dépanne de quelques dizaines de francs, il dépose au théâtre un mot à son attention : « Ne crois pas que tu m'as acheté avec tes pauvres cent balles, petit con ! Ton frère, J.A. [2]. »

Il n'a pas un sou en poche mais trois pièces sous le coude et dix autres dans la tête. L'un de ses amis, Georges Neveux, vient de quitter la Comédie des Champs-Élysées que dirige Louis Jouvet. Neveux prend le chemin des studios de Joinville : il vient d'être engagé comme scénariste par la Metro Goldwyn Mayer. Anouilh le remplace auprès de Jouvet, lit les manuscrits, prend des notes et dresse le plan des salles

1. *Mes Années folles,* par Marcel Dalio.
2. *Idem, ibidem.*

de générales et de premières. Le directeur déjà célèbre ne veut rien savoir des écrits de son secrétaire et le prend pour un raté.

La pièce qu'Anouilh lit à Fresnay s'intitule *L'Hermine*. Elle raconte l'histoire de Frantz, un jeune homme pauvre et amoureux qui se condamne lui-même aux yeux de l'être aimé : il n'hésite pas à tuer la femme qui s'oppose à sa passion. Plaidoyer contre la médiocrité, la bêtise et la méchanceté, la pièce oscille entre l'écœurement meurtrier et l'absolue pureté.

Dans la loge de Berthe Bovy, Pierre Fresnay n'a pas dit un mot. Lorsque Anouilh achève sa lecture, le comédien se lève brusquement et saisit le manuscrit :

– C'est épatant ! dit-il. Je suis libre. Je la joue tout de suite !

Fresnay propose *L'Hermine* au théâtre de l'Œuvre. Le montant du contrat est dérisoire. Les codirecteurs de la salle parisienne ont senti que l'un des plus célèbres comédiens français jouerait à tout prix la pièce d'un inconnu : ils en profitent.

– Ils sont vraiment trop ignobles ! gronde Fresnay. Je vais les envoyer promener, ça leur apprendra !

Le comédien se résout à accepter une misère pour quatre-vingt-dix représentations. Le pourcentage sera plus élevé si la recette dépasse mille cinq cents francs – ce qui n'arrivera jamais. L'essentiel est ailleurs. Fresnay a gagné son pari : dans le journal *Le Temps*, Pierre Brisson consacre plus d'une demi-page au jeune auteur que personne ne connaît. Une connivence intellectuelle et affectueuse est née. « Vous étiez la clarté, l'insolence et l'honneur », écrira beaucoup plus tard Anouilh à propos de Fresnay [1].

On ne sait rien de la première entrevue avec Yvonne Printemps. Il est le jeune homme pauvre, elle est la star. Ils ont seize ans d'écart. L'auteur débutant joue à

1. *Le Figaro*, 11/1/1975.

Ph. Harcourt

PREMIÈRES ANNÉES

1904 : Yvonne Wigniolle, une petite fille aux cheveux châtain, assise entre sa mère Palmyre et Gaby, son neveu, fils de Léon Wigniolle et son épouse Louise, au second plan. *(Coll. Laudenbach.)*

Yvonne sur le point de devenir le Printemps : le goût de la pose, la désinvolture et, déjà, une fleur à la main. *(Coll. Laudenbach.)*

LE TEMPS DES REVUES

Au théâtre
des Folies-Bergères :
chevalier, page ou cosaque,
la petite Printemps au corps
de travesti aime
se déguiser et se grimer.
(Cl. Waléry.)

À la Cigale, l'Alcazar ou l'Olympia ? L'autre profil d'Yvonne : féminine et charmeuse dans le moindre regard et le feston de ses dentelles. *(Cl. Waléry.)*

Vacances à Royan - août 1924 : Sacha Guitry a loué la villa « Rose Rouge » près des propriétés d'Albert et Jane Willemetz, de Jacques-Henri Lartigue et Bibi Messager. *(Cl. D.R.)*

Yvonne a quitté Sacha en 1932. 1936 : Pierre Fresnay et Yvonne Printemps à Londres pour les représentations interrompues de *O Mistress Mine*. *(Cl. D.R.)*

Ci-contre : l'intimité du plus célèbre couple de la scène parisienne de l'entre-deux-guerres : Sacha Guitry épouse Mademoiselle Yvonne Wigniolle, le 10 avril 1919. *(Cl. D.R.)*

LA MAISON DE NEUILLY

Cliché inattendu : Yvonne Printemps monte rarement en haut du grand escalier qui donne sur la petite porte du bureau de Pierre Fresnay. *(Cl. Paris-Match.)*

En médaillon, séance de bonne éducation à Neuilly : Sisi et Pati avec Yvonne dans les années 40. *(Coll. Laudenbach.)*

LA DAME À LA VOILETTE. *Ci-dessus,* avec Pierre Fresnay dans la pièce *Trois valses :* elle est Yvette Grandpré, il est Philippe de Chalencey *(Cl. Bernand.) ; ci-dessous,* le 14 décembre 1974, avec Bernard Haller à l'occasion de la reprise de son spectacle *Et alors ! (Cl. Lipuitzki-Viollet.)*

LES RENCONTRES

François Périer, le complice : au théâtre de la Michodière en 1952, à l'occasion des répétitions de la pièce de Jean-Pierre Aumont, *Un beau dimanche*. Au premier plan, Jean-Pierre Aumont et Pierre Fresnay ; derrière, de gauche à droite : Maurice Ronet, Marie Daëms, Yvonne Printemps et François Périer tenant Sisi ou Pati.
(Cl. Lipuitzki-Viollet.)

Pierre Fresnay et Yvonne Printemps entourés de leurs amis de toujours : Albert et Jane Willemetz.
(Coll. Willemetz.)

Au théâtre de la Michodière avec Marcel Achard, sans doute en 1955, lors des répétitions de la pièce *Le mal d'amour*, de Marcel Achard avec François Périer.
(Cl. Lipuitzki-Viollet.)

l'ours et Mme Guitry à la diva. Ils sont, chacun à leur manière, solitaires, provocateurs et insupportables.

« Puis vint la dernière (de *L'Hermine*). Fresnay enlevait Yvonne Printemps à Sacha Guitry et s'enfuyait avec elle vers d'autres cieux... Ce fut le premier tour qu'elle me joua [1]. »

Il dut y avoir des moments de répit. La brouille n'est survenue qu'au début des années 50.

Conversation Piece *ou l'éloignement*

A l'automne 1933, la proposition de Noël Coward, le plus célèbre dramaturge britannique (auteur et comédien comme Guitry), arrive à point nommé. Il ne déplairait pas à Fresnay de quitter Paris, Sacha, les avocats et la presse.

A l'origine, l'offre s'adresse à Yvonne seule. Après l'avoir applaudie dans *L'Amour masqué*, *Mozart* et *Mariette*, Noël Coward a écrit pour elle le texte et les chansons de *Conversation Piece*, « a romantic comedy with music » [2]. Yvonne serait Mélanie et l'auteur anglo-saxon, Paul, duc de Chaucigny Varennes.

L'artiste est flattée. A Londres, elle est restée « miss Printemps » ou simplement « Yvonne ». Jouer sur la scène de His Majesty's Theatre, chez Charles B. Cochran, devant ce public londonien qui l'a si souvent ovationnée, est une perspective qui l'enchante. Yvonne Printemps n'y oppose qu'un argument : elle ne parle pas l'anglais.

Noël Coward, qui a l'élégance d'outre-Manche et l'âme d'un humoriste, est psychologue et persuasif.

---

1. *La Vicomtesse d'Eristal n'a pas reçu son balai mécanique,* de Jean Anouilh.

2. Mention du programme.

– Ce projet est un défi ! dit-il à Yvonne. Vous pouvez et devez jouer ce rôle. Il vous suffira d'apprendre et de mémoriser la prononciation...

Encouragée par Pierre Fresnay qui voit dans l'offre de Coward une chance pour Yvonne de chanter à nouveau sur scène, celle-ci accepte. On traduit *Conversation Piece* en français. La comédienne apprendra le mot à mot des deux versions.

Au début de l'année 1934, Noël Coward séjourne quelques semaines à Paris pour travailler le rôle de Mélanie avec Yvonne. Chaque jour, le répétiteur retrouve son élève au George-V. Devant Mlle Printemps en peignoir, embijoutée dès le matin, Coward chante, mime et danse. Cet homme ferait jouer la comédie à un morceau de bois.

« – J'ai appris trois actes comme un perroquet ! se souviendra Yvonne [1]. Je connaissais tous les rôles et je soufflais à toute la troupe. »

Les répétitions commençent à Londres au début du printemps. Ce fut une épreuve, une prouesse et un plaisir.

– Vous n'avez pas le droit de dire n'importe quoi ! s'exclame Yvonne lorsque Coward la provoque en modifiant une réplique. C'est de la malhonnêteté puisque je ne comprends pas ce que vous dites. Je vous ordonne de dire votre texte !

Pierre Fresnay maîtrise l'anglais comme le latin. L'expression est parfaite, le vocabulaire suffisant pour mener une conversation avec aisance. Tandis qu'Yvonne répète *Conversation Piece*, Fresnay joue sur la scène du Globe Theatre la version anglaise d'une pièce d'André Obey, *Don Juan*.

– Lui parle bien, paraît-il ! soupire Yvonne. Il comprend tout, et moi je ne comprends rien !

La voici soudain fière et vexée. Le ton est cassant

1. *L'Impromptu de Neuilly*.

mais le regard admiratif. Elle le trouve beau et intelligent, tellement mieux que les autres et si grand acteur. Lorsque Fresnay remplace Noël Coward dans le rôle du duc, Yvonne et Pierre vivent leur première expérience théâtrale commune.

Pendant les répétitions, elle s'est contentée de murmurer les mots, fredonnant à peine les notes. A la générale, lorsqu'elle chante enfin, la troupe et la salle subissent le charme de sa voix chaude, sensuelle et aérienne. Les mêmes causes produisant les mêmes effets, la Printemps incarne la grâce, le bonheur de plaire, de briller, de jouer et de chanter.

L'un des airs de la comédie, « I'll follow my secret heart », est un formidable succès. Le miracle du chant est clair : l'accent d'Yvonne, en anglais parlé, disparaît dès les premières notes de la partition. L'étoile est acquise aux planches de Broadway.

Son costume est une toilette du début du XIXe siècle. Pour l'agrémenter, Yvonne porte une parure Regency, composition d'or et de turquoise. Ces bijoux, qui comptent un collier, deux bracelets, deux pendentifs et une paire de boucles d'oreilles, feront partie de la succession de Mme Printemps qui les aura portés à nouveau sur scène dans *Trois Valses*.

Il est probable que le roi George et la reine Mary soient venus applaudir Yvonne dans le rôle de Mélanie. Mais ce dont Mme Printemps se souviendra est le sans-gêne du souverain. A l'occasion d'un dîner intime auquel est convié le couple Fresnay-Printemps, le roi se permet de demander à la chanteuse :

– Chère Yvonne Printemps, nous aimons tellement votre voix et admirons tant votre talent que vous nous feriez un immense plaisir en acceptant de chanter quelques notes...

– Sir, si Votre Majesté veut m'entendre, qu'elle vienne au théâtre à vingt heures et paie sa place!

Yvonne a-t-elle osé répondre sur ce ton au chef suprême du Commonwealth ? Elle en est bien capable. Ni les particules, ni les grades, ni les médailles, ni les diplômes, ni la fortune ne l'impressionnent. Quels que soient le lieu et le moment, la Printemps dit ce qu'elle pense à qui elle veut.

Fin mai, Yvonne reçoit de Paris une carte de son ami peintre, « l'admirable Vuillard ». Le courrier de l'artiste révèle leurs rapports affectueux et l'attention qu'Yvonne sait témoigner à ceux qu'elle aime.

« Ma chère amie, dit le premier envoi, votre carte m'a fait un gros plaisir et l'idée de vous retrouver là-bas donne à ma petite histoire anglaise son plus agréable attrait [1]. »

De retour en France, Vuillard, homme d'un âge certain, adresse à la jolie femme qu'est Yvonne une lettre attendrissante et complice, datée du 17 juin 1934 :

« Ma bien chère Yvonne, voilà déjà plus de huit jours que je suis de retour et je ne vous ai pas encore remerciée pour la petite corvée dont vous vous étiez si affectueusement acquittée. J'en ai des photos amusantes, mais ce qu'elles ne rendent pas, c'est l'expression si gentille de vos yeux pervenche et de ce sourire amical lorsqu'il se tourne vers votre vieux Valentin.

« A propos, savez-vous que c'est très compromettant pour vous de m'appeler ainsi ? Le dictionnaire dit : Valentin, prétendant que chaque jeune fille choisissait dans certaines villes et dont elle devenait la Valentine (usage anglais ! jour de la Saint-Valentin 14 février). Et voilà ! Hélas, je n'ai pas l'âge d'un Valentin ! Que ne pouvez-vous être ma Valentine ! Vous voilà avertie ! Maintenant, quand Verlaine vous tombera sous la main, dans les *Romances sans paroles*, faites-vous lire par votre ami Fresnay la pièce intitulée " A poor young

1. Collection Laudenbach.

Shepherd ". Je crois que cela vous fera plaisir à tous les deux. C'est un petit air de musique délicieux.

« Enfin, je garde un souvenir charmant que j'aime à ruminer de cette rencontre londonienne. Je vous embrasse de tout mon cœur et souhaite vous revoir bientôt. Votre vieux peintre. Édouard Vuillard [1]. »

En raison de la quarantaine imposée aux animaux domestiques par les autorités britanniques, Yvonne a dû laisser sa petite chienne à Paris. Pépée est alors âgée de dix-sept ans. Lorsque Yvonne apprend que sa « fille » est au plus mal, elle décide de rentrer en France. Mais le voyage est inutile, le fox blanc vient de mourir loin de sa maîtresse.

– Est-il juste, s'interroge Mme Printemps, qu'une vie d'homme se mesure en plusieurs vies de chien ?

Devant le succès de *Conversation Piece*, Noël Coward lui propose de créer la comédie à New York. « Pourquoi pas ? » pense-t-elle. Avant de partir pour les États-Unis, le couple Printemps-Fresnay prend quelques vacances, à l'étranger sans doute. D'une destination qui reste inconnue, Yvonne envoie à Palmyre une photo où on la voit agenouillée près d'un mouton. Ce seul cliché suffit à montrer combien la jeune femme s'attache aux animaux. Au dos, elle écrit :

« Ma petite chérie, voilà une petite photo qui t'amusera. Nous rentrons jeudi soir. Je te téléphonerai si nous ne rentrons pas trop tard. En tout cas vendredi. Je quitte à regret ce beau pays qui m'a fait tant de bien. Tu ne vas pas me reconnaître. J'ai une mine incroyable. Je t'embrasse fort, fort. Von [2]. »

A New York, elle est une femme radieuse et une star clinquante : mèche claire ondulée, boa enroulé et sautoirs superposés. Pierre Fresnay joue la version anglaise d'une pièce d'André Obey, *Noé*, qu'il a créée

1. Collection Laudenbach.
2. Idem.

au Vieux-Colombier en 1931. A l'occasion de ce séjour à New York, Fresnay rencontre Alfred Hitchcock qui lui propose d'interpréter le rôle du Français dans son film *The man, who knew too much* [1].

Lorsqu'un imprésario offre à Mlle Printemps de lui tracer une voie royale à Hollywood, Pierre ne cache pas ses réticences. Il n'est pas le seul. Le montant en dollars d'un éventuel contrat mirifique impressionne Yvonne sans la concerner pour autant. Son talent et son abattage devraient la conduire vers une carrière internationale. Mais cette vie n'est pas pour elle. La sienne connaît trois pôles : Pierre, Palmyre et le chant. Yvonne n'est prête à en sacrifier aucun.

Elle sait qu'elle est née trop tard. Les belles et riches heures de l'opérette ne sont plus. En Sacha, Yvonne avait trouvé son auteur. En le quittant, elle a choisi une autre vie et une autre carrière. Qu'importe, puisque l'amour en dépend.

Avant de partir pour New York, Yvonne a demandé à Francia, la dernière épouse de Lucien, que toute la famille appelle « Cinette », de prendre soin de Palmyre. Le 25 janvier 1935, sur une feuille de papier à en-tête du Waldorf Astoria, Yvonne Printemps écrit à sa belle-sœur :

« Chère petite Cinette, comme je vous remercie de si bien comprendre mon inquiétude d'être si loin, et de si bien soigner maman. Vous avez un cœur très sensible et bien charmant, et vous méritez bien la fille que vous avez. Je veux que vous sachiez à quel point je suis émue de toutes vos gentillesses. Je vous embrasse de tout mon cœur. Yvonne [2]. »

Le 22 mars, Yvonne poste un dernier courrier à Palmyre :

1. Daniel Gélin interprétera ce rôle dans la seconde version de *L'Homme qui en savait trop*.

2. Collection Laudenbach.

« Ma petite mère chérie, à bientôt. Je suis dans un état incroyable de rentrer. Je commençais à croire que ça n'arriverait jamais. Je vous embrasse tous de tout mon cœur et toi, ma petite mère chérie, de toutes mes forces. Von [1]. »

Le 7 avril, Albert et Jane Willemetz, Pierre et Paulette Truchot ainsi que Robert Trébor accueillent Yvonne et Pierre à la gare Saint-Lazare. Plus jamais Mlle Printemps ne retournera aux États-Unis.

La Dame aux camélias devient Margot

En 1934, Yvonne et Pierre Fresnay ont vécu leur premier face-à-face théâtral à Londres et cinématographique à Paris dans *La Dame aux camélias*, film réalisé par Fernand Rivers sous la direction d'Abel Gance. La musique est signée Reynaldo Hahn, les « lyrics » sont d'Albert Willemetz.

Depuis *Un roman d'amour et d'aventures*, film muet écrit par Guitry en 1918 et joué par le couple Yvonne-Sacha, Mlle Printemps n'a pas tourné pour le cinéma. *La Dame aux camélias* est son premier film parlant. Le hasard veut qu'elle ait interprété le rôle de Marie Duplessis dans *Deburau* et que Marguerite Gautier (l'héroïne de Dumas fils, inspirée de la célèbre courtisane) ait eu comme interprètes la Duse et la grande Sarah, deux comédiennes qu'Yvonne a rencontrées grâce à Guitry.

D'après les critiques de l'époque et le témoignage de Pierre Fresnay qui joue Armand Duval (le jeune homme auquel Marguerite consent à renoncer), le film vaut par l'interprétation d'Yvonne Printemps. Fresnay

1. Collection Christiane Le Boulère.

émet quelques restrictions sur le parti pris général du réalisateur :

« J'ai un souvenir touchant de Gance qui est un homme très sensible, très émotif, très tendre, mais je ne suis pas sûr que le romantisme lui soit une matière propre à mettre en valeur sa personnalité de grand imaginatif, de grand remueur de masses. Son lyrisme puissant est un peu tombé dans la fleur bleue. Il s'attendrissait beaucoup sur ces détails romantiques dont j'aime à réduire le romantisme [1]. »

Les spectateurs garderont en mémoire la scène de la mort : Marguerite minée par la phtisie revoit Armand pour la dernière fois. Le jeu d'Yvonne est épuré, stylisé, authentique, dépourvu d'artifice. Pendant les trois jours qui précèdent le tournage de cette séquence, la comédienne ne s'alimente pas, cherchant l'expression d'une fatigue plus qu'une pâleur lumineuse dont elle a déjà le secret. En effet, lorsque Yvonne se maquille, elle souligne la blancheur de son teint. Après avoir nettoyé son visage à l'aide d'un coton humecté d'une lotion classique, elle projette de la poudre de riz en grande quantité, puis laisse sécher la pellicule blanche. Avec le coton encore humide, elle enlève la poudre : le visage, à peine teinté, est lisse et frais. Yvonne échappe ainsi au masque plâtreux auquel les bâtonnets de fond de teint condamnent la plupart des femmes.

En 1934, un critique français découvre en elle une Marguerite Gautier supérieure aux créations de la Duse et de Sarah Bernhardt. En 1952, un journaliste italien écrit dans *Roma* que Ludmilla Pitoëff et Ida Rubinstein n'ont jamais pu soutenir la comparaison avec Yvonne Printemps dans ce même rôle [2].

Le couple est rentré de New York au printemps 1935. Le 26 novembre, Yvonne et Pierre Fresnay

1. *Pierre Fresnay*, par Fresnay et Possot.
2. *L'Impromptu de Neuilly*.

créent *Margot* d'Édouard Bourdet, au théâtre Marigny. La pièce leur est dédiée. L'un des premiers contacts avec l'auteur dramatique remonte à juin 1934. Une lettre d'Yvonne à Bourdet laisse supposer une démarche antérieure de ce dernier en vue d'un entretien avec la comédienne, et rappelle la publication d'un récent article sur elle. Après avoir signé des chroniques théâtrales dans l'hebdomadaire *Bravo*, Édouard Bourdet occupe, depuis octobre 1932, les mêmes fonctions au journal *Marianne*.

« Cher monsieur, lui écrit Yvonne, j'ai bien tardé à vous répondre. Excusez-moi. J'ai un courrier qui découragerait même ceux qui aiment écrire. Et puis je voulais réfléchir à ce que vous me demandez. Très franchement, je ne trouve pas dans les souvenirs à ce sujet d'anecdotes dignes d'intéresser les lecteurs de *Marianne*. Il m'a toujours paru un peu prétentieux d'attacher à des aventures professionnelles assez d'importance pour les raconter. N'est-ce pas votre avis ? Merci pour votre ravissant article. Vous m'auriez fait un très grand plaisir en venant me voir. Sincèrement vôtre. Yvonne Printemps [1]. »

La calligraphie de la signature est un spectacle. Pleins et déliés envahissent la feuille manuscrite. La star est en représentation.

La rencontre avec Édouard Bourdet est une date dans la carrière théâtrale du couple Fresnay-Printemps. Ils vont interpréter quatre pièces du dramaturge : *Margot* en 1935, *Père* en 1942 puis en 1958, *Vient de paraître* en 1945 et *Hyménée* en 1952. Trois pièces sur quatre seront jouées à la Michodière.

Depuis 1927, Bourdet possède des parts dans la société civile du théâtre de la Michodière, construit en 1923 par Eugène Colas et inauguré le 16 novembre 1925 par son directeur, Gustave Quinson. Les quatre

1. Collection Claude Bourdet.

actionnaires sont désormais Colas, Quinson, Bourdet et le comédien Victor Boucher. Depuis octobre 1931, Édouard Bourdet a le titre de codirecteur. En novembre 1927 y fut créée *Vient de paraître*; en décembre 1929, *Le Sexe faible*; en octobre 1932, *La Fleur des pois* et, en janvier 1934, *Les Temps difficiles*. Ensemble, les deux premières pièces ont tenu l'affiche pendant plus de mille six cents représentations! Dommage que Georges de Porto-Riche ne soit plus en vie pour assister au triomphe populaire du jeune auteur qui fut son protégé. Bourdet lui doit la présentation au public de sa première pièce, *Le Rubicon*, le 17 janvier 1910 au théâtre Michel. Un jeune homme de vingt-deux ans venait d'abandonner une carrière dans la banque pour tenter l'aventure théâtrale.

Édouard Bourdet a gardé l'allure du monsieur au complet trois-pièces. Il est de grande taille. L'œil est bleu pâle, la voix basse et le timbre voilé, la moustache fine et taillée au millimètre : élégance stricte et regard sévère. Le personnage, intimidant et toujours préoccupé, choisit ses mots avec une autorité précautionneuse. Son théâtre lui ressemble : peinture de mœurs traditionnelle et sensibilité non conformiste. Observateur clairvoyant, il pourfend les hypocrisies bien-pensantes. L'écrivain maîtrise la construction de ses pièces, l'étude des caractères et un style qu'il veut net et acéré. Il rejette l'emphase, la sensiblerie et la démagogie.

Sobre, rigoureux et pudique, Bourdet plaît à Fresnay qui est chargé de la mise en scène de *Margot*. Sincère, sans afféterie ni illusion, sa personnalité séduit Yvonne.

On a dû renoncer à créer la pièce au théâtre de la Michodière. Un grand spectacle nécessite un vaste plateau : celui de Marigny est idéal. L'action du drame se déroule au XVIe siècle, à la cour des Valois. Yvonne est Marguerite, dite Margot, fille de Catherine de Médicis; Pierre Fresnay, Henri III, l'un des quatre frères de Marguerite; Jacques Dumesnil, le duc de Guise. Mme Sylvie et Simone Renant interprètent les rôles respectifs de Jeanne d'Albret et Marie de Condé. Parmi les jeunes comédiens, Charles Aznavour est le duc de Navarre enfant, futur Henri IV qui épousera Margot.

La France de l'époque est indigne : on s'agite, on intrigue et on assassine au sein de factions et de ligues, les haines divisent le pays et les familles, massacres et embuscades s'enchaînent. Menacé par l'ambition des Guise et le fanatisme des huguenots, le trône tremble. Au-delà de la peinture de mœurs, le ressort dramatique de la pièce est l'amour incestueux mais platonique de Margot pour Henri.

Marguerite de Valois est une femme romantique, tourmentée, en lutte contre elle-même. L'amour qu'elle porte à son frère, inconsciemment partagé par lui, est impossible et inavoué. Yvonne aime ce rôle qu'elle interprète avec passion et sensibilité, sans être pour autant au plus juste de la vraie nature du personnage. La comédienne est trop charmante et docile (ce qui paraît un comble), lorsqu'il faudrait de la véhémence et de la frénésie.

« Yvonne Printemps, écrit Colette, pare Margot d'autant de charme qu'elle en a elle-même, lui prête sa voix, ses pieds voltigeants, une mélancolie qui habite son regard en même temps que le sourire (...) Elle devrait être bougresse. » L'âme de la petite Printemps n'échappe pas à la sagacité de Colette qui la définit telle une « incurable et ravissante adolescente [1] ».

Yvonne n'est pas faite pour interpréter des personnages noirs.

– Elle fut une présence bénéfique, se souvient Jacques Dumesnil. Elle était charmante, irradiait de la gaieté et semblait avoir besoin du bonheur de son entou-

1. *La Jumelle noire,* de Colette.

rage pour être elle-même heureuse. Yvonne Printemps était une partenaire respectueuse du texte et de la mise en scène. Elle manifestait une attention identique à un figurant ou un partenaire plus célèbre.

Yvonne prête sa voix à Margot en interprétant deux poésies de Ronsard : « La chanson du printemps » et « A sa guitare ». La première est mise en musique par Georges Auric, la seconde par Francis Poulenc. Il n'est pas impossible que Pierre Fresnay ait confié à Édouard Bourdet son désir d'un intermède musical. Seule la présence d'Yvonne le justifie. Malgré une brillante distribution, la pièce ne remporte pas le succès auquel Bourdet est habitué.

Depuis plus de vingt ans, Mme Paravicini est restée le professeur de chant de la petite Yvonne des Folies-Bergère. La chanteuse continue de suivre les conseils de Para, et entretient la maîtrise de ce souffle dont elle joue comme bon lui semble. Les cantatrices classiques et opulentes en pâlissent de honte et d'envie.

– Mlle Printemps n'est qu'un perroquet d'opérette ! affirme la plus mauvaise langue. Elle ne sait même pas lire une mesure : elle a de l'oreille et se contente d'apprendre par cœur !

Pour travailler les deux airs de *Margot,* Yvonne a demandé le concours d'une répétitrice. Simone Pineau est une jeune pianiste de vingt ans qui vient de terminer le Conservatoire. En guise de travaux pratiques sur le tas, on lui a conseillé, comme à d'autres futurs concertistes, de « faire de l'accompagnement ».

Une telle relation de confiance s'établit entre les deux femmes qu'elles travailleront ensemble à la quasi-totalité des prochaines créations ou interprétations d'Yvonne : la partition de *Trois Valses,* la mélodie de *Léocadia* d'Anouilh, les airs de la pièce de Malaparte, *Du côté de chez Proust,* les morceaux choisis de Haendel, Schumann, Debussy et Fauré qu'Yvonne Printemps interprétera à Pleyel dans moins de deux ans.

– Yvonne chantait le texte avant de chanter la musique, raconte aujourd'hui Simone Pineau-Baudry. Elle déchiffrait rapidement la partition musicale pour en saisir le ton et nous nous mettions à travailler. Le plus frappant était chez elle l'association du don vocal et de la présence humaine. Cette plénitude dramatique qui la caractérisait sur scène venait de cette harmonie du jeu et du chant. La technique tenait à un savoir-faire et une virtuosité. La qualité de la voix était délicate, fragile, chaleureuse. Yvonne pouvait chanter tous les genres et tout l'intéressait. Sa curiosité était permanente.

Elle porte une écharpe de mousseline mauve. Simone est assise au piano tandis que la chanteuse, debout, le buste penché, suit des yeux la partition. Le sautoir de perles heurte de temps à autre les touches blanches et noires du clavier. Lorsque la comédienne esquisse les mouvements demandés par le texte, elle recule et demande :

– Dis-moi, Simone, ce geste n'est-il pas trop large pour un son si aigu ? Il faut un équilibre, comprends-tu, entre le geste et la note. Ce serait dommage que le public soit ébloui par le son et n'entende plus le texte. Le mot doit être compris et le geste correspondre à la musique. Reprenons !

Yvonne reprend et reprend encore. Elle doute et recommence à nouveau. Elle n'est avare ni de questions pour mieux faire, ni d'interrogations sur les musiques qu'elle ne connaît pas.

– Simone, demande-t-elle, curieuse et espiègle, si on déchiffrait la partition de Mélisande ? J'aimerais bien voir de quoi ce rôle à l'air...

Probablement dans les mois qui ont suivi la création de *Margot*, Édouard Bourdet propose à Yvonne Printemps d'interpréter à la Michodière le rôle féminin principal de sa première pièce, *Le Rubicon*. Yvonne lui répond par courrier :

« Vous ne doutez pas, mon cher ami, du plaisir que j'aurais à être votre interprète dans votre théâtre. Plaisir qui serait doublé à la pensée de vous rendre service. Mais, en ce qui concerne *Le Rubicon,* j'éprouve à la réflexion – comme comédienne – d'assez sérieuses hésitations. Votre charmant personnage féminin me paraît dans ses craintes devant le mariage se rattacher à un emploi qui n'est plus le mien. C'est une jeune fille. Je sais bien que Madeleine Lély, quand elle l'a créé avec tant de succès, n'avait pas non plus tout à fait l'âge du rôle, bien que plus jeune alors que je ne le suis aujourd'hui. Mais on avait à cette époque moins d'exigences sur la parfaite adaptation des interprètes aux personnages. Cela m'inquiète, je vous l'avoue, et est pour beaucoup dans mon indécision [1]. »

Yvonne ne jouera pas *Le Rubicon.* A quarante-deux ans, elle semble prendre garde à la vraisemblance des personnages. En 1940, elle acceptera pourtant de jouer le rôle d'Amanda dans *Léocadia.* Pierre Fresnay s'est-il montré plus persuasif parce qu'il s'agissait d'une création d'Anouilh à la Michodière ?

Interlude

« A Von 1936, Gab, Koko » : la mention est gravée sur le bracelet qui compte huit breloques en platine serti de diamants. Pendent un voilier, un chien, un oiseau et sa cage, une clef, une tour Eiffel, une étoile, une cocotte, une maisonnette dont le verso est entaillé d'un cœur. Qui est Gaby ou Gabriel ? Qui est Koko ?

Pierre offre un brillant et des brassées de roses. Après

1. Collection Claude Bourdet.

un souper avec les Willemetz et les Truchot, Fresnay entraîne la bande au quai aux Fleurs où il achète d'énormes bouquets, sitôt offerts aux amis de Sacha qui l'ont adopté.

Pour le couple Fresnay-Printemps, 1936 est l'année de la création de *O Mistress Mine,* une pièce de Ben Travers, au Saint-James's Theatre de Londres. Les mélodies sont de Cole Porter et de Vivian Ellis. Par malchance, la comédie musicale ne tient l'affiche que douze représentations. Le public londonien boude un spectacle à l'eau de rose dont l'histoire ressemble à celle qui secoue le Royaume-Uni et divise les Britanniques. Dans la pièce, une princesse renonce par amour aux honneurs de son rang. A Buckingham Palace, le roi Edouard VIII abdique : il abandonne le trône à son frère George pour vivre avec celle dont il est épris, une Américaine divorcée dont le prénom est Wallis.

Le climat de la première est glacial et la nouvelle aventure anglo-saxonne tourne court. Miss Printemps n'est pourtant pas oubliée : l'année suivante, Yvonne et Pierre sont invités à Londres à l'occasion d'une soirée où se produit le violoniste Fritz Kreisler.

– Vous avez l'air d'avoir seize ans ! dit à la star le musicien viennois.

En juillet 1938, lorsque Paris accueille les nouveaux souverains britanniques, couronnés le 12 mai 1937, Yvonne est conviée à chanter devant George VI et la reine Elizabeth à l'hôtel de Lassay, au quai d'Orsay, en présence d'Albert Lebrun. Après deux soirées à l'Élysée et à l'Opéra de Paris, le roi et la reine d'Angleterre assistent, le 21 juillet, à un spectacle qui associe un ballet, un récital de Maurice Chevalier, un extrait de *L'École des femmes* avec Louis Jouvet et Madeleine Ozeray, une prestation d'Yvonne Printemps.

A cette occasion, le couple royal offre à l'idole des Britanniques un nécessaire à couture en vermeil disposé dans un écrin d'ivoire frappé du monogramme RGE surmonté d'une couronne.

Bien qu'Yvonne ait accepté de partager une vie en retrait avec Pierre, elle ne déteste pas le prestige de ces soirées pour lesquelles Jeanne Lanvin lui dessine des robes éblouissantes. Fresnay la taquine parfois sur sa grande consommation d'*Heure Bleue*. Il prétend qu'en s'aspergeant du plus cher des flacons (ni eau de toilette, ni eau de parfum, mais extrait de parfum) la star de sa vie lui coûte une fortune ! Plus sérieusement, il avoue ne guère s'habituer aux fanfreluches de sa compagne : nœuds, dentelles, ceintures drapées, mitaines, écharpes et autres mousselines en tout genre.

Un soir, avant de sortir dîner, Fresnay lance à Yvonne l'un de ses regards furieux qui la font douter d'elle-même. Prise en faute, elle jette un œil au miroir : bijoux, manteau de fourrure, chapeau et boa. Qu'a-t-elle bien pu faire de mal ?

– Il ne faut pas prendre le boa ? demande-t-elle.

– Si, bien sûr ! répond Fresnay. Si c'est pour un déménagement !

Le couple s'est installé dans un petit appartement, au 108 du boulevard Suchet. Les deux divorces ont été prononcés, mais Berthe Bovy ne se remet pas de la séparation. Yvonne et Pierre choisissent de ne pas régulariser leur vie commune. Ils n'auront de toute façon pas d'enfant. Imagine-t-on Mlle Printemps envahie d'une progéniture ? Cette femme incarne la jeunesse, le charme, le désir et non les vertus familiales. Elle n'a pas cette générosité de la vie. Il est au demeurant certain qu'Yvonne a désiré un enfant, bien que toutes les raisons aient été bonnes pour ne pas en avoir : Sacha était un fils et non un père ; avec Fresnay, il était trop tard.

– Si j'en avais eu un, dit-elle, je l'aurais porté sur la tête pour que tout le monde le voie !

En 1931, lorsque la petite Christiane est née (la fille de son frère Lucien et de sa jeune épouse Francia), Yvonne est venue au théâtre avec le nourrisson. Dans les couloirs, elle fredonnait et criait bien haut : « Regardez-la ? C'est une Wigniolle-Printemps ! » De longues années séparent cette exclamation de joie et de fierté d'un aveu terrible : « Je n'ai jamais rencontré d'homme digne d'avoir un enfant. » Yvonne ment : ses regrets s'expriment injustement et avec excès car elle est une femme injuste et excessive.

Quant au mariage, elle prétend qu'elle ne sera jamais une troisième Mme Laudenbach. « D'ailleurs, ajoute Yvonne, quand on s'est appelé Mme Sacha Guitry, on ne se remarie pas ! » Elle fait aussi cette confidence sur Pierre : « S'il avait été catholique, nous nous serions sans doute mariés... »

A eux deux, ils totalisent trois divorces qui sont trois de trop. Yvonne reste l'enfant d'un couple désuni et garde la hantise d'être abandonnée comme le fut sa mère. Elle-même a quitté Sacha et en conclut que le mariage ne lui porte pas chance. Pourquoi tenter le diable à nouveau ?

– Je ne conçois le mariage que sur un plan religieux, expliquera Fresnay à Denys de La Patellière dans les années 50. Puisque je n'appartiens à aucune Église, bien que la dramaturgie des questions religieuses m'intéresse, je ne vois pas pourquoi j'irais demander à M. le Maire l'autorisation de faire l'amour avec Mme Printemps...

Cette situation irrégulière ne devant porter aucun préjudice matériel à sa compagne, Pierre Fresnay décide d'inscrire tous les biens du couple au seul nom d'Yvonne Wigniolle. Pour le public, ils seront mari et femme.

1937 : Trois Valses *et tous les succès*

En 1936, lorsqu'elle joue *O Mistress Mine* à Londres, Yvonne retrouve par hasard Oscar Straus, le compositeur des airs de *Mariette.*

– Je ne vous aime plus ! lance le musicien vexé à son interprète. Pourquoi ne chantez-vous plus ma musique ?

– Vous n'en écrivez plus pour moi, rétorque Yvonne.

– Écoutez cet air, ma chère amie, dit alors Straus en se mettant au piano. C'est un extrait d'une opérette que nous venons de créer à Vienne et dont le titre est *Trois Valses.*

Yvonne est aussitôt séduite. De retour à Paris, elle appelle son ami Tino pour l'entretenir de cette création viennoise de Knepler et Robinson, écrite pour les trois compositeurs autrichiens que sont Johann Strauss père, Johann Strauss fils et Oscar Straus. Chacun a signé la partition d'un acte. Quelques semaines plus tard, lorsque *Trois Valses* est programmé au théâtre de la Monnaie à Bruxelles, Yvonne y entraîne Pierre, Albert et Jane Willemetz. Ils pourraient créer cette comédie musicale à Paris, au théâtre des Bouffes-Parisiens dont Albert est le directeur.

C'est aller un peu vite. L'opérette est en réalité un interminable opéra-comique sans charme ni raffinement. Les textes sont chantés et le rôle du ténor est aussi long que celui de la soprano. Reprendre l'opérette à Paris, avec Pierre Fresnay qui ne chante pas, est impossible.

– Cela ne valait vraiment pas la peine de nous déranger, dit Yvonne, furieuse, en sortant du théâtre. Jamais je ne jouerai ça !

– Pas si vite ! dit Albert. L'histoire et les thèmes ne

sont pas inintéressants. Pour en faire une jolie comédie, il suffit de reconstruire les trois actes et de centrer l'action sur le couple d'amoureux. Quant aux partitions chantées, je pourrais reporter sur les personnages féminins les airs du ténor [1].

Henri Duvernois et Léopold Marchand acceptent d'écrire les dialogues de la version française. Quinze jours plus tard, le travail est achevé, mais seul Marchand signera les textes : Henri Duvernois est subitement décédé avant d'avoir pu apporter sa contribution à la comédie.

Quant à Albert Willemetz, il travaille les couplets des mélodies existantes et écrit pour Yvonne la seule chanson inédite de *Trois Valses* : « Je ne suis pas ce que l'on pense. » Les paroles qui racontent la difficulté d'être une star sont un clin d'œil de Tino à son amie Von qu'il observe depuis plus de vingt ans :

> « Je ne suis pas ce que l'on pense,
> Je ne suis pas ce que l'on dit !
> On dit que j'ai des exigences,
> On pense que je fais des chichis...
> Pour se donner de l'importance,
> Il faut bluffer, ça réussit !
> Sur mon visage, je me compose
> Un maquillage tendre et moqueur,
> Pour que l'on m'aime, je dois de même
> Maquiller aussi tout mon cœur...
> Ce n'est rien que pour l'apparence
> Qu'au fond je joue la comédie ! »

On a fait parvenir les paroles à Oscar Straus qui s'est embarqué pour les États-Unis. En une journée, il compose la musique d'une chanson qui deviendra l'une des plus célèbres d'Yvonne Printemps.

1. *Dans mon rétroviseur,* par Albert Willemetz.

Trois Valses est une histoire d'amour sur trois époques dont les dates sont les expositions universelles de 1867, 1900 et 1937. La première valse qui réunit Fanny Grandpré, danseuse du Second Empire et Octave de Chalencey, militaire issu d'une famille comme il faut, reste inachevée. Les convenances dictent la conduite des jeunes amants : un officier n'épouse pas une artiste. Yvette Grandpré, fille de la précédente et chanteuse de la Belle Époque, ne fait qu'un tour de valse dans les bras de Philippe de Chalencey, fils d'Octave et séducteur cynique. Il est trop orgueilleux ou exclusif pour admettre la passion d'Yvette pour le théâtre. Leurs enfants respectifs, Irène et Gérard, sauront se retrouver et danser jusqu'à la dernière mesure la troisième valse, celle des années 30, sur un plateau de cinéma. Yvonne est Fanny, Yvette et Irène; Pierre Fresnay est Octave, Philippe et Gérard; le comédien René Dary interprète le seul personnage lié aux trois époques : l'imprésario Brunner fils.

On répète sans relâche pendant trois semaines aux Bouffes-Parisiens. La première est annoncée pour le 22 avril 1937, mais les jours qui précèdent, on craint le pire. La générale est interrompue pour cause de pagaille : la troupe n'est pas prête et redouble d'efforts.

Par miracle, les délais sont tenus et le spectacle qui repose sur Yvonne Printemps est un triomphe : trois cent quarante représentations aux Bouffes, et une reprise à la Michodière de janvier à juin 1939. La consécration est une fois de plus renouvelée pour Yvonne qui offre au public son sourire, son allant, sa gaieté, ses yeux qui font chavirer tout Paris et sa voix. Par son magnétisme, elle embellit tout ce qui l'entoure ou l'approche.

Un admirateur lui fait livrer au théâtre un rosier grimpant dont les tiges dessinent un « Y » et un « P ». A cette époque, le parolier et poète Jean-Roger Caussimon entraîne ses amis, les uns après les autres, applaudir Yvonne Printemps.

– Nous étions tous amoureux d'elle, racontera-t-il [1]. Le charme de sa voix et de son corps ne faisaient qu'un. On le subissait, comme enivrés. Et, un peu jaloux, nous nous demandions ce qu'une femme comme elle pouvait faire avec un homme comme lui !

Quelques semaines avant la générale de *Trois Valses,* Yvonne a accepté, par défi et par plaisir, de se produire sur la scène de la salle Pleyel, dans un récital classique et moderne. Les morceaux choisis sont de Haendel, Fauré, Schumann et Schubert (« La Jeune Fille et la Mort »), Debussy (« La Ballade de Villon »), Messager et Reynaldo Hahn.

– Il faut que je sois à la hauteur des cantatrices classiques ! dit-elle à Simone Pineau d'un ton où se mêlent désir, crainte et assurance.

Elle le sait déjà et ne cessera de le répéter : « Seule la musique me donne les moyens de me contenter à peu près. »

Dans le journal *Ce Soir,* Jean Wiéner publie un article élogieux, au lendemain de la prestation de la chanteuse d'opérette : « Sa voix vient d'ailleurs, des régions où règnent la flûte, l'elfe, l'oiseau (...) La regarder chanter, ce n'est pas seulement un plaisir des yeux, c'est une joie de l'esprit. Ce qui est beau, c'est de faire comprendre et aimer une œuvre en employant uniquement des moyens à soi. »

1937 est aussi une année faste pour Fresnay. Depuis *Marius,* il a tourné treize films dont quatre récemment : *La Bataille silencieuse, Le Puritain, Chéri-Bibi* et surtout *La Grande Illusion* de Jean Renoir, sorti sur les écrans le 4 juin. Personne ne s'attendait au succès de ce film dont l'action se passe pendant la Première Guerre mondiale. Le public aime cette histoire

1. Témoignage rapporté à Claude Simonet.

d'hommes qui célèbre le courage, la fraternité et le sens de l'honneur, au-delà des castes et des frontières.

Fresnay ne devait pas jouer le rôle de Boëldieu pour lequel Renoir avait pensé à Jouvet. Robert Le Vigan devait interpréter Rosenthal et Pierre Renoir le commandant Von Rauffenstein. Seul Jean Gabin, dans le rôle du lieutenant Maréchal, correspondait au vœu premier de Renoir. En réalité, Marcel Dalio, qui vient de jouer *Les Temps difficiles* d'Édouard Bourdet à la Michodière, sera Rosenthal, et Eric Von Stroheim, aux monocle, corset et minerve, le commandant allemand, gardien de la forteresse où sont retenus prisonniers quelques soldats français.

Sur le plateau, Gabin tutoie tout le monde, mais le capitaine Boëldieu, qui dit « vous » à sa mère, fume du tabac anglais et porte des gants blancs, l'appelle « Monsieur Gabin ». Le héros de *Pépé-le-Moko* en reste Gros-Jean comme devant :

– Tu comprends, dit-il aux copains en parlant de Fresnay, c'est un type chouette, mais en face de lui, t'as toujours l'impression de te tromper de fourchette !

Maréchal et Rosenthal réussissent à s'évader grâce à l'aide de Boëldieu qui fait diversion en jouant de la flûte, le long des galeries à mâchicoulis. Bientôt l'officier tombe sous le feu de Rauffenstein, le frère ennemi aristocrate. De ce jour, le rôle du capitaine français à particule collera à la peau du comédien et de l'homme Fresnay. On ne sait plus si Cocteau parle de l'un ou de l'autre lorsqu'il dit de Fresnay-Boëldieu : « Le pète-sec à l'âme haute qui joue de la flûte en gants blancs. »

Le tournage de *La Grande Illusion* se déroule à Colmar et au château du Haut-Kœnigsbourg. Yvonne y a rejoint Pierre pour quelques jours. Fresnay prend rarement ses repas avec l'équipe du plateau. Un soir pourtant, en présence d'Yvonne, les comédiens se retrouvent à une table commune. Seule femme au milieu de tous ces hommes, la petite Printemps jubile des hommages plus ou moins discrets ou cavaliers qui lui sont rendus. Fresnay n'apprécie guère cette sollicitude familière.

Seul Julien Carette, qui joue le rôle de l'acteur titi parisien dans le film, ne craint pas son œil noir. Inénarrable cabot, celui qui joue Bernstein au Gymnase reprend devant Yvonne sa voix traînante, son accent de Ménilmuche et sa gouaille malicieuse et touchante. L'occasion est trop belle de taquiner Fresnay-l'Amoureux quand la Printemps se montre si complice. Elle que rien ne choque s'amuse de la pudeur de Pierre.

– Dis donc, dit justement Carette à Fresnay. Je me la taperais bien la chanteuse! Fais voir comme t'es belle! Elle a d'belles miches, Yvonne, je peux pas y goûter ?

Et Carette de pincer les seins de Mme Printemps en gloussant un « pouet pouet! » sonore. Yvonne rit aux éclats tandis que Fresnay se raidit de plus en plus, laissant tomber un « Voyons, Yvonne! » qu'elle fait mine de ne pas entendre.

Jean Renoir tente de calmer Carette qui poursuit de plus belle :

– Dis donc, Pierre, tu ne vas pas les garder pour toi tout seul ces beaux bras-là ? Vovonne va m'les mettre autour de mon petit cou d'acteur baisable et généreux, pas vrai Vovonne [1] ?

Tous ont ri, excepté Fresnay. On dit qu'il est rigoriste et guindé. Il n'est que rigoureux et jaloux.

Avec les cachets de *Trois Valses,* le couple achète un terrain à Neuilly, l'annexe résidentielle de Paris. Les cachets de *La Grande Illusion* serviront à construire une maison claire et retirée où le couple emménagera au début de l'année 1941. Ce lieu deviendra l'un des deux pôles géographiques d'Yvonne, l'autre étant le

1. *Mes Années folles,* de Marcel Dalio.

théâtre de la Michodière dont elle vient d'accepter la codirection.

En octobre 1936, Édouard Bourdet, qui a été nommé administrateur général de la Comédie-Française par le ministre de l'Éducation nationale du gouvernement de Léon Blum, a dû quitter ses fonctions de directeur de la Michodière. Gustave Quinson souhaite se retirer. En accord avec Victor Boucher, il propose le poste à Yvonne Printemps et Pierre Fresnay. Elle devient Mme la Directrice, il s'octroie une obscure fonction de conseiller technique.

Il sait que la Michodière est le lieu rêvé. Bourdet est devenu un ami, Quinson a fait débuter la petite Printemps, Victor Boucher est un acteur de Boulevard et, depuis l'inauguration de ce théâtre, on y a joué Jean Sarment et Louis Verneuil, Robert de Flers et Francis de Croisset. Les planches de la Michodière paraissent destinées au talent d'Yvonne.

Le couple ainsi qu'Albert Willemetz achètent des parts dans la société théâtrale. En mars 1940, Yvonne se portera acquéreur de celles de Tino. Grâce aux propres actions de Fresnay, Mme la Directrice est désormais majoritaire d'une société dont elle prend la présidence.

Adrienne Lecouvreur *made in Germany*

En juillet 1937, Yvonne Printemps et Pierre Fresnay partent pour la Bretagne, à Costa-Aerès, un lieu protégé et presque inaccessible. La maison qu'ils habitent est construite sur un rocher, dans la baie de Ploumanac'h. A marée haute, le rocher est un îlot et le seul moyen de liaison avec la côte est un canot que l'on manœuvre à la godille sur un demi-kilomètre.

Yvonne a rangé ses fourrures et déposé ses bijoux au coffre. Pierre Fresnay n'a pas eu de mal à la convaincre de partager cette vie simple et solitaire, à l'abri des regards indiscrets. La petite Printemps aime la nature sauvage des Côtes-du-Nord et rien n'est plus romantique que de déguster un homard fraîchement pêché, à la lumière d'une lampe à piles. Elle regrette seulement son manteau de loup car il fait froid. La bâtisse en granit n'est équipée ni en chauffage, ni en électricité.

Un soir, le couple voit débarquer un groupe de quatre personnes, dont l'imprésario de Fresnay – Dewalde – et Ludwig Berger, metteur en scène d'outre-Rhin. Ils sont venus de Paris pour proposer à Yvonne et Pierre le tournage de *Trois Valses* pour le cinéma.

« Il avait toutes les caractéristiques du Rhénan, se rappellera Fresnay en évoquant Ludwig Berger. Ce n'était pas un Allemand prussien, c'était vraiment un intellectuel allemand avec beaucoup de défauts du caractère allemand : la violence, les inégalités d'humeur, mais le tout sur une nature très fine et très agréable dans les rapports... dans ses bons moments [1]. »

La première réaction du couple est la prudence. En raison du succès de l'opérette aux Bouffes-Parisiens, il ne leur paraît pas indispensable de porter *Trois Valses* à l'écran. Le public aurait tendance à comparer les deux modes d'expression, théâtral et cinématographique, à l'encontre de l'un ou de l'autre.

Jusqu'alors, Yvonne Printemps n'a tourné qu'un seul film parlant : *La Dame aux camélias.* Si elle n'avait pas quitté Guitry, Von aurait continué de créer des pièces écrites exclusivement pour elle. Pierre Fresnay ne l'ignore pas et, lorsque l'occasion se présente, il persuade Yvonne d'interpréter des rôles convenant à son talent.

La proposition de Ludwig Berger est acceptée, le

1. *Pierre Fresnay,* par Fresnay et Possot.

tournage prévu pour l'été 1938. Henri Guisol remplacera René Dary dans le rôle de Brunner fils, l'imprésario de Fanny, d'Yvette et Irène.

– Quel dommage que je n'aie pas eu le souvenir du spectacle de la pièce avant d'entreprendre le travail cinématographique! dira le metteur en scène après avoir vu Yvonne dans *Trois Valses,* lors de la reprise qui eut lieu à la Michodière.

Enfant du music-hall, Yvonne est meilleure au théâtre qu'au cinéma. La scène est son espace plus que le plateau. Face au public, elle séduit en direct. Sa présence est sûre, son charme naturel, son jeu moins calculé. L'analyse que fait James de Coquet dans *Le Figaro,* à la sortie du film, est honnête et juste.

« Mme Yvonne Printemps nous démontre qu'il n'est rien d'impossible au talent. Pourtant, elle déploie des dons qui, de toute évidence, appartiennent au théâtre. Au lieu de ce style abandonné qui fait la fortune des artistes américaines, Mme Yvonne Printemps affiche un naturel qui est un naturel dirigé. Il est indéniable que tout ce gracieux vocabulaire d'œillades et de sourires, ce code demi-secret suivant lequel la séduction s'exprime par l'épaulette d'une robe qu'on fait glisser sur un bras, et l'indifférence par une note qu'on jette entre les dents comme un noyau de cerise, tout cela nous indique bien que Mme Yvonne Printemps est ici pour notre délectation et non pour que nous surprenions à son insu une artiste dans ses amours. Nous nous émerveillons au lieu d'éprouver cette gêne délicieuse que donne le spectacle d'une biche surprise à travers un fourré. Mais Mlle Printemps répondra que, puisque le résultat est ravissant, on aurait tort de chicaner sur les moyens qui sont les siens. »

Entre la visite de Ludwig Berger à Ploumanac'h et le tournage de *Trois Valses,* un autre projet cinématographique séduit Yvonne. Le cinéaste Marcel L'Herbier vient de recevoir une proposition de contrat de la UFA (société de production berlinoise proche du Troisième Reich) qui lui garantit les moyens de réaliser un film à grand spectacle.

Lors d'une visite au cinéaste qui demeure près du Champ-de-Mars, à Paris, le couple Fresnay-Printemps donne son accord de principe pour un sujet qui est un beau rôle pour Yvonne : Adrienne Lecouvreur, l'une des plus célèbres comédiennes du XVIIIe siècle.

Peu à peu le projet prend forme. Le scénario est de Mme Simone et les dialogues sont signés de son mari, François Porché. Le dramaturge n'est pas un inconnu pour Fresnay qui a créé *Le Chevalier de Colomb* au Théâtre-Français et *La Race errante* à l'Odéon. Quant à Mme Simone, elle est l'une des femmes les plus vives et cultivées de Paris. Elle a créé *Chanteclerc* aux côtés de Lucien Guitry, s'intéresse à la psychanalyse et révèle un talent de moraliste. « Une jeune femme a le devoir de plaire, dit-elle. Une vieille femme a celui de ne pas déplaire. »

Le tournage d'*Adrienne Lecouvreur* se déroule au début de l'année 1938, dans les studios de Neuebablutzberg, près de Potsdam. On est à la veille de l'Anschluss : le 11 mars, les nazis entrent dans Vienne. Le 12, l'Autriche appartient à Hitler.

Marcel L'Herbier n'est pas le premier à raconter la vie d'Adrienne. Un opéra de Francesco Cilea fut créé à Milan en 1902, d'après une pièce de Scribe et Legouvé ; puis, en 1913, Sarah Bernhardt a repris le rôle dans une version cinématographique muette, réalisée par Louis Mercanton. Adrienne Lecouvreur est une amoureuse et une tragédienne. Sociétaire de la Comédie-Française, elle a sacrifié sa carrière et sa vie à Maurice de Saxe, celui qu'on a surnommé « le maréchal de Saxe », aussi connu pour ses talents militaires que pour l'agitation de sa vie privée. Pierre Fresnay sera Maurice de Saxe, et Junie Astor, la duchesse de Bouillon, rivale d'Adrienne et responsable de sa mort tragique.

A l'automne 1938, au moment de la sortie du film, Yvonne évoque ainsi le personnage d'Adrienne Lecouvreur : « Chez elle, la comédienne sait toujours s'effacer devant la femme. Écrire pendant dix ans à un homme qui n'était jamais là et qui, vraisemblablement, la trompait, c'est témoigner d'une insurpassable délicatesse d'esprit et de cœur. (...) Ce qui me plaît en elle, c'est cette beauté d'âme qui n'appartient qu'aux natures généreuses. Quelle artiste et quelle amoureuse ! Pour aider son ami, n'a-t-elle pas vendu bijoux, vaisselle et jusqu'à ses toilettes de théâtre [1] ? »

Les détracteurs d'Yvonne lui reprochent de ne pas être le personnage d'Adrienne, ni physiquement ni historiquement. Minauderies, afféteries, gorge palpitante et petit doigt pointé, rien n'échappe à la critique. Dans ce rôle en costumes (elle les adore : « J'aurais aimé être Carmen parce qu'on y danse et Manon pour les toilettes ! » dit-elle), Yvonne est fidèle à son image : toutes boucles dehors, des rubans à tous les étages de volants, froufroutante et tremblante d'émotion. En dépit du battement de cils d'un autre âge, elle sait être touchante et troublante, pathétique dans sa sobriété. *Adrienne Lecouvreur* est l'un de ses meilleurs films.

« Vous avez atteint trois ou quatre des sommets où vous ne pouvez guère rencontrer que Garbo dans *La Dame aux camélias*, lui écrit Mme Simone. Non seulement la profondeur de votre émotion dans des scènes comme la scène de la mort, de la confession, de la répétition de *Phèdre* est bouleversante, mais je place aussi haut le charme avec lequel vous jouez les scènes en demi-teintes [2]. »

De l'Allemagne hitlérienne secouée par l'Anschluss,

1. *L'Impromptu de Neuilly.*
2. *Idem.*

Yvonne n'a cure. Pendant le tournage d'*Adrienne*, elle n'a qu'une envie, s'amuser.

– Elle avait la bougeotte, se souvient Madeleine Sologne qui interprète dans le film la confidente de l'héroïne. Yvonne voulait se distraire. Lorsque j'allais danser le soir dans les endroits animés de Berlin, elle était toujours prête à me suivre. J'ai eu l'impression parfois qu'elle s'ennuyait un peu avec Fresnay. Mais ces deux êtres à l'opposé l'un de l'autre s'adoraient. Elle était la légèreté, lui la patience. Ils étaient complices jusque dans leurs disputes.

Quelques semaines avant la sortie du film éclate l'affaire des Sudètes. Hitler a organisé un plébiscite dans le Grand Reich : les électeurs doivent se prononcer pour ou contre l'annexion du territoire des Sudètes, minorité tchécoslovaque de langue allemande. L'antenne du chancelier y est le parti allemand dont la propagande est efficace : une écrasante majorité de la population lui fait confiance.

La réaction est immédiate : le président tchécoslovaque demande leur soutien à la France et à l'URSS. On discute, on se renseigne, on demande l'avis de l'Angleterre qui prêche l'apaisement et le non-engagement. La guerre doit être évitée. D'un commun accord, la France et l'Angleterre abandonnent le gouvernement de Prague et acceptent l'annexion. Mais les choix sont si fragiles qu'il suffit d'une nouvelle exigence d'Hitler pour faire basculer les esprits. Le chancelier a demandé aux Tchèques d'évacuer le territoire sudète en y laissant leurs biens. C'en est trop : la mobilisation est quasi générale. On est au bord du conflit.

Pierre Fresnay, lieutement de réserve en 1918, reçoit son ordre de mission. N'ayant pas d'uniforme, il se rend avec Yvonne aux studios de Saint-Maurice et demande au costumier celui de Boëldieu. Comme Pierre Laudenbach n'a pas le grade de capitaine,

Yvonne doit découdre le dernier galon. L'a-t-on repiqué huit jours plus tard lorsque le costume a regagné l'armoire du studio ? La mobilisation n'aura duré qu'une semaine.

A la fin du mois de septembre se tient à Munich la conférence qui réunit les quatre grandes puissances occidentales : l'Allemagne et l'Italie, la France et l'Angleterre. Daladier et le Britannique Chamberlain signent avec Hitler un pacte de non-agression. Tout danger de guerre semble écarté.

Pierre Fresnay et Yvonne Printemps sont-ils « munichois » comme la grande majorité des Français qui gardent en mémoire la « der des der » ? Le comédien n'a jamais exprimé publiquement ses opinions politiques. Il expliquera ce silence.

« Je crois qu'il faut que tout homme prenne des positions politiques très précises et non dissimulées. Mais je pense que la qualité d'acteur lui interdit d'exprimer ses positions autrement que dans son métier même. Si j'ai un texte qui n'est pas en accord avec la politique que je soutiens, j'ai parfaitement le droit de le dire (...) Mais je ne pense pas qu'un homme qui a cette possibilité de s'exprimer ait le droit de s'exprimer par d'autres voies publiques sur des problèmes politiques. Je n'admets pas les acteurs qui, sur le plan politique, font servir leur notoriété pour défendre une idée politique [1]. »

Dans les années 60, Fresnay avoue à Julien Bertheau qui crée *Le Neveu de Rameau* à ses côtés : « Je suis maurrassien et je le reste. »

Les idées que développe *L'Action française* attirent depuis une trentaine d'années bon nombre d'intellec-

1. Extrait d'une interview publiée le 1er novembre 1968 dans le premier numéro du mensuel *L'Élite européenne*. Le journal veut être le défenseur d'un régime de gouvernement national, hiérarchisé et corporatif rassemblant tous ses partisans, des royalistes maurrassiens aux « socialistes nationaux ».

tuels, solidaires de la vague nationaliste qui a porté au Palais Bourbon la chambre « Bleu Horizon ». Une véritable doctrine politique est proposée aux esprits rigoureux et aux ennemis de l'opportunisme. Dans les convictions de Maurras, Fresnay reconnaît ses propres attachements : la défense de la nation, de la profession et de la morale plus que la prédominance des classes sociales, des intérêts particuliers et du désordre des mœurs.

Tout explique ce choix : la guerre de 14-18, la fidélité à Pétain, le conservatisme socialo-bourgeois de l'entre-deux-guerres, les scandales financiers – dont l'affaire Stavisky – qui ont révélé la compromission de hauts fonctionnaires et du milieu parlementaire, l'éducation et la nature même de Fresnay. Il est un homme d'ordre, respectueux des traditions, attentif à autrui, curieux des événements de la cité dont l'impact rejaillit sur les choix de corporations professionnelles.

Le comédien récuse l'engagement politique, mais n'hésite pas à prendre des positions fermes et nettes dans son métier. L'affaire de la Comédie-Française témoigne de son sens du combat et de la justice. Dans le même esprit, Pierre Fresnay a accepté des fonctions syndicales à l'Union des artistes, créée en 1917. Le caractère corporatif du syndicalisme est essentiel aux yeux des maurrassiens.

Lorsque Pierre Fresnay tourne *La Bataille silencieuse* en 1937, un incident sur le plateau est la cause de son départ de l'Union. Le syndicat, qui vient d'adhérer à la CGT, semble imposer des règles draconiennes : parce que deux figurants n'ont pas leur carte d'affiliation, on suspend le travail de vingt personnes. Il n'en faut pas plus à Fresnay pour envoyer sa démission. « Je ne veux pas, écrit-il, même par attachement à l'Union, appartenir à un groupement syndical qui autorise, et probablement, encourage de tels procédés.

« On allègue naturellement qu'il ne s'agit là que d'une défense purement professionnelle des artistes figurants de métier contre l'intrusion d'artistes figurants improvisés. Ce raisonnement est inacceptable, car le fait d'appartenir ou non à la CGT n'établit aucunement cette distinction. (...)

« En outre, si dès maintenant les groupements secondaires de notre profession affiliés à la CGT adoptent de tels procédés, tout permet de craindre que l'Union des artistes ne soit un jour obligée d'agir de la même façon. Je ne peux m'exposer à cette éventualité [1]. »

Enfin, *L'Action française* se prononce contre la démocratie. L'élément aristocratique de la doctrine de Maurras emporte l'adhésion de Pierre Fresnay. Peu de temps avant sa mort, il donnera cette définition de l'aristocratie : « Une conception du monde est une conception de la société, une partie d'une société construite. On ne peut séparer l'aristocratie d'une conception sociale. C'est également une éthique. Ce régime a toute ma sympathie et toute mon admiration [2]. »

Ces convictions de citoyen qui définissent une famille d'esprit sont à l'origine du comportement de Pierre Fresnay et d'Yvonne Printemps pendant la Seconde Guerre mondiale. Bien qu'en deçà du tumulte, mais ennuyés à la Libération, ils resteront – elle à travers lui – fidèles aux idées qu'ils ont soutenues en privé.

En cette veille de cataclysme, ils ne sont ni proallemands, ni anti-allemands, mais munichois et maréchalistes comme 95 % des Français.

1. *Pierre Fresnay*, par Albert Dubeux.
2. *Défense de l'Occident*, décembre 1974.

Drôle de guerre

AVANT de reprendre *Trois Valses* à la Michodière en janvier 1939, le couple Fresnay-Printemps passe les fêtes de fin d'année à Lausanne. A sa nièce Christiane, âgée de sept ans, Yvonne envoie une carte de Suisse : « Mon Crilou, lui dit-elle, merci de tes bons vœux. Ta lettre est bien écrite et je suis sûre que nous serons de plus en plus fiers de toi. Porte-toi bien, sois bien sage. Je t'embrasse très fort, Von [1]. »

A l'automne 1938, un producteur de cinéma a proposé à Fresnay de réaliser son premier film. Tenté par une mise en scène pour l'écran, le comédien a donné son accord, signé un contrat et demandé un sujet à Jean Anouilh. Celui-ci a une idée et déjà un titre, *La Chatte*. Pourtant, quelques semaines plus tard, lorsque doivent commencer les séances de travail sur le scénario, Anouilh revient sur sa décision et refuse de donner son sujet.

« – Il devait se méfier de ce que j'en ferais, dira Fresnay. C'est un gars qui aime dire non. Il a le refus voluptueux. Moi, j'ai horreur de ça [2] ! »

Pierre Fresnay, ne voulant pas se dédire, soumet à la hâte le projet d'adaptation d'une pièce d'Henri Lavedan, *Le Duel*, qu'il a jouée en tournée. Le comédien, qui a interprété deux autres œuvres de Lavedan au Français, connaît l'univers de cet auteur dramatique qui fut le témoin complaisant de la société parisienne du début du siècle. La langue est dépassée, mais Fresnay imagine qu'il en restituera la vérité première. Il se trompe.

Le Duel raconte l'affrontement de deux hommes et l'histoire d'une femme tiraillée entre la raison et

1. Collection Christiane Le Boulère.
2. *Pierre Fresnay*, par Fresnay et Possot.

l'amour, la fidélité à un mort et ce qu'elle croit être le péché. Pour Thérèse (Yvonne Printemps), trois hommes comptent : son mari qui consacre sa vie à l'aviation et se tue dans un accident, l'homme dont elle est éprise et qu'elle n'ose aimer (Raymond Rouleau), le frère de celui-ci (Pierre Fresnay), un prêtre qui, au nom de la morale et de sa propre attirance inavouée pour la jeune femme, veut la maintenir dans le droit chemin de la vertu. Complétant une belle distribution, Raimu est le missionnaire sage et clairvoyant qui aide chacun à sonder son cœur et son âme.

Ce film restera la seule mise en scène cinématographique de Pierre Fresnay qui en tourne quelques scènes dans le jardin de leur nouvelle maison de Neuilly. Pour Yvonne, il est l'occasion de jouer un rôle dramatique et de chanter quelques mesures du *Largo* de Haendel. Lors d'une des visites de Thérèse au presbytère, on l'entend répondre en solo à un chœur d'enfants.

Demi-échec auprès du public, *Le Duel* vaut surtout par deux rencontres importantes dans la vie du couple Fresnay-Printemps : Henri-Georges Clouzot a cosigné le scénario du film et François Périer y interprète son dernier second rôle.

Clouzot a collaboré à de nombreuses adaptations pour le cinéma, mais *Le Duel* est son premier travail d'envergure. Il a trente-deux ans et paraît sans âge. Malgré ses yeux verts, et sans être ingrat, il ne répond pas aux critères classiques de la beauté ni du charme. Il est si différent. Les sourcils sont touffus, le regard intransigeant et assombri plus que douloureux.

Fresnay a immédiatement décelé en lui un homme de talent, de ceux qui ont quelque chose à dire et le diront en maîtrisant leur art, avec intelligence. Clouzot a montré ce qu'il sait faire : construire et conduire une action dramatique, observer et analyser un comportement et un caractère. Il impressionne et intimide. Il est difficile, autoritaire, violent. Sa nature est aussi riche que particulière, ses interrogations noires. A cette époque, il partage la vie de Suzy Delair. Le couple fréquentera quelques années l'appartement du boulevard Suchet et la maison de Neuilly, jusqu'à la rupture avec Yvonne. Le chant a rapproché les deux femmes. Mme Paravicini, qui reste pour toutes les chanteuses « le professeur d'Yvonne Printemps », est celui de Suzy Delair.

Pour le rôle du sacristain, Pierre Fresnay avait convoqué à la Michodière quelques jeunes comédiens, dont plusieurs se sont fait connaître sur les écrans.

– Quel envahissement du cinéma sur le théâtre ! leur a-t-il dit. Vous venez pour un film et vous vous retrouvez sur une scène : presque un crime de lèse-majesté, n'est-ce pas ? Lequel d'entre vous est François Périer ?

Un jeune homme s'est avancé. Il a vingt ans et vient de remporter un beau succès dans *Les Jours heureux* de Claude-André Puget. Fresnay n'a pas vu le spectacle ; mais peut-être son auteur, dont il a lui-même créé deux pièces au théâtre Michel (*La Ligne de cœur* en 1931 et *Valentin le désossé* en 1932), lui a-t-il vanté les mérites du comédien.

François Périer a l'allure décontractée d'un adolescent bien dans sa peau. Il en a la mèche rebelle, l'exubérance et la drôlerie. Dans les milieux de théâtre, il est devenu un sujet de conversation : on parle de son naturel sur scène, de sa voix qui porte bien et qu'on identifie facilement, de son profil décidé et des grains de beauté de son visage qui sont un charme supplémentaire. Il y a deux ans, il n'était qu'une doublure et le voici qui dîne à la table de Bernstein ou d'Achard, sans que cette notoriété récente lui monte à la tête. Fresnay l'engage, séduit par son jeu économe qui fait la race des grands comédiens. Aucun des deux ne peut deviner qu'ils travailleront côte à côte, dans ce même théâtre de la Michodière, de 1950 à 1966.

Dès la première rencontre avec Yvonne s'installe entre elle et Périer un climat de confiance qui devient une connivence affectueuse. Elle aime la gaieté de François, sa fantaisie, sa bonne humeur et sa jeunesse. Sur le plateau du tournage, elle lui a présenté Sisi et Pati, deux petites chiennes qu'elle vient de recueillir. En adoptant deux chiots, elle se sent moins infidèle à Pépée, sa petite compagne fox, morte quatre ans auparavant. Yvonne fait partie de ces gens qui veulent se convaincre que l'amour se divise quand il devrait se multiplier.

– Ce sont de vrais chiens de concierge ! dit-elle.

Yvonne a doublement raison : Sisi et Pati ne sont pas seulement des fox à poil lisse au pedigree douteux, mais leur mère porte chaque jour le courrier aux locataires de l'immeuble où habite Mme Paravicini, derrière le théâtre des Nouveautés.

En mars 1939, Yvonne continue de chanter « La Saison d'amour » sur la scène de la Michodière. Les troupes allemandes ont envahi Prague et Hitler exprime des revendications sur le « corridor » polonais qui constitue une enclave étrangère en Allemagne. « Faut-il mourir pour Dantzig ? » interroge Marcel Déat dans *L'Œuvre*. A peine la France et la Grande-Bretagne ont-elles entamé des négociations avec l'URSS que les gouvernements apprennent les données du pacte germano-soviétique de non-agression. Va-t-on à nouveau faire l'autruche devant l'expansion du Troisième Reich ?

Comme Hitler l'avait annoncé, son armée a franchi la frontière polonaise. Deux jours plus tard, le 3 septembre 1939, la France et l'Angleterre déclarent la guerre à l'Allemagne. La mobilisation est générale, mais l'hiver 1939-1940 voit se dérouler une drôle de guerre qui veut croire à la paix.

L'uniforme de Boëldieu a disparu de l'armoire du

costumier de Saint-Maurice. Pierre Fresnay a dû rejoindre son unité en civil, dans le plus grand secret.

– Je me moque des ordres! vocifère Yvonne au ministère de la Guerre. Dites-moi où il est!

Le capitaine Laudenbach se trouve près d'Avignon, vêtu d'une simple capote sur laquelle on a cousu trois galons. Quarante-huit heures après son arrivée, on le prévient qu'un chauffeur de maître l'attend à l'entrée de la caserne. Yvonne lui fait la surprise de débarquer en Avignon avec chauffeur, femme de chambre, malles, mallettes et couffins pour les petites chiennes.

Dans cette guerre sans combat ni combattants à laquelle Yvonne ne comprend rien (à Paris, elle avait sorti ses voiles noirs en apprenant la mobilisation de Fresnay), le colonel de la caserne donne volontiers une permission de quelques jours au capitaine Laudenbach. Au terme de cette heureuse parenthèse, Pierre doit gagner une autre garnison vers le nord, à vitesse d'escargot. Les adieux sont pathétiques et lacrymogènes : inquiétude véritable ou surenchère exhibitionniste ? Yvonne a surtout le réflexe de transformer tout événement qui s'y prête en aiguillon de l'amour. Toujours elle veut surprendre. Au-delà du jeu, pourtant, elle ne supporte pas les séparations qui lui sont imposées. Ni elle-même ni Fresnay ne semblent exister l'un sans l'autre.

Omniprésente, elle l'a suivi. En gare de Valence, la voici, mouchoir à la main ; à Lyon, elle a laissé un message qu'une infirmière a promis de transmettre au capitaine ; à Montereau, elle est sur le pont. Mais à Paris, on refuse de lui dire quelle est la nouvelle destination de l'unité de Pierre. Yvonne fait-elle un esclandre au ministère ? « J'ordonne ou je me tais », a-t-elle l'habitude de dire dans le double rôle du lion et du dompteur.

Metz sera sa prochaine étape. A une époque où il faut cent autorisations pour franchir cent barrages sur les routes du nord-est, Yvonne quitte Paris pour la tourmente. Quelques heures plus tard, le préfet de la Moselle téléphone à la caserne et demande le capitaine Laudenbach :

– Savez-vous qui j'ai l'honneur d'abriter sous mon toit et sur un lit de camp ?

Le 31 décembre 1939, Fresnay offre à Yvonne un agenda en métal doré dont l'émail polychrome représente un motif d'oiseaux. A la page du 1er janvier, il a tracé de son écriture régulière, légèrement gothique et désarticulée : « Je t'aime, je t'aime. »

En janvier 1940, lors d'une permission du capitaine, le couple décide de partir pour Trouville. Les moyens de transport de la région sont bientôt paralysés. Pierre Fresnay se met en quête d'une ligne téléphonique pour prévenir son unité qu'il ne pourra la rejoindre à temps. On avait annoncé que Paris serait bombardé et un haut fonctionnaire de la SNCF avait été chargé d'organiser, pour la Normandie, le repli de cinq mille cheminots et divers matériels. Ce dernier loge à Trouville, à l'hôtel Chatham, avec sa famille. Il dispose certainement d'une ligne.

– Monsieur Jardin ? interroge Fresnay. Capitaine Laudenbach... J'ai besoin de téléphoner d'urgence à Paris. Le patron de mon hôtel m'a dit que vous étiez des chemins de fer et que vous aviez sûrement une ligne à votre disposition. Vous savez comme il est difficile de joindre Paris.

Jean Jardin offre son téléphone au capitaine de Boëldieu. Les deux hommes conversent et sympathisent. Le couple Fresnay-Printemps passe huit jours en compagnie de Jean et Simone Jardin et de leurs enfants : Simon et Pascal qui ont respectivement huit et six ans.

– Vous avez une rudement jolie femme ! dit le petit Pascal à Pierre Fresnay.

Dans *La Guerre à neuf ans*, Pascal Jardin s'est souvenu : « Elle était belle comme on peut l'être, avec un corps d'éphèbe, une taille élancée, une cascade de cheveux d'or, un esprit pointu, un nez retroussé d'une drôlerie extrême et puis sa voix avec des inflexions incomparables, comme des sourires. »

Le portrait est fidèle, excepté pour le nez d'Yvonne qui ne sera jamais, à son grand regret, « retroussé ». Malgré l'opération subie au début des années Guitry, la petite Printemps a gardé cet appendice impérieux, long et large qui la rend si peu commune, mais qu'elle trouve disgracieux. En 1948, elle décidera d'une nouvelle intervention dont le résultat est plus satisfaisant. De toute façon, Yvonne triche depuis longtemps. Tout dans son visage, les yeux, la bouche et jusqu'au port de tête dessinent un mouvement vers le haut comme pour cacher ce nez plongeant.

Pierre et Yvonne sont impressionnés et séduits par Jean Jardin. Il n'est ni grand ni beau, mais brillant et d'une élégance soignée, secret et élitiste, ambigu et habile, discret et efficace. Il a le goût de l'action et du pouvoir, mais déteste le risque mal calculé. L'homme de pensée est aussi un homme de plume. Dans l'ombre et le silence, il incarne la mesure et la ténacité. Défenseur d'un socialisme national, il appartient à cette génération d'anti-bolchevistes et de pacifistes convaincus. L'Allemagne serait-elle la seule puissance à pouvoir préserver le vieux continent du danger soviétique ? L'avenir de l'Europe tiendrait-il à cette collaboration franco-allemande ?

En mai 1942, Jean Jardin sera nommé directeur du cabinet de Pierre Laval. Deux mois plus tôt, on inaugure à Paris une exposition intitulée : « Le bolchevisme contre l'Europe. »

Une maison pour deux

« CHÈRE petite Von, écrit Albert Willemetz le 15 mai 1940. Nous voici en Belgique jusqu'à dimanche, un peu angoissés, vous le comprenez, par les nouvelles assez graves qui nous parviennent ici. Si le ciel est bleu, l'horizon politique nous semble assez noir. Je vous ai trouvée en pleine forme l'autre soir. Et j'ai été ravi de vous voir décidée à vous mettre sur *le chant* au travail. J'espère que, dès mon retour, Pierre Fresnay voudra bien me donner la liste des airs qui *sans fatigue* pour vous peuvent être intégrés dans le pot-pourri. Je vous embrasse bien tendrement, Tino [1]. »

Au printemps 1940, les événements se précipitent : le peuple français est en état de choc. En mars, Daladier, usé par la drôle de guerre, a démissionné de la présidence du Conseil et est remplacé par Paul Reynaud. Le 10 mai, les Allemands attaquent à l'ouest, Dunkerque est écrasé sous les bombes. En quelques semaines, le pays prend conscience de sa défaite. Tandis que les civils refluent vers le sud en un exode tragique, entassant biens et vivres, matelas et bidons d'essence dans des camions ou sur des charrettes de fortune, la menace gagne Paris. Par sécurité, Pierre Fresnay décide d'envoyer Yvonne près de Tours, chez la comédienne Betty Daussmond. Le 28 mai, Von écrit à sa mère qui vit désormais à Domont, près de Lucien et Francia :

« Ma petite mère chérie, comment vas-tu ? J'étais bien désolée de partir sans pouvoir te téléphoner. Je t'ai envoyé cinq mille francs parce que je ne sais pas quand je rentrerai et ce doit être difficile d'envoyer de l'argent. Je suis chez Betty Daussmond. Sa maison est presque la même que la tienne. C'est tout petit, tout petit. Si tu

1. Collection Christiane Le Boulère.

voyais ma chambre, tu rirais. J'ai un beau pot à eau avec une belle cuvette. Il faut aller chercher de l'eau au puits. Georgette *(la femme de chambre d'Yvonne ?)* trouve ça heureusement très amusant. On se lave le matin la figure et le soir les pieds.

« Pierre était malade de me savoir à Paris. Il pensait que je voyais tous les réfugiés. J'avais beau lui dire non, il ne me croyait pas. Enfin, il m'a suppliée d'aller chez Betty. Et j'y suis allée.

« Ma petite mère chérie, fais-moi écrire un petit mot par Cinette. Elle est si adorable. Je suis sûre qu'elle le fera. Embrasse-la très fort pour moi. Je t'embrasse de tout mon cœur, Von [1]. »

Le 14 juin, les Allemands sont entrés dans Paris avant l'aube. Quelques heures plus tard, l'étendard à croix gammée flotte en haut de l'Arc de Triomphe, le gouvernement a quitté la capitale il y a quatre jours et, dans la débâcle, dans la France envahie, les hommes connaissent la peur ; beaucoup ont perdu l'espoir et réclament la paix.

Tous les regards se tournent vers un maréchal au prestige immense. Le vainqueur de Verdun est le seul qui puisse sauver le pays une deuxième fois. Pétain est le dernier survivant des généraux de la der des der et le plus républicain des chefs de 14-18. Le peuple l'acclame et veut en faire son guide vers la paix.

Le 16 juin, le Maréchal devient président du Conseil. Deux jours plus tard, l'appel d'un général sur les ondes de la BBC passe quasiment inaperçu. Le 10 juillet, à Vichy où s'est installé le gouvernement, l'Assemblée nationale accorde les pleins pouvoirs à Philippe Pétain qui devient le chef de l'État français. Le peuple voulait la paix à n'importe quel prix : l'armistice a été signé à Rethondes dans le wagon de Foch. On

1. Collection Christiane Le Boulère.

a cédé sur tout, mais la guerre est terminée. En sauvant les hommes, on a aussi, croit-on, sauvegardé les libertés.

A Paris, la vie reprend et on s'habitue à la nouvelle physionomie d'un pays colonisé : poteaux indicateurs et menus de restaurant sont rédigés en langue allemande; les corps de troupe du Reich défilent dans les avenues; les grands hôtels, le Sénat et la Chambre des députés ont été réquisitionnés; et les commerçants vont bientôt devoir accepter la monnaie allemande.

Depuis le mois d'août, il faut une autorisation pour circuler en voiture. Le couvre-feu a été fixé à minuit et comme le dernier métro est à vingt-trois heures, on a avancé à dix-neuf heures le lever de rideau des représentations.

Le théâtre de la Madeleine a rouvert ses portes le 31 juillet, le cinéma le Pigalle le 15 juin. La Michodière a annoncé pour le 30 novembre la création d'une pièce de Jean Anouilh, *Léocadia*, avec Yvonne Printemps et Pierre Fresnay, Marguerite Deval et Victor Boucher.

Léocadia ne pouvait rencontrer aucune opposition de la censure. Ravissante fable sur les mirages de l'amour, cette pièce intimiste est aussi, dans le contexte de la défaite, un spectacle d'évasion. Yvonne n'a plus l'âge de l'héroïne (quarante-six ans contre vingt), mais elle donne au personnage sa spontanéité et sa grâce. Elle est Amanda, une jeune modiste entraînée par une duchesse qui veut sauver son neveu Albert (Pierre Fresnay) d'un état mélancolique. Amanda est le sosie de Léocadia, la femme jadis aimée et disparue. Dans le monde artificiel de fantômes en chair et en os reconstitué par la duchesse, Amanda intriguée accepte de jouer le jeu de l'illusion et reprend la jolie valse lente de *Léocadia :* « Le Chemin de l'amour » (texte d'Anouilh et musique de Francis Poulenc).

« Hélas! des jours de bonheur
Radieux de joies envolées,
Je vais sans trouver
Trace dans mon cœur.

Chemin de mon amour,
Je vous cherche toujours
Chemin perdu,
Vous n'êtes plus,
Et vos échos sont sourds... »

Amanda a fini par découvrir la vérité : Léocadia n'a jamais aimé Albert et celui-ci n'a le souvenir que de ce qui aurait pu être.

Le soir de la première, lorsque la duchesse dit à Amanda : « Vous avez vingt ans, vous êtes vivante et amoureuse. Vous êtes plus forte que tout le monde ce matin », la salle applaudit M. Anouilh qui écrit si simplement les paroles les plus sensibles, et Mlle Printemps qui les dit et les chante avec charme.

Au printemps 1941, le couple Fresnay-Printemps s'installe dans la villa de Neuilly qu'ils ont fait construire au 8 *bis*, rue Saint-James. Cette maison choisie par eux et pour eux est une maison pour deux, dans un grand jardin, au milieu des arbres. Une grille pleine ferme le terrain sur l'extérieur. On entre par une petite porte qui, selon la volonté d'Yvonne, ne laisse passer qu'un seul ami à la fois.

Ce sont toujours les mêmes qui fréquenteront Neuilly : les Willemetz, les Truchot, Marguerite Deval et Pierre Larquey, les Jardin, les Thiroloix et les Barreyre. Paul Thiroloix, le fils de Jules qui a soigné Lucien Guitry, est le médecin d'Yvonne et de Pierre. Aimé et respecté de tous, l'homme est un exemple d'humanisme, conciliant son activité de praticien et son goût pour les arts, la peinture en particulier. Son épouse que la famille et les proches appellent « Mimaleine » est musicienne. Dès 1942 et surtout en 1943, le couple organise, dans son appartement de l'avenue d'Iéna, des soirées musicales au bénéfice des prisonniers. Pierre Fresnay y participe régulièrement en disant textes ou poèmes.

Jean Barreyre enfin est, avec Tino, l'un des plus vieux amis d'Yvonne. Ils se sont connus aux Folies-Bergère avant même que la petite Printemps ne rencontre Sacha. Il était déjà drôle et noctambule. Lorsqu'elle devient Mme Guitry, Jean, qu'elle a baptisé « Toto » et qui écrit désormais la chronique théâtrale de *Candide*, prend l'habitude de venir déjeuner une fois par semaine rue Alphonse-de-Neuville, puis avenue Élisée-Reclus.

Yvonne a pour lui une immense affection. Il est l'un des journalistes les plus talentueux de l'entre-deux-guerres, sans doute le plus loufoque, peut-être le plus serviable, certainement l'un des plus paresseux. Il aime être à contre-courant. Parti faire un long reportage en Grande-Bretagne pour découvrir où étaient implantées les fabriques de sauces anglaises, il est revenu bredouille. Au printemps 1940, il est le seul journaliste à avoir fait l'exode à l'envers...

Il y a quelque temps, Jean Barreyre a rencontré Louise qui deviendra sa femme. Pour Yvonne, elle est déjà « Totote ».

La villa de Neuilly est bâtie en pierre de tuffeau et dessine au sol un « L ». Le toit d'ardoises est percé de lucarnes, une allée mène au perron. La première pièce est un grand hall dont le carrelage est un damier de marbre noir et blanc. Pour que l'accueil y soit chaleureux, Yvonne a souhaité qu'on aménage une cheminée. L'autre élément important de cette entrée est un magnifique escalier qui mène au bureau de Pierre Fresnay.

Yvonne n'a pas voulu de salle à manger. A droite de

l'entrée, une porte discrète donne dans la cuisine où l'on dîne souvent d'un morceau de fromage ou d'une omelette qu'Yvonne prépare elle-même. La chambre de l'employée de maison est contiguë à l'office. De l'autre côté du hall, les portes-fenêtres d'un double salon et d'une chambre à coucher tendue de satin blanc s'ouvrent sur une terrasse dallée, face au jardin. Dans le prolongement de la chambre, boudoir, lingerie et salle de bains sont distribués en enfilade.

La maison est le domaine du couple, mais les pièces du rez-de-chaussée sont les appartements d'Yvonne. Fresnay est chez lui au premier étage, dans un bureau sous les combles où Yvonne ne monte jamais et que dessert le monumental escalier. Lorsqu'il reçoit un étranger, elle se contente de le harceler de coups de fil sur la ligne intérieure.

A la Michodière comme à Neuilly, ils ont respecté les proportions de leur espace respectif. Dans l'étroit couloir bas de plafond du théâtre, deux loges se suivent qui n'ont de commun qu'une porte identique. La première rappelle le Petit Trianon ; la seconde, la Trappe.

La double loge constituée d'un salon et d'un vestiaire est revenue d'office à Yvonne Printemps. On y remarque une coiffeuse, une table ronde plutôt basse des années 30, deux fauteuils et un divan recouvert d'une fourrure. Sur les surfaces planes, elle a disposé des boîtes, les unes vides, les autres remplies de poudre de riz, des flacons d'*Heure Bleue,* des jouets pour Sisi et Pati.

La loge de Pierre Fresnay est une espèce de couloir qui ressemble à une cellule. Au fond, un lavabo ; le long du mur, une chaise de paille, une table en bois et à peine une penderie. A Neuilly, le bureau est moins monacal. Des livres par centaines couvrent les boiseries. Sur un côté se trouve un divan d'appoint ; sur le bureau s'entassent des manuscrits et des papiers.

Dans les placards, Fresnay a rangé avec soin, classé et annoté les « Archives Printemps » : des photos d'Yvonne enfant avec Palmyre, son frère Léon, sa belle-sœur Louise et son neveu Gaby, Yvonne adolescente à la Cigale et aux Folies-Bergère, Yvonne dans sa loge et dans les coulisses, Yvonne en marin, Yvonne à Londres, avec ses chiennes, blonde ou châtain, espiègle ou sage, triste ou insolente.

Peu à peu, le couple aménage le rez-de-chaussée de leur maison : boiseries aux murs, tapis d'Orient sur les sols de marbre et, parmi le mobilier, un piano Gaveau quart de queue, un salon Louis XV d'époque recouvert de tapisseries d'Aubusson, un lit de repos, un guéridon, un semainier de la fin du XVIIIe siècle, une commode Régence, une sculpture du XIXe, Vénus sortant du bain. Au-dessus du canapé est accroché le portrait d'Yvonne par l'ami Vuillard qui vient de mourir.

États de guerre

En octobre 1940, le Maréchal et le chancelier se sont serré la main dans la petite gare de Montoire. En zone occupée, le pays s'installe dans la défaite et entre dans la voie inéluctable de la collaboration avec la puissance occupante. Bien qu'une nouvelle capitale existe en zone libre, Paris reste la cité des lettres et des arts : ce n'est pas à Vichy mais sur les Champs-Élysées qu'Otto Abetz, ambassadeur d'Allemagne auprès du Commandement militaire de Paris depuis le 3 août 1940, installe ses services.

Le ministre de la propagande Goebbels ne pouvait trouver une personnalité mieux adaptée pour soutenir son vaste complexe de mise en condition idéologique. Ancien professeur de dessin, francophone et homme de culture, Abetz a épousé en 1932 la secrétaire de Jean Luchaire, fondateur de la revue européenne *Notre Temps*. En 1937, il adhère au parti nazi et continue d'entretenir des liens privilégiés avec la société germano-française et les membres du Comité France-Allemagne. A la tête de la Propagandastaffel, cet homme dont on reconnaît la finesse d'esprit est chargé de rallier les grands noms du pays au statu quo, c'est-à-dire de convaincre les artistes et les intellectuels d'accepter la défaite. Sans résistance, la lutte devient inutile.

Les théâtres parisiens ont reçu l'ordre de réserver vingt places chaque soir à la Propagandastaffel. Il est peu probable que le couple Fresnay-Printemps s'y soit opposé, mais un soir où la salle est comble (ce qui est monnaie courante pendant l'Occupation car le théâtre reste un lieu où les Parisiens se retrouvent au chaud et entre eux), on entend Mme Printemps hausser le ton au téléphone : « Qu'il s'appelle Abetz ou autre chose, ça ne change rien : ce soir, il n'y a plus de place ! »

Pourtant, ils ne peuvent échapper à un système où tout est soumis à autorisation ; mais ni l'un ni l'autre ne fréquentent les cercles allemands qui organisent la vie mondaine de l'Occupation. Il semble qu'ils n'aient jamais croisé Abetz, ni eu aucune raison de rencontrer le Dr Eptig de l'Institut allemand, l'écrivain Ernst Jünger ou Arno Breker, sculpteur et ami du Führer dont les œuvres sont exposées à l'Orangerie en 1942.

Peut-on imaginer que Jean Jardin, bientôt en poste auprès du Maréchal, ait aidé Yvonne Printemps et Pierre Fresnay pour quelque démarche ? L'éventualité est plausible mais sans certitude. Deux faits sont en revanche indéniables : le couple continue de jouer et de tourner (Yvonne enregistre même quelques chansons en 1941), et à deux reprises, en 1942 et 1943, séjourne à Charmeil, près de Vichy où s'est installée la famille

Jardin [1]. Pendant cette période difficile, troublée et ambiguë, ils font partie, comme d'autres, des privilégiés.

Depuis le printemps 1940, la production cinématographique française est quasiment arrêtée, les studios et salles sont fermés, les moyens financiers dérisoires pour faire redémarrer le septième art. A l'automne, la Propagandastaffel encourage la création d'une société cinématographique française du nom de Continental films, indépendante de Vichy, dont les capitaux allemands vont permettre de maintenir à un excellent niveau la création en zone occupée. Le rôle de la Continental est d'alimenter les caisses du Troisième Reich, d'en propager a priori les idées et de convoiter les meilleurs techniciens. Cette société ne produira qu'une faible part des films français réalisés sous l'Occupation ; mais dans des registres différents, quelques-uns des meilleurs font son palmarès : *Les Inconnus dans la maison* et *Premier rendez-vous* de Henri Decoin, *L'Assassin habite au 21* et *Le Corbeau* de Henri-Georges Clouzot.

A la tête de la Continental est nommé un directeur-gérant, Alfred Greven, qui fut l'un des responsables de la UFA de Berlin. L'homme au léger boitillement est grand et blond, élégant, autoritaire et cassant, grand amateur de cinéma, aussi intelligent qu'énigmatique [2]. Son rôle est de convaincre les professionnels de travailler pour la Continental. Il y parvient assez vite puisque la société de production annonce, dès le 1er novembre 1940, l'engagement de cinq metteurs en scène qui sont Maurice Tourneur, Christian-Jaque, Marcel Carné, Georges Lacombe et Léo Joannon, ainsi que deux

1. En 1953, lorsque paraît *L'Impromptu de Neuilly*, ouvrage consacré à Yvonne Printemps, le passé de l'État français est encore récent. Dans son témoignage, Jean Jardin donne les dates des visites du couple ami, sans mentionner le lieu exact du séjour.

2. *La France de Pétain et son cinéma*, par Jacques Siclier.

comédiens : Pierre Fresnay et Louis Jouvet [1]. Celui-ci quitte la France quelques mois plus tard, en juin 1941, pour une tournée en Amérique latine qui se prolongera au-delà de la Libération.

Fallait-il accepter de jouer pour la Continental ? Fresnay expliquera qu'il ne s'agissait pas de faire un choix, mais de subir un chantage : « Les Allemands nous ont fait savoir par les comités d'organisation français que, si les acteurs français n'acceptaient pas de consacrer une partie de leurs activités au tournage des films qui leur seraient proposés par eux, aucune distribution de pellicule ne serait consentie aux producteurs français... [2] »

En février 1941, Pierre Fresnay reprend le chemin des studios du Point du jour qu'occupe à Boulogne la Continental. Le premier des neuf films que le comédien tourne pendant l'Occupation est *Le Dernier des six* de Georges Lacombe, d'après le roman de Stanislas A. Steeman. Trois autres longs métrages, dont Fresnay est l'un des interprètes, seront produits par la Continental : *La Main du Diable* de Maurice Tourneur, *L'Assassin habite au 21* et *Le Corbeau* de Clouzot. Le seul film tourné avec Yvonne Printemps – *Je suis avec toi,* de Henri Decoin – est une production Pathé Cinéma CICC.

L'adaptateur du roman policier de Steeman est aussi Clouzot. Georges Lacombe sait qu'il doit au jeune dialoguiste le succès de son film et la popularité du couple surprenant que forment le commissaire Wens (Pierre Fresnay) et la délicieuse Mila Milou, personnage excentrique que Clouzot a créé, en contrepoint du policier rigoriste, pour Suzy Delair. Ce n'est pourtant pas

1. *Le Cinéma français 1940-1946*, Rupture et Génération, par Jean-Pierre Bertin-Maghit (thèse de doctorat d'État 1987, université de Nice – UER Lettres et Sciences Humaines).

2. *Pierre Fresnay,* par Fresnay et Possot.

l'adaptateur qui impose sa compagne, mais Alfred Greven qui a choisi la jeune chanteuse parmi d'autres comédiennes.

Le Dernier des six et *Les Inconnus dans la maison,* d'après le roman de Georges Simenon, dont Clouzot a écrit l'adaptation (Pierre Fresnay n'y interprète aucun rôle, mais dit le commentaire), tracent une voie royale au jeune cinéaste. De manière étrange, la période de l'Occupation est une chance dans la carrière de Clouzot dont l'univers est celui des forces du mal.

Alfred Greven, qui l'a rencontré à Berlin avant la guerre, a flairé son talent. Lorsque l'homme de la Continental offre à Clouzot de prendre les rênes de la production de la société de cinéma, c'est-à-dire choisir les sujets, ce dernier demande à Fresnay son avis. La réponse est immédiate : quand on a trente ans, on ne refuse pas un pareil instrument de travail. « C'est lui qui m'a le plus aidé », dira Clouzot à propos de Fresnay dans moins de dix ans [1].

Greven, qui semble se moquer de la propagande du Reich et joue la carte de la qualité française, garantit au cinéaste une liberté d'expression qu'on lui fera payer en 1945.

Les contacts se sont multipliés entre Clouzot et le couple Fresnay-Printemps qui crée une pièce de lui à l'Athénée, le 8 mai 1941. A la Michodière, Annie Ducaux et Jean Galland jouent *Hyménée* d'Édouard Bourdet qui tient l'affiche pendant plus de sept cents représentations.

– Puisque c'est une comédie en trois actes, appelez-la *Comédie en trois actes*, a conseillé Fresnay.

Marguerite Deval, Jean Salou et un jeune comédien de moins de vingt ans, Jacques François, font partie de la distribution. Mais le divertissement intimiste mettant

1. *François Chalais présente Henri-Georges Clouzot*, éditions Jacques Vautrain, 1950.

en scène une famille ne connaît de succès ni au printemps 1941, ni à l'automne 1942, lorsque Fresnay, pour faire plaisir à Clouzot, reprend la pièce à la Michodière. Pour Yvonne, *Comédie en trois actes* aura été l'occasion de créer « Je chante la nuit » de Maurice Yvain.

Pour Pathé Cinéma, Fresnay tourne en 1941 *Le Briseur de chaînes* d'après *Mamouret*, une pièce de Jean Sarment. De ce film qui raconte les amours de jeunesse d'une centenaire, il est resté un charmant surnom pour Yvonne, « Mouret » qui, au contraire de « Von », ne sera jamais employé que par Fresnay.

En janvier 1942, il tourne *Le Journal tombe à cinq heures* de Georges Lacombe et en mai, *L'Assassin habite au 21*, première réalisation à part entière de Clouzot, d'après un roman de Steeman. Le personnage principal en est à nouveau le commissaire Wens, secondé par l'impétueuse et désirable Mila Milou. Le cadre de l'enquête est l'inoubliable pension des Mimosas, au 21 de l'avenue Junot, où la police a retrouvé des cartes de visite au nom de M. Durand, semblables à celles que le meurtrier laisse sur le corps de ses victimes. Jean Tissier en fakir, Pierre Larquey en artisan de jouets mécaniques et Noël Roquevert en médecin militaire sont les pensionnaires assassins dont Clouzot se sert pour créer l'atmosphère lourde et malsaine, griffe de ses films.

De Fresnay, il apprend la rigueur des bonnes constructions dramatiques, la nécessité de donner une signification au moindre mouvement de la caméra et l'aptitude à servir un scénario plutôt que de s'en servir. Le comédien apprécie l'acharnement de Clouzot, sa précision (il n'hésite jamais dans le choix de l'angle d'une prise de vues), ses astuces, son tempérament de créateur, son intransigeance.

A la fin de l'année 1942, le gouvernement de Vichy

promulgue une loi qui institue dans chaque profession un syndicat unique, obligatoire et apolitique. Pierre Fresnay est favorable à l'établissement de cet instrument corporatif qui veut défendre les intérêts des comédiens. Le 17 avril 1943 sont nommés par décret les trente-huit membres d'une commission qui deviendra le Comité social national du spectacle. Le président du bureau est Léo Joannon. Parmi les professionnels figurent Pierre Fresnay, Jean-Louis Barrault et Pierre Renoir. Le 30 juillet suivant, une séance plénière définit deux sous-commissions dont la seconde, que préside Fresnay, a la charge d'étudier les travaux juridiques et administratifs de la famille du spectacle [1].

En 1942 et 1943, Yvonne Printemps et Pierre Fresnay rendent visite à Jean et Simone Jardin dans leur maison de Charmeil. Depuis le retour au gouvernement de Pierre Laval, Jardin est son directeur de cabinet. Par fidélité ou admiration pour le Maréchal, Yvonne accepte de chanter *Mozart* au casino de Vichy [2]. A Charmeil, dans une maison qui devient un lieu discret de rencontres politiques, où se croisent des artistes et d'anciens fonctionnaires d'État, des écrivains juifs ou munichois, Mlle Printemps chante jusqu'à l'aube le *Pot-pourri d'Alain Gerbault* et les airs de *Trois Valses*, crée du bonheur et amuse les convives en faisant le grand écart sur le tapis vert.

Quelles furent les conversations de Fresnay et de Jardin ? Tous deux sont antiallemands, pétainistes et défenseurs de cette résistance de droite qui affirme limiter les concessions et préserver les droits des Français dans des relations d'État à État avec l'Allemagne. Mais des prisonniers français sont les otages du Führer, le port de l'étoile jaune est obligatoire depuis mai 1942, et

1. *Le Cinéma français 1940-1946*, par Jean-Pierre Bertin-Maghit.

2. Témoignage de Mme Simone Jardin.

en novembre, l'Allemagne envahit la zone sud. Que signifie désormais Vichy ?

L'opinion publique va peu à peu connaître un revirement sans que soit remis en cause l'attachement au Maréchal. L'offensive britannique sur El Alamein, la victoire d'une armada anglo-américaine sur les ports du Maroc et d'Algérie, l'arrivée des alliés à Tunis et la capitulation des Allemands devant Stalingrad font basculer les esprits : serait-il possible de sortir vainqueurs du conflit ?

« Mon rêve s'achève »

Le 15 décembre 1942, Yvonne Printemps et Pierre Fresnay créent à la Michodière, avec Marguerite Deval et Pierre Larquey, une pièce touchante et grave d'Édouard Bourdet, *Père*, qu'ils vont jouer dans des conditions de plus en plus difficiles jusqu'au 26 mars 1944. La comédie, plus amère que douce, raconte l'histoire de deux jeunes gens, Sylvia et Alain, épris l'un de l'autre, mais redoutant d'avoir le même père. Aucun n'est l'enfant de l'écrivain célèbre, aujourd'hui disparu, membre de l'Institut et prix Nobel, dont la seule progéniture – ironie du sort – est Amédée, le fils de la cuisinière. Jeune femme moqueuse et sûre d'elle, Sylvia ignore la vérité, aveuglée par la mémoire d'un homme qui ne mérite pas tant d'admiration, et cruelle avec le second mari de sa mère qui est en réalité son vrai père.

Lorsqu'une dispute éclate au théâtre entre Yvonne et Pierre, elle rentre seule à Neuilly, après le spectacle, au volant de leur voiture à gazogène. Le dernier métro est passé. Plusieurs fois pris au piège, Fresnay s'est procuré une bicyclette qu'il enfourche les jours de colère. Il croit avoir tout prévu; mais un soir, non contente de quitter le théâtre en célibataire, Yvonne charge le vélo dans le coffre du véhicule, condamnant Fresnay à un retour à pied rue Saint-James.

En public, elle est tout aussi intraitable. A l'occasion d'un dîner qui réunit une dizaine de personnes chez la mère et le beau-père du jeune Jacques François, Yvonne demande à Fresnay de se mettre debout et prend les convives à témoin : « Regardez-le : il mesure un mètre douze, il a des mains d'étrangleur et il veut jouer don Juan ! »

En mars 1943, Pierre Fresnay tourne *L'Escalier sans fin* de Georges Lacombe, un sujet sur fond de bienfaisance, avec Madeleine Renaud et Héléna Manson. Les prises de vues ont lieu après le spectacle, de vingt-trois heures à sept heures du matin, car les studios sont privés d'électricité dans la journée. Deux mois plus tard, Fresnay retrouve Héléna Manson sur le tournage du *Corbeau*, aux studios de Billancourt et à Montfort-l'Amaury.

Le scénario de Louis Chavance s'inspire d'un fait divers de l'entre-deux-guerres dont Tulle fut le théâtre. Dans une petite ville de province, Saint-Robin dans le film, déferle une vague de lettres anonymes signées « Le Corbeau ». Le climat de suspicion que Clouzot pousse à son paroxysme finit par rendre impossible, dans la fiction, toute vie privée et professionnelle.

Satire sociale sans pitié et drame d'atmosphère sans espoir, *Le Corbeau* est l'un des meilleurs films du cinéaste qui excelle dans l'analyse et la peinture d'une vie étouffante, d'un enfermement progressif et irrémédiable des personnages dont il traduit la noirceur par une disgrâce physique. Les scènes de la dictée dans l'école, de l'enterrement du cancéreux, et de la poursuite de l'infirmière soupçonnée, dans les rues de Saint-Robin, sont des extraits d'anthologie. Clouzot a su tirer le pire et le meilleur de ses comédiens : Ginette Leclerc est claudicante et sensuelle, Héléna Manson marginale et satanique, Pierre Larquey coupable dans l'ombre et innocent dans la lumière, Pierre Fresnay victime énigmatique.

Mais à quel prix cette réussite ? Le tournage est pénible. Clouzot agresse et tyrannise, viole les pudeurs pour créer l'embarras et le malaise qui exacerbent les rapports humains.

« J'appréciais ses dons parce qu'ils étaient contraires aux miens, explique Fresnay. (...) Je sentais le côté de Clouzot qui m'attachait à lui et qui me gênait dans ma morale professionnelle personnelle. Je sentais bien qu'il me faisait faire des choses que je pouvais faire, mais je n'avais pas de plaisir à les faire [1]. »

Sans doute Yvonne a-t-elle pris parti, se révoltant contre cette relation autoritaire. Il n'est pas dans ses habitudes de se taire. « Il y eut une rupture brutale avec Yvonne Printemps, bêtement, ajoute Fresnay. Clouzot n'a pas supporté sa franchise drôle alors qu'il acceptait très bien son propre caractère mordant à lui, qui n'était pas dans la drôlerie mais dans la dureté [2]. »

A l'été 1943, Pierre Fresnay change de climat en tournant avec Yvonne une comédie de Henri Decoin, malheureusement moins réussie que *Premier Rendez-vous* avec Danielle Darrieux. *Je suis avec toi* est une fantaisie musicale mettant en scène un couple qui se sépare pour la première fois après dix ans de mariage : Elizabeth doit partir pour les États-Unis toucher l'héritage d'un oncle d'Amérique. Tandis qu'elle embarque à bord du transatlantique *Ile-de-France*, François fait « chagrin à part » et s'installe avec son ami Robert (Bernard Blier) à l'hôtel Régence aux Champs-Élysées. Mais Elizabeth, qui a décidé de mettre à l'épreuve les sentiments de son mari, revient en se faisant passer

1. *Pierre Fresnay*, par Fresnay et Possot.
2. *Idem, ibidem.*

pour Irène, un sosie d'Elizabeth. François tombe amoureux. Au terme d'une aventure dont ils ne sont dupes ni l'un ni l'autre, chacun reprend sa place : Irène disparaît, Elizabeth revient d'Amérique.

– Ça ne casse rien, murmure Albert Willemetz à Guitry en sortant de la salle de cinéma.

– Ça brise quand même quelque chose..., rectifie Sacha.

Je suis avec toi est l'occasion pour Yvonne de changer de costumes, d'être elle-même et une autre, de jouer l'espièglerie et la malice, de créer une ravissante mélodie de René Sylviano et Jacques Poterat, « Mon rêve s'achève ».

Depuis des mois, la victoire allemande est de moins en moins probable. A Alger, il existe désormais un autre gouvernement. Laval devient l'homme à abattre. Jean Jardin a quitté Vichy pour l'ambassade de France à Berne.

1944-1945 : « La grande dérobade »

Au début de l'année 1944, on supporte d'autant moins les privations que la fin du conflit semble proche. Le ravitaillement est inexistant, le marché a disparu faute de marchandises et le gaz n'est fourni qu'une demi-heure par jour. On ne sait plus quel sentiment secoue l'opinion publique, de l'exaspération, de la tristesse ou de l'impatience. La plupart des salles de cinéma ont fermé, et au théâtre les machinistes éclairent la rampe à l'aide de phares de voiture alimentés par une dynamo de fortune, à pédalier.

Après avoir tourné *Le Voyageur sans bagages* de Jean Anouilh quelques mois auparavant, Pierre Fresnay reprend à la Michodière, dès le 1er avril, cette même pièce créée par Georges Pitoëff. Il y est Gaston, l'amnésique de la guerre 14-18, à la recherche d'un passé qu'il rejettera : à travers une famille présumée qui se révèle être la sienne, il découvre l'être méprisable qu'il fut et préfère se choisir un autre foyer, celui d'un orphelin.

En juin, quelques jours après le débarquement, Édouard Bourdet, qui appartient aux milieux de la Résistance, vient voir Fresnay.

– Qu'allez-vous faire à la Libération ? lui demande-t-il.

– Je vais continuer à jouer. Pourquoi cette question ? Vous estimez que j'ai eu un comportement répréhensible ?

– Non, mais je sais que votre réputation va dans ce sens.

– Qu'a-t-on constaté de mon activité ? Ai-je eu des fréquentations avec l'occupant ?

– Non, mais il y a votre activité à la Continental : quatre films en quatre ans [1].

« Il n'y avait aucun dossier contre moi, expliquera Pierre Fresnay à François Possot. Rien. Il n'y avait rien. C'était impossible de trouver quoi que ce soit. Je me suis souvent demandé si ce n'était pas Bourdet [2] qui, pensant qu'on était plus en sécurité sous les verrous d'une prison qu'en liberté, n'avait pas pris les devants... Je n'ai jamais songé à m'en aller. A m'en aller ! Pourquoi ? [1] »

Vingt-cinq ans après, malgré le recul du temps, Pierre Fresnay pose mal le problème. La période qui s'annonce ne va pas seulement condamner ceux qui ont fréquenté les Abetz, Eptig et autres Achenbach du Reich. On ne s'embarrasse ni des nuances, ni des moti-

1. *Pierre Fresnay,* par Fresnay et Possot.
2. Édouard Bourdet est bientôt nommé président du Comité national d'épuration du spectacle.

vations, ni des convictions de chacun, fussent-elles louables dans la fidélité qu'elles témoignent.

Pour le couple Fresnay-Printemps, les faits parlent d'eux-mêmes : l'Occupation ne les a pas empêchés de jouer, Yvonne a chanté à Vichy et Fresnay a soutenu l'État français en acceptant de remplir une fonction au sein d'un syndicat apolitique. Il est maurrassien, fut munichois et reste pétainiste. Le voici dans le mauvais camp des vichyssois. En répudiant le Maréchal et en condamnant l'attentisme de Vichy, on met ses partisans au ban de la société.

Or l'attachement de Fresnay à Philippe Pétain est une fidélité à un homme (il ne joue pas les gaullistes de la dernière heure) et à des idées : « Nous n'étions pas en mauvaise compagnie avec Pétain, expliquera-t-il plus tard. Je suis un pétainiste fervent et j'attends sa réhabilitation avec beaucoup d'impatience. C'est une tare française que l'affaire Pétain, absolument une tare... [1] »

Une extrême tension est en train de s'installer dans le pays. L'opinion a basculé : le ralliement rétrospectif aux combattants de la France Libre qui ont eu raison de ne jamais désespérer est immédiat et s'accomplit en toute bonne foi. Dans le même temps, toute relation entretenue avec l'occupant est érigée en crime. Or les Français restés en zone occupée ont collaboré à quelque degré que ce soit. Ils ont cohabité et, pour beaucoup, se sont compromis puisqu'on ne pouvait vivre sans admettre le régime des autorisations et des « ausweis ». La porte est ouverte aux excès non contrôlés des périodes de colère collective. Qui n'est pas résistant est collaborateur.

Pierre Fresnay sait que la situation risque de mal tourner. Lors d'un dîner à quatre avec Raymond Bussières (il avait un petit rôle dans *L'Assassin habite au*

---

1. *Défense de l'Occident*, décembre 1974 (propos repris dans *Minute*, 15/1/1975).

21 et *L'Escalier sans fin*) et Annette Poivre, la standardiste de l'hôtel dans *Je suis avec toi* (Yvonne dit de la petite Annette qu'elle met du sel dans la vie), le maurrassien avoue au communiste : « Quand on perd la partie, on paie... [1] »

Depuis son quartier général de l'hôtel Meurice, le général Von Choltitz, commandant du Gross Paris, qui a reçu l'ordre de défendre la capitale contre les alliés et au besoin de la détruire, ne maîtrise progressivement plus rien. Radio-Paris s'est tue à la mi-août, la police s'est mise en grève, les FFI occupent les bâtiments publics et incendient les voitures allemandes, les FTP (francs-tireurs et partisans) fomentent l'insurrection. Avant la fin du mois, Pétain et Laval entament leur équipée tragique et dérisoire vers Sigmaringen et de Gaulle entre dans Paris libéré.

La joie s'accompagne d'une indignation justifiée par la misère, l'humiliation et la douleur. Qu'on n'oublie ni les morts ni ces prisonniers qui rentrent des camps. Que ceux qui se sont écartés du droit chemin subissent un châtiment exemplaire. Parfois, les vainqueurs, les vivants, les sauveurs ont cru qu'ils avaient tous les droits. A peine sorti de la tourmente, le pays s'enfonce dans le malheur de l'épuration. Le corbeau est de retour et, comme le dit Anouilh, ce fut le temps de « la grande dérobade ».

Les vedettes sont les cibles les plus faciles. On leur reproche la caution du talent. Aux yeux du grand public, ils sont une référence. Les résistants accusent : pourquoi ont-ils accepté de faire le jeu de l'Allemagne en continuant à vivre normalement ? L'art ne peut franchir les frontières sans dommage pour la morale. Il ne fallait pas prendre le mal en patience, ni tenter de survivre, ni rester fidèle au héros de Verdun, ni aller à Vichy (encore moins à Berlin), ni faire la fête, ni jouer

---

1. Témoignage d'Annette Poivre.

pour la Continental, ni – comme l'a fait Guitry inconsidérément – fréquenter Otto Abetz, recevoir Arno Breker ou rencontrer Goering, même pour sauver des Juifs.

Suzy Solidor qui a chanté à Radio-Paris est arrêtée, ainsi que Gaby Morlay, Charles Dullin (blanchi), Tino Rossi, Serge Lifar, Ginette Leclerc, Albert Préjean, et Arletty qui résume d'un trait les petitesses du moment : « Il a du talent, j'en ai pas : faut que ça change ! » L'arrestation de Fresnay s'impose : non seulement il a dépassé la quote-part des films autorisés (on admet trois tournages pour la Continental et pas quatre), mais le public le plébiscite, et lui-même dérange par cette réserve qu'on a tôt fait d'assimiler à du mépris.

Les membres des commissions d'épuration, qui sont des confrères promus juges pour patriotisme, sont nommés par les mouvements de résistance. La filière est la même pour tous les coupables. Au pire, cinq étapes : arrestation, transfert à la mairie ou au commissariat puis au dépôt de la préfecture de police, transit au Vél' d'hiv' avant l'incarcération à la Santé, Fresnes ou Drancy. Pierre Fresnay est arrêté à Neuilly en septembre 1944 et passe six semaines au Dépôt. Guitry, arrêté fin août, fait les trois prisons et, comme Clouzot, est inculpé d'intelligence avec l'ennemi.

On a d'abord conduit Fresnay au commissariat de Neuilly où lui rendent visite, l'après-midi même de son arrestation, le comédien Jean-Henri Chambois, prévenu par Yvonne, et trois auteurs dramatiques dont il fut l'interprète : Steve Passeur, André Obey et Claude-André Puget. Voulant agir au plus vite, les quatre hommes décident sur-le-champ de se rendre place Beauvau et de demander une entrevue à Roland Pré, l'un des interlocuteurs possibles du gouvernement provisoire de la République. Après deux heures d'attente, ils sont reçus et leur déclaration enregistrée.

« Nous nous sommes portés garants sur l'honneur de l'honnêteté et de l'innocence de Pierre Fresnay, se souvient aujourd'hui Jean-Henri Chambois. Nous avons demandé sa mise en liberté et avons signé une déposition qui mentionnait qu'en cas de fuite de Fresnay, nous étions responsables. »

Il est probable qu'Édouard Bourdet ait lui-même joué un rôle dans le maintien de Fresnay au Dépôt et dans sa libération.

« J'ai fait six semaines de prison dans des cellules extrêmement combles, prévues pour deux et où nous étions huit, a raconté le comédien. C'était tout à fait semblable à ce qu'on peut trouver dans les *Mémoires* de l'acteur Fleury au XVIIIe siècle : on retrouve dans la prison républicaine les caractères de la prison aristocratique, la même atmosphère, le même mélange des individus et des classes. Tout cela est très intéressant et je ne suis pas du tout une victime de la prison républicaine. C'est un souvenir plus riche que désagréable, une expérience humaine très savoureuse [1]. »

L'identifiant à Boëldieu, les gardiens l'appellent « mon capitaine ». La première faveur qu'il obtient est de la paille de fer pour briquer le sol de la cellule. Il la partage avec un épicier, un clown, un ancien préfet, un proxénète et bientôt le directeur de théâtre René Rocher, claustrophobe, qu'on a placé dans une petite cellule avec des criminels de droit commun. C'est Fresnay qui a demandé son transfert. Il se serait aussi trouvé avec Lucien Combelle, rédacteur en chef du journal collaborationniste *La Révolution nationale*, et Lafont ou Laffont, pseudonyme d'Henri Chamberlain, l'un des auxiliaires de la Gestapo [2].

Yvonne a exigé un droit de visite permanent. Au volant de leur Renault Juvaquatre ou à bicyclette, elle

---

1. *Défense de l'Occident,* décembre 1974.
2. *L'Épuration*, par Herbert Lottman.

apporte à Pierre vivres et cigarettes, sans oublier de dire au gardien : « Surtout, ne lui donnez qu'une cigarette toutes les heures, sinon il va distribuer le paquet... »

Dans la cellule, le souteneur a demandé à Fresnay :

– Comment tu vis ?

– Je fais mon métier, je joue.

– Dans ton théâtre, c'est toi le patron ?

– Non, c'est Yvonne Printemps. Moi, je joue.

– Tu crèches où ?

– Dans une maison, à Neuilly.

– Elle est à toi la maison ?

– Non, elle est à Yvonne Printemps.

– Si je comprends bien, tu vis avec une femme avec laquelle t'es pas marié et qui a tout le fric. Tu vas te faire rembarquer comme mac !

Yvonne est elle-même peu ennuyée à la Libération. En l'absence de Pierre à Neuilly, elle se charge de mettre dehors une bande de patriotes qui la menacent de la dénoncer comme « collabo » si elle ne leur donne pas son argent.

– De l'argent ? Jamais de la vie ! On voit que vous ne me connaissez pas ! leur a-t-elle rétorqué.

En octobre 1944, lorsque Pathé Marconi veut rouvrir ses studios pour faire de nouveaux enregistrements, la commission d'épuration exige quelques semaines de délai pour dresser la liste des chanteurs qui peuvent à nouveau enregistrer, et les autres. Les noms sont communiqués en février 1945 : Yvonne Printemps, Georges Guétary, Paul Meurisse et Fernandel font partie des artistes dont les enregistrements sont différés [1]. Yvonne s'en moque : il faut la supplier pour qu'elle chante devant un micro.

Dans la presse, l'arrestation de Fresnay fait moins de bruit que l'affaire du *Corbeau*. On reproche à Clouzot

1. *La vie quotidienne des écrivains et des artistes sous l'Occupation*, par Gilbert et Jean-Robert Ragache.

d'avoir tourné un film de propagande anti-française, sur l'horreur de la dénonciation. Il paraît que le film aurait été diffusé en Allemagne sous le titre : *Une petite ville française.* Dans *Combat*, un journaliste ose prétendre que l'œuvre de Clouzot est le meilleur film de l'Occupation, bien qu'il ne puisse être projeté à la « Quinzaine du cinéma français ». Quelques jours après la publication de ces propos, la direction du journal tient à donner son sentiment, et déclare qu'il est impossible « d'admettre dans une manifestation qualifiée de française une production due à une firme allemande et dont les deux principaux auteurs se sont si honteusement conduits qu'ils sont aujourd'hui inculpés d'intelligence avec l'ennemi ».

Les attaques contre Clouzot, Fresnay et Ginette Leclerc semblent à ce point arbitraires que *Les Temps Modernes* publie une page pour défendre *Le Corbeau*, ainsi qu'une pétitition cosignée par Sartre, Simone de Beauvoir, Michel Vitold et Michel Leiris [1].

Henri-Georges Clouzot est une personnalité si marquante de la Continental que les arguments de la défense ont peu de poids. Louis Chavance prouve que le scénario n'a pas été commandé par la Continental. Lui-même l'a rédigé en 1933 à partir d'un fait divers et déposé en 1937 à la Société des auteurs de films. *Le Corbeau* n'a jamais été projeté en Allemagne. Louis Chavance produit un rapport allemand qui mentionne que le film fut refusé par l'UFA, organisme allemand de distribution cinématographique en Europe [2].

Rien n'y fait. En août 1945, le verdict tombe : on interdit à Clouzot de conserver un poste à responsabilités dans la profession. En 1946, la sanction est prolongée de deux ans.

Le couple Fresnay-Printemps remonte sur scène le

1. *L'Épuration*, par Herbert Lottman.
2. *Idem, ibidem.*

8 mai 1945 et joue *Vient de paraître* d'Édouard Bourdet, pièce créée à la la Michodière le 25 novembre 1927, lors de la soirée inaugurale. Évocation des milieux d'édition, le texte est amer. Pour Yvonne et Pierre, le choix d'une pièce de leur ami s'est imposé : Bourdet est mort d'une embolie le 18 janvier.

Le soir de la première, le Centre national du cinéma, sous l'égide de René Lefèvre, organise une cabale contre Fresnay qui, estime-t-on, paie peu cher ses convictions. Des comédiens patriotes, anciens déportés et nouveaux résistants, pénètrent dans le théâtre en pyjamas rayés de Dachau et crient :

– A Berlin ! A Berlin !

– Voulez-vous donner de la lumière ? dit alors Fresnay.

Plusieurs soirs de suite, il y aura de l'agitation. Le jeune comédien Jean-Henri Chambois, qui vient de jouer à la Michodière *Le Dîner de famille* de Jean-Bernard Luc (un ami d'Anouilh) et a pris la succession de Pierre Fresnay à la famille professionnelle du spectacle, intervient auprès du délégué général du syndicat CGT, section des artistes, Claude Vermorel. Auteur dramatique, celui-ci a signé l'adaptation pour le cinéma d'une œuvre d'Octave Feuillet – *Le Roman d'un jeune homme pauvre* –, tournée par Abel Gance en 1935 avec Pierre Fresnay et Marie Bell.

– Mon vieux, lui dit Chambois, tu sais que Fresnay n'a jamais fait quoi que soit de condamnable. Je t'en supplie, fais quelque chose pour arrêter ce complot !

– Mais pourquoi s'obstine-t-il à faire cavalier seul ? laisse tomber Vermorel.

« Vous savez, dit à cette époque Fresnay à Chambois, on ne peut pas en France avoir un peu de personnalité sans qu'on vous étiquette et qu'on vous critique... [1] »

1. Témoignage de Jean-Henri Chambois.

Par deux fois, Pierre Fresnay essuiera encore l'invective. Lors du tournage de *La Fille du Diable* de Henri Decoin en 1945, une délégation de résistants de la corporation du spectacle interrompt les prises de vues et exige une minute de silence en hommage aux comédiens morts pour la France. Pendant le tournage d'un film de Jean Dréville, *Le Visiteur*, qui sort sur les écrans en 1946, les représentants du Comité d'épuration font subir à Fresnay un nouvel interrogatoire.

Les difficultés de cette période ne changent rien à ses convictions : pétainiste, il devient fatalement antigaulliste.

Le 1er septembre 1944, Jean Jardin a été révoqué par le ministère des Affaires étrangères. On lui propose une réintégration dans le service public, mais il refuse de jouer un double jeu et de renier Vichy. « Il est resté en Suisse, explique Fresnay, d'abord parce qu'il n'avait pas envie de revenir dans une France à l'esprit orienté et aux amours discutables, comme elle l'était alors [1]. »

Dans les années qui suivent la Libération, Pierre Fresnay est de ceux qui aideront discrètement les proscrits, non par cachotterie mais par pudeur. Le comédien Robert Le Vigan, surnommé « La Vigue » par son ami Céline avec lequel il fuit dans les décombres du Troisième Reich, avant de connaître la prison et l'exil en Argentine, est du nombre.

A la mort de Le Vigan en 1972, Pierre Fresnay lui rend hommage : « Vers 1950, étant en liberté surveillée, après trois ans de prison gaullienne, Le Vigan a décidé de rompre par un exil volontaire avec sa patrie, notre pays, qu'il ne reconnaissait plus, dont le comportement dénaturé lui rendait impossible de l'aimer encore. Il était parfaitement conscient de l'imminence d'une amnistie qui lui aurait permis de reprendre très vite sur la scène française cette carrière iniquement inter-

1. *Pierre Fresnay*, par Fresnay et Possot.

rompue et d'enrichir la galerie de personnages dont, malgré lui, nous gardons le souvenir [1]. »

A deux reprises, Pierre Fresnay réaffirmera par des actes la fidélité à ses idées et ses indignations. En 1965, il accepte d'enregistrer gracieusement les *Poèmes de Fresnes* de Robert Brasillach et, à partir des années 50, il soutient un homme de l'ombre, Georges Albertini, conseiller politique occulte et fondateur d'un centre d'études consacré au communisme [2].

A l'origine syndicaliste CGT, Albertini a pris conscience du danger soviétique au contact de Boris Souvarine, ancien compagnon de Lénine et Trotski. Antibolchevique et défenseur d'une Europe allemande, Georges Albertini occupe plusieurs postes auprès de Marcel Déat dont il devient le directeur de cabinet lorsque celui-ci est nommé ministre du Travail et de la Solidarité nationale en 1944.

Albertini et Brasillach ont été incarcérés à la prison de Fresnes en même temps. L'un échappe à la mort, l'autre est exécuté le 6 février 1945 au fort de Montrouge.

Fresnay fait partie de cette génération d'hommes qui a connu la Grande Guerre, s'est prononcé pour l'Europe contre l'URSS, pour Maurras contre le Front populaire, pour Pétain contre de Gaulle. A la Libération, fidèle à sa conception du comédien qui n'affiche pas ses engagements, il se tait, mais ne joue plus aucun rôle dans des syndicats qui n'ont plus rien d'apolitique.

Comme tant d'autres, quelle que soit leur place dans la société, le citoyen qu'il est resté se met en retrait.

1. *Rivarol*, 1er novembre 1972.

2. Le Bulletin d'études et d'informations politiques et internationales qui prend le titre de *Est et Ouest* en 1956.

La mort de Palmyre

PALMYRE est une vieille dame de quatre-vingt-six ans : teint lisse, joues claires et rondes, cheveux blancs – lumineux – serrés en un chignon sur la nuque. Sa démarche est lourde et gênée, sa mémoire capricieuse et, d'un temps à l'autre, confondant les époques et les visages, son esprit vagabonde.

En 1942, elle fut opérée d'une tumeur maligne au sein. Après sa convalescence, Palmyre a quitté Domont pour venir vivre à Neuilly, dans le boudoir transformé en chambre à coucher. L'an dernier (1944), lorsque Lucien est mort, Yvonne a préféré lui cacher la vérité. Il y a dix ans, elle a perdu son autre fille, emportée par la tuberculose. A l'époque, Yvonne, qui a la réputation de ne s'être jamais occupée de sa famille, avait installé sa sœur dans une maison de repos près de Paris.

Dans le jardin, Von a fait planter des bleuets, parce qu'ils sont de la couleur des yeux de Palmyre. Chaque jour, la petite Catherine, la fille de Jean Anouilh et de Monelle Valentin (ils ont emménagé pendant la guerre en face du couple Fresnay-Printemps), traverse la rue Saint-James et vient s'amuser dans le boudoir près de Palmyre.

– Ma petite Yvonne, lui dit la vieille dame, croyant reconnaître sa fille, qu'as-tu fait aujourd'hui ?

L'une raconte et l'autre fabule : la vieillesse a rejoint l'enfance. Catherine se déguise avec des toilettes de théâtre, des dentelles de satin, un costume d'Arlequin et un déshabillé en plumes d'autruche. Sur le marbre, entre les tapis, elle joue aux billes avec les cabochons de Sacha qu'Yvonne a sortis de l'un des tiroirs secrets d'une malle en bois des îles.

Un soir, Palmyre s'est éteinte. Et du chagrin d'Yvonne il n'est resté que la phrase, douloureuse et vraie, d'une admiratrice anonyme qui sut prendre part à sa tristesse. « Vous ne serez plus une enfant pour personne », disait la lettre. Dans quelques années, lorsque François Périer aura perdu le dernier de ses parents, elle lui transmettra le mot, sans rien dire de la lettre.

Le plus bel hommage rendu conjointement à Palmyre et à Yvonne le fut par Jean Jardin dans un texte qui est resté inédit :

« Paix de Neuilly ! Je n'ai jamais pu en évoquer les premiers temps sans revoir, sous ses cheveux blancs, la silhouette noire, tout empreinte de modestie et de bonté, de la mère d'Yvonne. Ce fut sans doute une de ses grandes joies que cette maison lui permît d'y faire vivre cette mère qu'elle aimait tendrement et de l'y soigner avant de l'y voir s'éteindre près d'elle. Les amis regardaient aller et venir, avec respect, cette transposition d'Yvonne, mais comme atténuée et adoucie par l'âge. On voyait la charmante vieille dame se passionner pour tout ce qui concernait sa fille, dans une attention discrète et pleine de silence. On sentait, à les voir l'une près de l'autre, quelle force Yvonne avait prise à sa mère, quel éclat elle devait à cet effacement, et l'on ne pouvait s'empêcher de rêver devant ces formes si semblables et si différentes, séparées par l'âge, au romanesque des destinées et à la brièveté de la vie. Cette silhouette maternelle, ce doux visage, ce regard resté jeune hantaient-ils Yvonne [1] ? »

1. Ces lignes sont extraites d'un portrait d'Yvonne Printemps que Jean Jardin écrivit en 1953 pour la publication de *L'Impromptu de Neuilly*. Le texte ci-dessus fait partie des passages supprimés à la parution. Collection Christiane Le Boulère.

Quatrième chapitre

1946-1958

« Je ne suis pas ce que l'on pense
Je ne suis pas ce que l'on dit
Au cinéma, pour qu'on vous lance,
Être soi-même est interdit (...)

Moitié-rieuse, je dois jouer
A la poseuse pour me poser!

Quand je suis dans l'intimité,
Je reprends ma simplicité,
J'en suis heureuse...
Je dis pour moi " je m'appartiens "
Mais au studio, je redeviens
L'Enquiquineuse... »

Trois Valses,
Léopold MARCHAND,
Albert WILLEMETZ,
Oscar STRAUS.

Auprès de ma blonde

L'APRÈS-GUERRE est une pause et une transition. Les hommes sont avides de repos, de distance et d'oubli. En ce lendemain de chaos, la joie est moins bruyante que ne le fut l'euphorie des années 20. L'échiquier politique est devenu mondial et la France a perdu son statut de grande puissance. Entre soi, dans les familles, on voudrait ne plus connaître la vengeance ni la haine, mais le pardon est un mirage.

Dans la vie professionnelle d'Yvonne Printemps, la période qui commence en 1946 est une ultime étape. Au seuil des années 60, Yvonne mettra fin à sa carrière, renonçant à la scène par coquetterie, lucidité et lassitude.

Le monde a basculé avec la guerre. Le temps des opérettes d'Henri Christiné ou de Maurice Yvain, et des comédies chantées de Guitry est passé. Les premières amours de la petite Printemps ne sont plus : la Belle Époque appartient à un XIXe siècle enfoui, et l'entre-deux-guerres est sortie honteuse et vaincue du second conflit mondial. La civilisation nouvelle du son et de l'image va déferler sur des sociétés en mutation.

La Michodière reste fidèle à la tradition des théâtres de la rive droite. Après Bourdet, Anouilh et récemment

Géraldy, on annonce Marcel Achard avant d'accueillir André Roussin.

« Pour moi, expliquera Fresnay, le Boulevard est le théâtre vivant. J'ai vécu le théâtre de mon époque [1]. »

A Saint-Germain-des-Prés, il ne peut être d'écrivain que l'homme engagé, et de littérature que celle qui revendique un lien avec son époque. Dans moins de quatre ans, sur la scène des Noctambules, Ionesco installera les personnages guignolesques au langage mécanique de *La Cantatrice chauve* : le théâtre de l'absurde est né. Ailleurs, Louis Jouvet, qui a monté *La Folle de Chaillot*, pièce posthume de Giraudoux, va bientôt créer *Les Bonnes* de Jean Genet.

Lorsque Yvonne et Pierre Fresnay se rendent chez Jean et Simone Jardin, à La Tour de Peilz, près de Vevey en Suisse, leur ami qui fut si proche de Giraudoux se garde bien d'évoquer le personnage de Jouvet. Il connaît l'opinion mordante d'Yvonne : « Finalement, lui a-t-elle confié un jour, cet homme a réussi parce qu'il était asthmatique ! »

Le 8 mai 1946, le couple Fresnay-Printemps crée avec Bernard Blier la nouvelle comédie de Marcel Achard, *Auprès de ma blonde*, jouée à guichets fermés pendant plus de trois cents représentations. Le succès de la pièce est l'occasion de sceller une amitié avec Marcel et Juliette Achard. Yvonne les connaît pour les avoir côtoyés lorsqu'elle était Mme Guitry.

Lyonnais d'origine, longtemps crève-la-faim, doublure ou souffleur à l'occasion, Achard est devenu l'une des figures les plus drôles et chaleureuses de la vie parisienne. Il aime les lieux de théâtre, l'encombrement des coulisses, la poussière des plateaux, le brio du foyer les soirs de générale. On le reconnaît entre tous : silhouette massive et visage rond, nuque épaisse, voix éraillée et rire énorme. Il tire sur sa pipe, porte une

1. *Pierre Fresnay*, par Fresnay et Possot.

ficelle de couleur vive en guise de cravate et cache ses yeux bleus derrière de mini-hublots. De ses verres inesthétiques, Marcel Achard a fait son emblème. Lorsqu'il écrit à Yvonne, il ne signe pas ses cartes de son prénom, mais d'une paire de lunettes rondes.

Son tempérament est à l'opposé de celui de Fresnay : amuseur-né, Achard est un paresseux baratineur et gourmand, familier parfois, coquet toujours et d'un naturel rêveur. Leurs épouses ont en partage le sens de la repartie. Rive droite, et bientôt quai Conti, on redoute l'esprit caustique de Mme Achard.

– Vous ne saviez pas qu'elle avait eu sa ménopause à trente-six ans ? dit-elle en parlant d'Yvonne. Les seins lui ont poussé à cinquante... De tout petits seins de rien du tout : des œufs au plat !

Auprès de ma blonde rappelle, dans son inspiration optimiste, les précédentes pièces de Marcel Achard : *Voulez-vous jouer avec Moâ ? Jean de la lune, Domino* ou *Noix de coco.* Cette nouvelle comédie, ravissante de fraîcheur, raconte la vie d'un ménage sans histoire pour qui longévité ne signifie pas ennui. L'amour, c'est aussi l'estime et la tendresse. L'originalité et l'attrait de la pièce résident dans sa construction à rebours. Au premier acte, Yvonne Printemps et Pierre Fresnay, dans les rôles d'Émilie et de Toussaint Lesparre, ont respectivement soixante et onze et soixante-dix-sept ans. Nous sommes en 1939 : le couple fête en famille ses noces d'or.

Le chignon clair, le regard sage, la démarche digne et légèrement voûtée, le col de la robe montant et les poignets cachés, Yvonne est l'élégance, l'expérience et la grâce. Dans son déguisement de grande bourgeoise d'un certain âge, Mme Printemps, toujours avide de maquillages et de toilettes qui la métamorphosent, vit sa jubilation d'actrice dans l'aisance. Au dernier acte, elle incarne avec autant de bonheur Émilie jeune fille, bravant les foudres paternelles pour épouser l'homme dont elle est éprise.

Les détracteurs d'Achard l'épinglent pour facilité et bons sentiments, fadeur des dialogues et indigence des caractères. Ses défenseurs aiment à retrouver chez lui une petite musique heureuse, faite de candeur, de bienveillance, d'ingénuité et de malice. Ce dramaturge, qui est un fantaisiste et un poète, a gardé le don de l'enfance. Pour plaire et faire plaisir, il a décidé de planter les décors d'un monde où tout peut s'arranger.

Lors de la première d'*Auprès de ma blonde*, la plupart des critiques reconnaissent le charme de cette histoire qui remonte le temps, et l'habileté dont Marcel Achard a fait preuve en bouleversant les règles conventionnelles du théâtre. Hommage est rendu à l'ensemble de la troupe, particulièrement à Bernard Blier, mais les lauriers reviennent à Yvonne : son interprétation d'Émilie grand-mère est touchante et, malgré ses cinquante-deux ans, elle est loin d'être ridicule en jeune fille amoureuse. Son corps de page est resté celui d'une adolescente.

Il n'est qu'une seule ombre légère au tableau des chroniques élogieuses : on reproche à Fresnay son manque de spontanéité, on aimerait un jeu plus humain et moins mécanique.

– Vous n'y comprenez rien ! lui a dit Yvonne. Vous n'avez aucun instinct. Vous n'êtes pas un véritable acteur, vous n'êtes qu'une machine à jouer ! Sentez donc avec vos tripes au lieu de jouer avec votre intelligence !

Auprès de ma blonde remporte un tel triomphe à la Michodière que les frères Karsenty, Marcel et Robert, proposent à Yvonne et Pierre Fresnay d'organiser une tournée en province. Dans l'histoire des théâtres régionaux, la venue de l'un des plus célèbres couples de la scène parisienne est un événement. Cette tournée marque le début d'une amitié avec Robert Karsenty et son épouse qui accompagnent les spectacles.

Yvonne va retrouver la vie d'hôtel qu'elle partageait avec Sacha et les Lartigue à Évian ou sur la Côte. Un huis-clos de chambres communicantes et des soupers loin du bruit.

Parmi d'autres, Robert et Janine Karsenty deviennent les témoins des rapports amoureux exténuants qu'entretiennent Yvonne Printemps et Pierre Fresnay. Elle est difficile et lunatique, il est réservé et prévenant ; elle est omniprésente, il semble soumis. Arrogante ou hautaine, elle le nargue, le déprécie, joue avec son orgueil et sa patience, s'adresse à lui comme on n'oserait pas traiter un domestique coupable. Par faiblesse, amour ou plaisir masochiste, Fresnay accepte la nature de ces échanges où les réconciliations succèdent aux crises.

Qui veut-il ménager lorsqu'il glisse quelques mots sous la porte des Karsenty, les alertant de l'humeur irascible d'Yvonne ? Et, dans ces comportements qui ne sont qu'excès, quelle est la part du jeu ? Yvonne n'utilise-t-elle pas la tierce personne, interlocuteur gêné, comme un faire-valoir de l'injure qu'elle profère ?

Scènes de la vie quotidienne

Auprès de Sacha, elle a connu une vie de représentation. L'étoile, tout juste née, aimait à tenir le bras de Guitry, roi du Boulevard. Mais la petite Printemps, qui n'a pas le goût de l'artifice, n'a jamais regretté cette vie antérieure, mondaine et apprêtée. Fresnay lui impose sans mal un style de vie contraire, plus proche de ses aspirations. Pour ces deux êtres qui se suffisent à eux-mêmes, la vraie vie commence aux portes de Neuilly.

« Ce besoin que j'éprouve de garder le sens juste des

valeurs, explique Pierre Fresnay, d'en respecter la hiérarchie, est profondément rattaché grâce à Yvonne Printemps à ma vie affective. C'est son prodigieux instinct de vérité, si mystérieusement associé à une sensibilité trop douloureuse, qui m'a permis de maintenir à leur plan les problèmes de la profession par rapport à ceux de ma vie. (...) Entre la tour d'ivoire et la place publique où la grande majorité des comédiens étale aujourd'hui sa vie privée, il y a une position intermédiaire qui me paraît être la bonne, celle qui consiste à demeurer discret, à conserver une certaine pudeur qui ne laisse pas confondre l'activité professionnelle du comédien et sa vie, qui marque une limite bien nette : on ne passe pas. »

Neuilly est leur domaine. Ils y vivent avec leurs fox. Yvonne au milieu des fleurs, Fresnay avec ses livres. Elle raconte qu'enfant elle aimait respirer l'odeur du lilas sur le chemin de la gare d'Ermont. Depuis, elle a découvert d'autres variétés de fleurs et bien qu'elle les aime toutes, la rose est sa préférée.

Yvonne prend elle-même soin de ses bouquets, maintenant au plus bas la température de sa loge à la Michodière, et n'abandonnant jamais une gerbe de glaïeuls dans une chambre d'hôtel. La fleur offerte est aussi un geste, celui de Pierre, d'un ami ou d'un admirateur.

De ce double attachement est né à Neuilly le « jardin du cœur » : Yvonne y fait refleurir les plantes qu'on lui offre. L'hortensia d'Albert Willemetz côtoie l'azalée que Marcel Achard lui fait porter pour la centième d'*Auprès de ma blonde*.

Le couple reçoit peu, mais il arrive qu'à l'occasion de la fête du printemps, d'un anniversaire ou d'un réveillon soit organisé un dîner d'une vingtaine de personnes. Le plus souvent, les soupers sont intimes et parfois improvisés. Yvonne prépare une omelette et on s'attable à la cuisine pour partager un repas sur le pouce. Les habitués de Neuilly sont quelques privilégiés et les amis de toujours : les Willemetz, les Truchot, les Thiroloix (les enfants des trois couples considèrent Yvonne et Pierre comme leur famille) et les Barreyre.

Le 26 avril 1946, lorsque Janine, la fille de Pierre et Paulette Truchot, fête ses dix-huit ans, Yvonne lui envoie ce télégramme : « Des fleurs en bouteilles, des fleurs pour tes poignets, ton cou et tes cheveux, pour que tu penses un peu à moi, je pense tellement à toi ce soir. Je t'embrasse de tout mon cœur [1]. »

La légende veut qu'Yvonne Printemps ait été pingre. Sa mère lui a appris ce que vaut un sou. Elle ne l'a pas oublié. A-t-elle dû pour autant économiser ses propres deniers ? Au début de sa carrière, elle vivait de peu et savait par expérience faire une jolie toilette de trois bouts de chiffon. Lorsque Guitry est entré dans sa vie, Yvonne l'a regardé dépenser son argent et celui qu'il ne possédait pas. Au terme de leur union, elle était une star, et ses cachets en rapport avec son talent et sa notoriété.

De son enfance lui est restée la peur de manquer, elle-même contrebalancée par une quasi-méconnaissance, à l'âge adulte, de la valeur de l'argent pour les autres. Tout semble être arrivé trop vite, hors de proportion, et Pierre a remplacé Sacha. Depuis longtemps Yvonne est habituée à ne pas dépenser. Elle n'a jamais beaucoup d'argent sur elle et ne signe aucun chèque.

Sans doute son caractère entier explique-t-il la contradiction des témoignages. A José Artur, jeune comédien sans le sou et ami de François Périer, Yvonne offre sans compter des livres et des dîners. Un jour, elle lui demande de régler deux petits bouquets de fleurs dont le montant est une fortune pour qui gagne de quoi vivre d'amour et d'eau fraîche. Yvonne oublie de rem-

1. Collection Janine Delas d'Eym.

bourser : elle est incapable d'imaginer ce que représente la maigre somme qu'elle ne rendra pas. On la croit avare, elle n'est qu'adulée et narcissique.

La valeur marchande d'un présent est secondaire. Seul compte le sentiment dont la fleur ou l'objet (de pacotille parfois) est porteur. Yvonne ne fait pas cas de ce qui est strictement matériel. Elle se moque qu'Antoine Blondin (il est l'ami de Roland Laudenbach, le plus âgé des neveux de Fresnay) ait brûlé son vison avec une cigarette. Au contraire, l'incident lui a permis d'attraper Pierre qui n'y était pour rien. Mais, lorsque Yvonne trouve deux minuscules perles dans les huîtres que Jean et Louise Barreyre ont apportées pour un dîner, elle les enveloppe avec soin dans une feuille de papier de soie qu'elle gardera à vie dans son porte-monnaie. A sa mort, on découvrira près du lit un coffret, sans autre valeur que sentimentale, contenant une collection de fèves, souvenirs des jours d'Épiphanie fêtés à Neuilly.

L'une des attentions auxquelles Yvonne fut le plus sensible est un geste de François Périer : le jour du printemps ou un soir de générale, il lui offre tous les ballons du jardin des Tuileries. Chez Guitry déjà, elle aimait l'extravagance et la singularité du geste.

Avec Fresnay, la relation est différente. « Il est fou ! » dit-elle à Jane Willemetz lorsque Pierre lui offre un bijou. « C'est grotesque! Quel imbécile! Pourquoi dépense-t-il son argent de cette façon ? » Les bijoux de Pierre n'ont rien de commun avec les joyaux de théâtre entassés par Sacha. De ceux-ci, elle ne se gêne pas pour dire qu'ils sont gros et laids. Elle les porte pour la galerie : ils sont les accessoires de ses costumes. A l'inverse, le solitaire et le mince bracelet de diamants et rubis choisis par Pierre sont de véritables cadeaux, symboles exclusifs du lien qui les unit. Ces bijoux représentent aussi un salaire et le travail de Fresnay. La valeur marchande a pris une autre dimension.

La petite Printemps a tout connu : la gloire, le luxe et l'amour. A Vincent Auriol qui l'invite au palais de l'Élysée, elle répond : « Vous savez, l'Élysée, je l'ai connu avant vous ! » Il est dans son destin d'artiste et il appartient à sa nature de femme d'être gâtée. « Je suis ce qu'il y a de plus rare au monde », semble-t-elle dire sans prétention. Yvonne est née pour recevoir. Le public, la critique, les compositeurs, les hommes – dans leurs hommages et leur désir – n'ont cessé de la combler depuis son adolescence. Elle est devenue le centre du monde. Elle est la première et la seule, trop égocentrique pour chercher à offrir autre chose que sa propre présence qui, au demeurant, est un bienfait.

Lorsqu'elle chante pour quelques-uns à Neuilly ou à la Michodière, Yvonne est généreuse d'elle-même : prodigue et charmeuse, l'œil pervenche et rieur, fredonnant à l'oreille d'un ami ou d'un employé, comme pour lui seul, « Plaisir d'amour » ou « Le Cimetière de campagne [1] » qu'elle n'enregistrera jamais.

– Je suis là pour vous faire plaisir, dit-elle, juchée sur un tabouret au bar, mal assise dans une bergère ou installée à l'arrière de la voiture.

Yvonne cultive la différence et n'aime pas la familiarité. Elle n'a jamais craint l'isolement et se moque des gens à qui elle ne plaît pas. La bienséance est une notion de concierge : la Printemps est au-dessus des conventions bourgeoises faites pour les médiocres. A José Artur qui la surprend en train de nettoyer la signature de Vuillard au bas de son portrait, à Neuilly, elle explique : « Mon garçon, il n'y a que la signature qui compte. C'est la seule chose qui impressionne les cons qui regardent le tableau ! »

En revanche, Yvonne est proche de l'entourage qu'elle a choisi. L'équipe de la Michodière en est l'un

1. Musique de Reynaldo Hahn sur un poème de Gabriel Vicaire, natif d'Ambérieux.

des éléments principaux. Au contraire de Fresnay qui passe pour être intimidant, froid et peu liant, Mme Printemps est aimée de ses employés pour sa cordialité, sa spontanéité et sa franchise. Elle crée la vie et la gaieté autour d'elle, n'oublie pas un anniversaire et se manifeste en toute circonstance heureuse ou malheureuse : elle envoie un courrier ou des fleurs. Parfois même, le couple rend une visite.

Faut-il y voir le numéro d'une « star-qui-a-su-rester-simple » ? Yvonne ne triche pas, ni ne trompe personne. Elle suscite une admiration affectueuse et estime que comédiens et techniciens ont des devoirs vis-à-vis de leur famille théâtrale. Néanmoins, les liens affectifs restent un moyen de pression, conscient ou inconscient. Autoritaire et exclusive, Yvonne exige fidélité à la Michodière. Elle n'admet pas qu'un comédien demande et obtienne une soirée ou une semaine de liberté pour une raison professionnelle annexe. L'acteur coupable de parjure devient alors un traître voué aux gémonies. Malgré l'autorisation accordée par Fresnay (dans l'arène, c'est en silence qu'il défend le condamné), Yvonne dit ce qu'elle pense, juge et blâme, en toute mauvaise foi. Qu'on se le tienne pour dit : elle est Mme la Directrice.

Lorsque le couple en a la possibilité, il s'échappe de Neuilly. Yvonne et Pierre sont retournés en Bretagne, puis ont séjourné à Bandol, Aix-les-Bains, Aix-en-Provence et Saint-Jean-Cap-Ferrat. Bientôt, ils iront à Venise. Récemment, ils ont acheté, près de Bougligny au sud de Nemours, au lieu-dit du Petit Corbeval, une vieille maison en pierre, cachée par des arbres, un peu humide et mal entretenue, dont les fenêtres à petits carreaux s'ouvrent sur les champs. Le jardin est clos par une barrière dont ils ont repeint les lattes en blanc.

La maison de Corbeval est un minuscule logis n'abritant qu'une chambre, un salon et une cuisine qui sert de salle à manger. Mieux encore que rue Saint-James, Yvonne et Pierre y sont seuls et loin du monde. Les amis qui franchiront la barrière blanche se comptent sur les doigts d'une seule main. Ici, Mme Printemps troque la soie pour le coton, enfile un tablier de toile et récure la vaisselle au savon de Marseille. Fresnay, en pull à col roulé et pantalon fripé, se transforme en bûcheron et jardinier.

L'année de Monsieur Vincent

Le film de Maurice Cloche qui raconte la vie de l'abbé Vincent de Paul, sur un scénario de Jean Anouilh et Jean-Bernard Luc, est sorti sur les écrans en 1947. A cinquante ans, Fresnay y remporte son premier grand succès de l'après-guerre. Il incarne avec une fidélité rigoureuse et sensible l'engagé de Dieu qui fut aumônier des galères avant de fonder hospices et hôpitaux. Pour le grand public, saint Vincent de Paul et Fresnay ne font plus qu'un : visage habité par la lumière, empreint de sagesse et d'humilité, caractère fort et volontaire, esprit malicieux.

Monsieur Vincent est la cause d'une nouvelle divergence entre Fresnay et Anouilh. Le comédien choisit d'interpréter le personnage avec cet accent landais qui trahit l'origine paysanne de l'abbé et son discernement. « Ce n'est pas saint Vincent de Paul, s'exclame Anouilh, c'est *Mon Curé chez les riches !* » Fresnay a pourtant raison de s'obstiner. Anouilh qui ne dit mot a consenti.

Une partie du tournage a lieu à Pérouges dans la Dombes. Yvonne y accompagne Pierre, tour à tour star, femme et tigresse. Ici comme ailleurs, Mme Printemps se ménage une arrivée hollywoodienne : perles tressautantes et capeline tapageuse. Une jolie jambe que prolonge un soulier à talon haut (elle les adore car ils irritent Fresnay qui est plus petit qu'elle) sort de la voiture. « Où donc est le chauffeur de Sacha ? » semble demander Von.

Entre deux plans et aux repas, Fresnay court la rejoindre ou lui téléphone. Lorsqu'elle n'est pas en représentation, Yvonne se révèle attentive, gracieuse et sans façon. Puis soudain, autour du couple, on s'étonne : la voici provocante, exigeante, insultante. Comment peut-on traiter ainsi l'un des plus grands comédiens français, de ceux qui font l'unanimité auprès du public et de la profession ?

Dans ses gestes et ses regards, on dirait pourtant qu'il vient de l'enlever à Guitry.

La petite et la grande histoire ont des hasards qui ne manquent pas de saveur. Dans un restaurant de Priay, sur la route de Lyon à Genève ont déjeuné ou dîné, à quelques heures d'intervalle, le couple Fresnay-Printemps et le général de Gaulle qui vient de démissionner de son poste de président du Gouvernement provisoire. D'un mot aimable, Yvonne a signé le Livre d'or du restaurateur. Sous son nom dont elle a rempli la largeur de la feuille, le général écrit : « Après le printemps, l'automne, Charles de Gaulle [1]. »

Quelques mois après la sortie de *Monsieur Vincent*, Pierre Fresnay rencontre Raoul Follereau qui parcourt le monde depuis vingt ans et vient en aide aux lépreux en mobilisant l'opinion. L'homme est rond, trapu et souriant ; son allure, mémorable : cape foncée, feutre à larges bords, lavallière bouillonnante et canne à tête d'ours en ivoire. Il a le don du geste et de la parole. Partout, il agit et sait convaincre. Ce grand acteur et discoureur, opiniâtre pèlerin, a compris que la charité

---

1. Témoignage de Jean-Henri Chambois qui s'est lui-même rendu dans ce restaurant peu de temps après.

au XXe siècle était aussi une affaire de relations publiques.

Fresnay ne veut pas se contenter de signer un chèque à l'association de Follereau et lui propose d'enregistrer ses appels et ses souvenirs. Cette initiative n'est pas du goût d'Yvonne : Pierre se fait escroquer, pense-t-elle, et les lépreux sont bien loin.

Le comédien a toujours considéré que le montant des cachets qu'il perçoit au cinéma est immérité et indécent. Une large partie de ses revenus sera consacrée à la Michodière. L'argent n'est qu'un moyen : la place qu'il occupe dans la vie de Fresnay n'est ni noble, ni prépondérante. Donner de l'argent ne suffit pas; encore faut-il savoir donner de son temps. Comme Madeleine Renaud et Fernand Ledoux, le comédien se met au service du R.P. Carré, aumônier de l'Union catholique du théâtre et de la musique de 1949 à 1959. Le père Carré fait appel aux acteurs pour lire des textes lors de conférences à Paris ou en province. De cette époque datent les liens d'estime et d'amitié qu'entretiendront le couple Fresnay-Printemps et le dominicain.

Grâce au succès de *Monsieur Vincent*, la popularité de Fresnay est à son zénith : on le reconnaît et on l'interpelle. Jamais il ne refuse un autographe.

– Vos signatures ne vaudront rien, lui dit Yvonne, vous en donnez beaucoup trop!

A l'automne 1947, Mme Printemps reprend le chemin des studios pour tourner *Les Condamnés* de Georges Lacombe, avec Fresnay. Yvonne s'est fait prier, non par coquetterie mais conviction personnelle. Elle ne cache pas son mépris pour les milieux du cinéma. « Je ne veux pas entendre parler de ces gens-là, dit-elle. Ce ne sont que des cons! Les comédiens sont des fainéants et des perroquets! »

Enfin, elle a accepté. Le film est un drame psychologique opposant un mari trompé (Pierre Fresnay), une femme infidèle, romanesque et amoureuse, qui réclame sa liberté (Yvonne), et un amant (Roger Pigaut) qui ne veut pas sacrifier sa carrière sur l'autel du scandale. L'action dont le cadre est la haute bourgeoisie provinciale est conduite par le mari : ne pouvant survivre au départ d'une épouse qu'il aime depuis vingt ans, il décide de mettre fin à ses jours en détruisant par la même occasion l'amour qu'Hélène porte à son amant. Tandis qu'il s'empoisonne peu à peu à l'arsenic, le doute s'installe, révèle les caractères et les mobiles, anéantit le sentiment adultérin.

L'histoire est conventionnelle, le rythme du film lent, mais le suspense habilement ménagé. Le rôle d'Hélène permet à Yvonne de camper un personnage passionné et grave. Elle joue peu de sa grâce et de son charme. Ses cheveux sont relevés en chignon, ses bijoux trahissent la position sociale : en femme coupable et victime, Yvonne est sérieuse et belle.

Sur le plateau, quelques instants avant une prise de vues, elle aperçoit un accessoiriste en train de nettoyer le plancher que les machinistes viennent de salir en déplaçant les caméras : « Mon ami, lui dit-elle, j'ai l'impression que vous vous donnez beaucoup de mal inutilement... » Et s'adressant à Fresnay : « Voulez-vous montrer comment on se sert avec efficacité d'un O-Cedar ? »

Pierre Fresnay est-il un saint ou l'esclave d'une Cléopâtre du XXe siècle ? Les deux, a-t-on dit. Mais, peu après cette scène, lorsque Roger Pigaut qui tient Yvonne dans ses bras s'apprête à l'embrasser sur les lèvres pour les besoins du film, elle lui murmure affolée : « Qu'est-ce qui vous prend ? Vous voulez me faire tuer ? »

« Le jeu de l'amour et de la cruauté »

En 1948, Yvonne reçoit (peut-être est-ce un présent d'Albert et Jane Willemetz) un bijou personnalisé qui est un large bracelet souple en argent, composé de cinquante-cinq médailles. Elles sont reliées entre elles par des anneaux et sur chacune est gravé le titre d'une revue, d'une pièce ou d'un film dont Yvonne fut la vedette : *Nue Cocotte, 1915, Il faut l'avoir, L'Amour masqué, Jacqueline, Mon père avait raison, Margot, Adrienne Lecouvreur, Léocadia, Je suis avec toi, Auprès de ma blonde.* Isolée de la maille que forme le bracelet, pend une cinquante-sixième médaille qui porte sur une face le titre de *Trois Valses.*

Le 22 novembre, la Michodière ouvre la saison avec un double spectacle : *Les Œufs de l'autruche* d'André Roussin avec Pierre Fresnay, Jean-Henri Chambois et Clément Thierry, et *Du côté de chez Proust* de Curzio Malaparte avec Yvonne Printemps, Pierre Fresnay et Jacques Sernas. La première pièce tient l'affiche jusqu'en octobre 1949, la seconde jusqu'en juin. Cette année 1948 est une date : un dernier rôle à partition chantée pour Yvonne et la rencontre avec Roussin.

Ce dernier a débuté comme comédien à Marseille avec Louis Ducreux. Quelques-unes de ses pièces ont été montées avec succès : *Am stram gram, Une grande fille toute simple* et récemment *La Petite Hutte.* Roussin est lui aussi un homme simple, observateur et discret. Malgré une révolte sourde et une insolence retenue, il nourrit de sa curiosité des êtres une sagesse de moraliste. Pourtant, il choisit de jouer l'équilibriste sur le fil du rasoir. On est au bord du drame, de la bêtise, de la méchanceté et de la vanité : mieux vaut en rire quand il faudrait en pleurer. Roussin met le doigt sur les évidences médiocres de notre vie, mais le ton n'est jamais moqueur ni désabusé. Le rire qui désamorce éclaire sans blesser.

Dans *Les Œufs de l'autruche*, la famille, intouchable noyau que l'on croit à l'abri du monde extérieur, est une micro-société révélatrice du difficile dialogue entre les êtres, des incompréhensions secrètes ou non, des affections ou malheurs cachés. Bouffon triste et content de lui, autoritaire et colérique, Hippo – le personnage principal de la pièce – est un petit-bourgeois sans histoire ni sel jusqu'au jour où, ne faisant plus l'autruche, il doit reconnaître que l'un de ses fils est un gigolo et l'autre homosexuel.

« Il n'y en a qu'un qui puisse jouer ce rôle, a dit Madeleine Renaud à Roussin, c'est Pierre Fresnay ! » Et Fresnay de marmonner : « Il faudrait Raimu... » Mais César est mort il y a deux ans. « Ce serait bête de laisser passer cette pièce », ajoute-t-il. A deux reprises, au théâtre, dans le bureau directorial que Mme Printemps n'occupe jamais, Roussin relit le manuscrit à Fresnay. Ce texte inédit est de qualité, et ce qui intéresse justement le comédien est de faire surgir la « vérité scénique » d'un personnage qui n'existe que sur le papier. Au terme de la dernière lecture, il décide de monter *Les Œufs de l'autruche.* Lorsque l'on procède à la distribution des rôles, Yvonne refuse d'interpréter celui de la mère.

En raison du double spectacle, les répétitions des pièces de Roussin et Malaparte (ami de Roland Laudenbach) ont lieu simultanément. L'impromptu en un acte, inspiré de *La Recherche du temps perdu,* se passe en 1905, dans la garçonnière de Robert de Saint-Loup. Chevelure oxygénée et toux suffocante, Fresnay est Proust ; Yvonne, serrée dans un corset fin de siècle qui la moule des genoux aux aisselles, joue l'actrice Rachel Quand-du-Seigneur. Malaparte avait-il prévu un récital ? Sans doute celui-ci fut-il conçu spécialement pour

Yvonne Printemps. Elle chante « La Chanson des Écrevisses », « La Chanson d'Albertine » (ou « Souvenir de Printemps ») de Maurice Yvain, « La Chanson d'Odette » de César Frank, « Le Temps des Lilas » (extrait d'une partition d'Ernest Chausson *Le Poème de l'amour et de la mer*), « L'air des maris », « La Valse inédite » (ou « Je te veux », pastiche des airs de 1900 par Éric Satie), « L'air de l'Étoile » de Chabrier et « C'est le destin peut-être », extrait de *Trois Valses.*

Les critiques sont mauvaises. La plupart des chroniqueurs ne voient dans cet impromptu qu'un divertissement intellectuel et ennuyeux où il est question de Swann et des Guermantes. Dans *Les Lettres françaises*, Elsa Triolet met en doute le succès de ce « Reader's Digest du dieu Proust » auprès des lecteurs de *La Recherche.* Yvonne ne sauve pas le spectacle, mais lui donne son attrait.

« Mme Yvonne Printemps, écrit Yvon Audouard dans *France-Dimanche*, est de plus en plus charmante ; elle chante de mieux en mieux, et change cinq fois de robe à une allure telle que nous considérons son habilleuse comme la vedette de la pièce. »

Au théâtre, devant les comédiens et les employés, Yvonne est infernale, traitant Fresnay de chef de gare (parce qu'il est ponctuel), de « sous-off » (en souvenir du capitaine de Boëldieu), de petit cabot (on n'appartient pas impunément aux « Décombres », autrement dit la Comédie-Française) ou de concierge de la Michodière (« Vous n'êtes qu'un employé ici ! » lui dit-elle). Combien de fois Yvonne n'est-elle pas arrivée en claironnant : « Je viens de tromper Fresnay ! »

Aux répétitions, lorsqu'elle oublie les mouvements indiqués la veille, Pierre, qui assure les mises en scène de la Michodière, le lui fait remarquer :

– Mouret, tu n'es pas à la bonne place...

– Vous, taisez-vous ! réplique-t-elle. Vous êtes le

plus mauvais acteur de Paris : vous feriez mieux de vous occuper de vous ! Dire que je me suis entichée de cet Alsacien !

Tandis que Fresnay s'adresse au troisième personnage ou donne un ordre à l'éclairagiste, Yvonne gagne lentement la place indiquée à la précédente répétition.

– C'est bien, Mouret, lui dit-il.

– Occupez-vous donc de vos oignons !

Peu de temps avant la générale de *Du côté de chez Proust*, un caprice d'Yvonne oblige Fresnay à répéter seul avec Jacques Sernas. Il n'a pas voulu reporter cet exercice presque inutile de travailler à deux une pièce à trois personnages. Regagnant sa loge de moine au terme de la répétition, il passe devant la porte d'Yvonne et lui lance d'un ton furieux : « Vous êtes stupide ! » La générale aura lieu à la date prévue, mais la première est reportée pour cause d'indisposition : Fresnay fait une jaunisse.

Plus tard dans la saison, le rideau est tombé une nouvelle fois sur la dernière scène des *Œufs de l'autruche*. Contrarié par une dispute avec Yvonne, Fresnay est peu loquace. Au pied de l'escalier qui grimpe des coulisses aux loges, Jean-Henri Chambois et Clément Thierry s'effacent devant lui. « Je vous en prie, leur dit Fresnay, passez... Je suis ici chez moi. » Puis, il se reprend : « Après tout, vous avez raison ! Vous n'êtes pas plus ici chez vous que je ne le suis moi-même ! »

André Roussin lui-même, à qui Fresnay a avoué : « Du jour où j'ai rencontré Yvonne, je n'ai jamais regardé une autre femme », supporte difficilement les rapports excessifs du couple. Il les a baptisés « le jeu de l'amour et de la cruauté ».

« On prétend, raconte Pierre Fresnay dans une interview plus tardive au *Journal du dimanche*, que je ne joue jamais (et c'est, dit-on, stipulé par contrat) de scènes d'amour quand ma partenaire n'est pas Yvonne

Printemps, mon épouse. Ce n'est pas tout à fait la vérité, et cela pour deux raisons. La première, c'est que (...) je n'ai jamais eu envie de jouer ni de tourner une scène d'amour avec une autre femme qu'elle. Même en tant que comédien, je déteste faire semblant. Deuxième raison, je ne suis pas, depuis de nombreuses années, un comédien qui joue des rôles d'amoureux [1]. »

Lorsque André Roussin propose à Fresnay d'interpréter le rôle d'un homme à femmes qui ment à chacune, le comédien refuse : « Cela m'aurait amusé mais je ne peux pas. Ne m'en veuillez pas... Vis-à-vis d'Yvonne, c'est impossible. » A la même époque, Jean Delannoy lui demande de jouer le personnage masculin d'une nouvelle de Somerset Maugham, *Le Fond du problème.* Il y est question d'un homme dont une femme est éprise jusqu'au plus parfait mimétisme. « Non, vraiment, explique Fresnay, je ne veux pas. Ne croyez pas que ce soit à cause d'Yvonne. J'ai simplement trop souffert d'avoir été un jeune premier. »

Deux hommes s'affrontent en lui : celui qui veut jouer et l'autre qui voudrait l'en empêcher. Cette dualité explique son attirance pour les rôles de composition et l'usage du postiche. A Roussin, Fresnay demande l'autorisation de porter une moustache pour interpréter le personnage d'Hippo. « J'aurai l'impression d'un masque, ajoute-t-il. Cela m'aidera beaucoup. Sinon, je me sentirai tout nu ! » A Jean Delannoy, lors du tournage de *Dieu a besoin des hommes,* et à nouveau à Roussin, lors de la création de sa pièce *On ne sait jamais,* Fresnay réclame le postiche.

– Si vous voulez qu'il joue un rôle, répète Yvonne, dites-lui qu'il portera une perruque !

Abandon et réserve, plaisir et sérieux sont les deux faces du même individu. Homme de culture et d'écriture, premier lecteur d'Anouilh, Fresnay sait que le

1. *Le Journal du dimanche,* 1972-janvier 1975.

comédien « sculpte dans la neige », pour reprendre la belle image de Laurence Olivier. Il a regretté de n'être qu'un acteur. Brouille-t-il volontairement les cartes ? La complexité de sa nature y suffit amplement.

Il est le capitaine de Boëldieu et le bûcheron de Corbeval, le protestant qui ne pratique pas, l'homme de droite qui ne dit pas ses engagements en public, et le défenseur de cette « rigueur qui forge l'âme [1] », gai luron à ses heures. Auprès d'Yvonne qui cherche la bagarre, Fresnay est la victime consentante et l'amant jaloux, l'homme tout entier inscrit dans ses mains carrées, courtes et puissantes, l'homme des colères rares et non maîtrisées qui le plongent quelques minutes dans un état second.

Ils forment un couple en alerte. Elle le capte tandis qu'il la hante. Chacun connaît la jalousie et les exigences de l'autre, mais ils ne cessent de se surveiller, de se poursuivre, traqués et obsédés. Lui par elle, elle par lui. Fresnay a besoin de cette présence qui le dérange et l'anéantit : elle lui est une jouissance. Yvonne a su créer ce besoin qu'il a d'elle.

La valse de Paris

La Valse de Paris est l'avant-dernier film tourné par le couple Fresnay-Printemps, projeté dans les salles en 1949. Marcel Achard en est l'initiateur, le dialoguiste et le metteur en scène. Autour de deux personnalités de l'histoire de l'opérette – Jacques Offenbach et la chanteuse Hortense Schneider (elle est venue applaudir la petite Printemps sur scène avant de mou-

1. Propos tenus à Jean-Paul Sassy, réalisateur de *Tête d'horloge*.

rir en 1920) –, il a inventé une romance gaie, sensible et destinée à tous les publics.

Chacun y trouve son compte : Achard prête son humour et sa fantaisie propres à Jacques Offenbach ; Fresnay interprète le rôle du musicien au plus juste de son image historique : perruque et favoris, besicles ovales et accent israélite teinté de réminiscences d'Allemagne de l'Est ; Yvonne métamorphose Hortense Schneider en une Printemps du Second Empire : aisance, charme et entrain, esprit moqueur et coquin. Elle n'a jamais été si proche de ce qu'elle est dans la vie.

Portant de splendides toilettes dessinées par Christian Dior, lourdes de dentelles et broderies, Yvonne chante « Je suis veuve d'un colonel », « Mon Dieu, que les hommes sont bêtes », « La Chanson de Fortunio », « Dites-lui qu'on l'a remarqué ». L'adaptation musicale du film est signée Louis Beydts.

Avant le début du tournage, Yvonne décide de retrouver sa taille de Mozart : elle part avec Fresnay pour la Bretagne et s'impose un régime strict qui lui fait perdre huit kilos. Mme Printemps offre aux spectateurs une allure inchangée, mais le chef photographe doit utiliser quelques épaisseurs de mousseline pour rendre à Yvonne, l'année de ses cinquante-cinq ans, le visage lisse de la jeune Hortense.

Offenbach amoureux voit s'agiter, autour de sa chanteuse préférée, Berthier, le compagnon des premiers jours (Jacques Charon dans le film), le général Danicheff (Pierre Dux), le duc de Morny (Jacques Castelot). Tous sont épris d'Yvonne-Hortense qui papillonne et n'aime Offenbach que pour les airs qu'il lui compose.

– Elles n'aiment les blessures que lorsqu'elles ne les ont pas faites ! soupire le compositeur.

Yvonne attire, séduit, virevolte et s'échappe. Sur le plateau, elle est la Printemps : ange et démon, dompteuse et gamine. « Ne me touchez pas avec vos mains d'étrangleur ! » hurle-t-elle à Fresnay. Mais, dans les coulisses des studios, par la porte de sa loge restée délibérément ouverte, elle montre à qui voudrait passer sans la voir ses seins de petite fille et son corps intact. Ne lui répétera-t-on jamais assez combien elle est désirable ?

D'une fête à l'autre ou d'une solitude à l'autre, Mme Printemps s'habitue à l'alcool. Les occasions de déboucher champagne ou whisky ne sont plus suffisantes. Chez Maxim's, au Trianon-Palace à Versailles, au bar de la Michodière, mais aussi dans sa loge ou en compagnie de Mme Vecchioni, Yvonne boit. Elle chante « Happy Birthday » sur l'air de « Ce n'est qu'un au revoir » et, prenant la bière pour du champagne, humecte le lobe de ses oreilles d'une mousse qui ne pétille pas et ne porte pas chance.

– Ne buvez pas tant, Mouret ! lui dit Pierre au cocktail organisé pour la sortie du film de Jean Delannoy, *Dieu a besoin des hommes.*

– Vous m'emmerdez ! réplique Yvonne.

Elle a posé sa coupe, quitté la salle et pris la voiture. « On ne s'ennuie pas avec Yvonne ! » confie Fresnay à Delannoy, comme pour excuser une fatalité dont il s'est accommodé.

A cette époque, vers la fin des années 40, Yvonne Printemps contracte une maladie de peau localisée à l'extrémité des doigts. Ses ongles noircissent sous l'effet d'un champignon qui finit par les détruire. Pour une femme si soignée, ce mal inesthétique est une disgrâce. Il devient un calvaire d'un autre ordre, lorsque Yvonne s'aperçoit que limer ses ongles la fait terriblement souffrir. Elle ne peut plus les teinter de ce mélange d'eau et de mercurochrome qui leur donnait une couleur de coquillage.

Le 24 mars 1949, Mme Printemps a reçu les

insignes de chevalier de la Légion d'honneur. « Ce ruban rouge me va bien au teint », explique-t-elle. Le temps de la pleine gloire a passé, et Yvonne, que la rosette d'autrui n'impressionne pas, accueille avec reconnaissance l'hommage qu'on lui rend. Elle osera même porter la décoration sur le revers de son peignoir ou de sa robe de chambre, en plus des trois rangs de perles. Pour accrocher la croix et en témoignage d'affection, le personnel de la Michodière offre à Mme Printemps une barrette en rubis. La croix d'Yvonne est historique : elle a appartenu à la comédienne Julia Bartet.

On a proposé la Légion d'honneur à Pierre Fresnay. Après les remontrances qui lui furent adressées à la Libération, il s'étonne de la démarche. Pour quels services civils ou militaires mériterait-il cette distinction ? Pour ne plus être sollicité, il lui faut refuser fermement. Le chef de cabinet du ministre de l'Instruction publique dispose d'une décoration et de deux noms : Fresnay ou Anouilh.

– Je crois que vous tombez mal, lui a rétorqué le comédien, parce que le seul point sur lequel nous soyons aujourd'hui d'accord, Anouilh et moi, c'est bien ça. La Légion d'honneur est une chose mal définie. Ce n'est pas une consécration dans le métier, c'est quelque chose d'à-côté... Comme un pied dans l'administration [1]. »

François Périer à la Michodière

PIERRE Fresnay envisage de renouer avec le système de codirection théâtrale qui a fait les belles heures

1. *Pierre Fresnay,* par Fresnay et Possot.

de la Michodière. Depuis la mort de Victor Boucher, Yvonne a les pleins pouvoirs. On ne saura jamais ce que Fresnay souhaitait réellement : une véritable association qui s'est révélée illusoire ou la simple participation d'un jeune comédien en pleine ascension.

Il y a quelques mois, avant d'entrer en scène pour jouer *Les Œufs de l'autruche*, Fresnay a dit à l'ensemble de la troupe : « Ce soir, soyez très bons : Périer est dans la salle. »

Dans un premier temps, François Périer est engagé à la Michodière pour créer une pièce de Roussin, écrite à son attention : *Bobosse*. La première a lieu le 11 mars 1950. La pièce tiendra l'affiche jusqu'en décembre 1951. Le jour de la trois centième représentation, le théâtre annonce un « partage de la direction », formule reprise par *Le Figaro* dans son édition du 13 avril 1951. Le contrat scelle une association dont l'impératif pour François Périer est de consacrer l'exclusivité de son activité théâtrale à la Michodière. Yvonne Printemps, qui conserve « prérogatives et responsabilités », paraîtra une saison sur deux. Peut-il encore s'agir d'une codirection ? Pas un mot n'est dit sur Fresnay.

Faisant confiance à son instinct, Yvonne a soutenu le projet et le choix de Périer. Il a le respect du métier et n'est pas frimeur, il est astucieux et clairvoyant. Comme au temps du *Duel*, elle continue d'aimer ses rires de gosse, ses bavardages et ses blagues : leur complicité va durer quinze ans. Deux autres hommes, plus ou moins de la génération de François Périer, viennent rajeunir les troupes de la Michodière : Claude Willemetz, l'un des fils d'Albert et de Jane, et Claude Simonet qui allie une vocation de comédien à une formation d'expert-comptable.

Les rapports quotidiens et bienveillants qu'entretiennent Yvonne Printemps et François Périer instaurent une liberté de ton, si ce n'est une intimité. Il est le seul à oser lui dire ce que tout le monde pense en silence. Après une répétition au cours de laquelle Yvonne s'est montrée odieuse et blessante, Périer n'hésite pas à monter dans sa loge :

– Fichez-lui donc la paix, Yvonne ! Vous savez bien qu'en ce moment, il est fatigué : ne l'accablez pas davantage !

A d'autres, elle aurait répondu : « De quoi vous mêlez-vous ? », heureuse intérieurement que l'on défende Fresnay ; mais à François, elle consent à donner une explication :

– Écoutez, mon petit, chacun sa méthode. La mienne, c'est l'obsession... D'ailleurs, en ce qui vous concerne, il s'en est fallu de bien peu. Si vous aviez été un peu plus vieux !

L'omniprésence d'Yvonne n'est pas seulement un besoin, mais une arme. De toutes ses forces, elle veut empêcher Fresnay de penser à une autre. Elle craint qu'il ne s'échappe : sa hantise est d'être abandonnée. Le paradoxe du couple tient en un reproche mutuel : elle le soupçonne d'aller rejoindre des femmes de mauvaise vie, lorsque lui-même fait cet aveu : « Je connais toutes les frasques d'Yvonne, mais je l'ai prise à Sacha et je ne la quitterai jamais. »

L'amour selon Mme Printemps conjugue la volonté de plaire, la recherche du plaisir et un donjuanisme persécuteur.

– Une femme peut être désirable jusqu'à soixante-quinze ans, dit-elle, comme Ninon de Lenclos !

L'âge venant, Yvonne aime plaire aux hommes jeunes dont les regards la rassurent. A la Libération, lorsque Fresnay était au Dépôt, une panne de voiture l'avait contrainte à demander de l'aide à Jane Willemetz qui lui avait envoyé son neveu, Bernard Truchot, et l'un des fils Thiroloix, Pierre. Pour les remercier, Von les avait gardés à dîner. Ce fut une soirée de chansons et de séduction qui tourna la tête aux deux jeunes complices : à minuit, ils étaient fous amoureux de l'exquise et troublante Yvonne.

Plus tard, lors d'un souper qui suivit une représentation de *Bobosse* à laquelle assistaient Jean Jardin, son fils Pascal et une bande de ses amis, tous accompagnés de leur fiancée du moment, Yvonne éclipsa à nouveau les plus jolies. Il est difficile d'être plus femme que la Printemps.

Le plaisir, elle le cherche aussi dans d'autres bras que ceux de Fresnay. Les aventures sont nombreuses, les liaisons plus rares. Estimons qu'il y en eut deux. Aux amis qui savent ou devinent, elle semble dire : « Pourquoi m'en vouloir puisque j'aime Pierre ? » Elle ne peut empêcher son cœur de midinette de s'enflammer, ni son corps offert de chercher ailleurs plus de plaisirs.

Un jour de 1944, Yvonne est venue rejoindre les Thiroloix dans leur maison de Villeneuve-Saint-Georges. Bien que Pierre soit absent, elle est accompagnée. L'homme, élégant et svelte, a le charme d'un hidalgo. Il semble l'aimer, elle paraît heureuse.

Yvonne est une créature volage, mais, comme toutes les femmes, elle veut concilier l'amour et le bonheur. Nulle n'échappe au romanesque du tempérament féminin que résume la seule interrogation capable d'empoisonner la vie d'un conjoint : « J'aime, dit la femme, mais suis-je heureuse ? » A Simone Pineau, sa jeune répétitrice qu'elle rejoignait avenue Kléber, elle ne donne pas de conseils, mais murmure quelques mots : « L'amour, mon petit, l'amour ! Tout n'est pas désespérance... »

Yvonne-la-cavaleuse est loin de ces considérations. Papillonner est sa façon de garder confiance en elle. Cet étourdissement de l'épiderme dont elle a besoin est aussi la preuve de son insatisfaction. N'est-elle pas en quête d'un plaisir qui la comblerait ? Son charme n'en reste pas moins un pouvoir vengeur exercé sur les hommes. En chaque étrangère, Yvonne voit une rivale, mais elle ne déteste pas les femmes. Ce sont les hommes qu'elle condamne pour irresponsabilité, égoïsme et inconstance. Autant de mots qui la définissent elle-même.

Ressemblerait-elle à ce point à son père ? Ne faut-il pas voir dans l'amour qu'elle a porté à Palmyre et dans sa cruauté despotique vis-à-vis de Fresnay (et peut-être d'autres qu'elle a moins aimés) la manifestation d'une compensation pour l'un et d'une vengeance du père bourreau pour l'autre ? Le cas Guitry est à part : elle était jeune, il était le père Pygmalion et Lucien jouait le garde-fou.

Quelle que soit l'analyse, la conviction d'Yvonne est explicite : un homme ne doit pas quitter la femme qu'il a choisie.

Digne, à défaut de comprendre sa légèreté, Pierre admet. Si ce n'est de bon cœur, en tout cas avec sincérité. L'essentiel est qu'Yvonne soit près de lui car elle représente ce qu'il a de plus rare. Et combien il a raison ! Personne d'autre que Fresnay ne compte dans la vie de Mme Printemps. En 1953, lorsque Pierre est victime de son premier malaise, dans un cabinet particulier du restaurant Pierre, place Gaillon, Yvonne sort ses griffes de lionne blessée. Devant François Périer, Marie Daems et José Artur, elle vit un moment de fureur et de douleur. Cette femme est faite pour la passion et non pour les coups durs.

Roland Laudenbach est coscénariste du dernier film interprété par le couple Fresnay-Printemps : *Le Voyage en Amérique* d'Henri Lavorel. Cette comédie dramatique, de facture conventionnelle, n'est pas l'une des œuvres majeures des cinémathèques. Fresnay joue le rôle d'un directeur de succursale d'une société bancaire, ponctuel, précis et casanier. A l'inverse, Clotilde, son épouse (Yvonne dans le film), aime la mobilité et rêve de voyages. Pour se donner l'illusion du changement, elle déplace les meubles dans leur maison de Garancière, une petite ville de province où le notaire salue la libraire. L'annonce d'un événement heureux – la naissance d'un petit-fils de l'autre côté de l'Atlantique – est le grain de sable qui vient troubler la vie tranquille de Gaston Fournier. Clotilde aimerait partir pour les États-Unis et argumente avec opiniâtreté tandis que le futur grand-père invoque les plus mauvaises raisons pour ne pas quitter son chez-lui. Ils partent enfin. Morale de l'histoire rapportée du Nouveau Monde : la vie est partout la même. Yvonne aura fredonné quelques airs de Francis Poulenc.

Pierre Fresnay continue de beaucoup fréquenter les plateaux de cinéma. Il tourne *Un grand patron, Il est minuit docteur Schweitzer, Les Évadés, Le Défroqué*, et *Les Aristocrates* de Denys de La Patellière en 1955. De mars 1951 à avril 1953, le couple crée *Le Moulin de la Galette* de Marcel Achard, et reprend *Hyménée* d'Édouard Bourdet, créée en 1941 à la Michodière.

Le Moulin de la Galette est une histoire d'amour charmante et sans prétention. Marcel Achard a voulu montrer combien le bonheur rare des uns peut être insupportable aux autres.

– « Ils s'aiment, tu comprends, fait remarquer l'un des personnages secondaires, alors forcément, ils ne ressemblent pas aux autres... »

Après quinze ans de mariage, Isabelle et Auguste (Yvonne et Pierre Fresnay sur scène) vivent sans le sou, d'amour, de tendresse et de complicité. Lui est un joueur de piston, compositeur méconnu d'un concerto pour orchestre et cornet à piston ; elle cache les trous dans les murs avec des bouquets champêtres. On les envie et on leur cherche des misères. Même sans fortune, ils préfèrent leur bonheur.

Le 19 octobre 1952 a lieu la première d'*Hyménée*, une pièce sombre dans laquelle Yvonne Printemps joue le rôle d'Agnès, une femme encore jeune, rendue infirme par le mauvais traitement d'un virus attrapé à Hanoi. Paraplégique, clouée dans un fauteuil roulant, une couverture écossaise sur les genoux, elle ne s'exprime que par la voix, les mains et le visage. Il a fallu trois mois de discussions orageuses, habiles et tenaces pour qu'Yvonne accepte le rôle de cette femme disgraciée, amoureuse et jalouse, qui tire les ficelles d'une intrigue qu'elle conduit selon une stratégie destructrice. L'écriture témoigne de la dureté pudique et sensible coutumière de Bourdet.

Les échanges habituels du couple Fresnay-Printemps animent les répétitions. Aujourd'hui, les insultes d'Yvonne ne sont pas gratuites : elle est en désaccord avec Fresnay sur un détail important de sa mise en scène. Elle estime qu'il a prévu de trop nombreux déplacements pour Agnès. Comment peut-on imaginer pareil remue-ménage de chaise roulante ? Yvonne dit ne pas « sentir » la scène telle qu'il veut la lui faire jouer. Il maintient sa position, elle s'emporte, il s'entête. La colère de Mme Printemps éclate :

– Monsieur Fresnay, vous n'êtes qu'un con ! Comme tous les metteurs en scène, vous n'entendez rien au jeu des acteurs. Vous leur faites faire n'importe quoi parce que vous avez écrit ça sur votre brochure ! Mais moi, vous ne m'aurez pas, parce que je vous emmerde !

Yvonne a jeté la couverture écossaise et claqué la porte du décor. Fresnay demande à Denise Bourdet de jouer le rôle d'arbitre. La seconde épouse du dramaturge retourne aux sources et consulte le manuscrit original d'*Hyménée* dont une phrase fut supprimée à l'édition : « Au centre, a noté Bourdet, une grande table rectangulaire encombrée de livres. Le fauteuil d'Agnès se trouve presque toujours à la droite de cette table, face au public. »

Mme Printemps avait raison.

Hyménée remporte un beau succès auprès du public. La reprise de la pièce est suivie d'une tournée en province organisée par les Karsenty.

A la même époque, l'une des petites chiennes – Sisi ou Pati, fox de concierge – meurt, et sa disparition cause un immense chagrin au couple Fresnay-Printemps. Roland Laudenbach écrit alors quelques mots à Yvonne : « Petite Yvonne, j'ai le droit de vous appeler ainsi parce que la tristesse resserre le cœur. J'ai hésité à vous écrire parce que le silence me paraît toujours plus éloquent que les paroles. Voilà un peu plus de silence... Recevez-le comme gage de ma profonde et mystérieuse affection, Roland [1]. »

La brouille avec Anouilh

« Le fait qu' Anouilh soit venu habiter rue Saint-James, en face de la maison, a été, hélas, une conclusion à beaucoup de choses », expliquera Fresnay à la fin de sa vie [2]. La proximité favorise l'usure, l'agacement, et transforme le témoin en voyeur. Quelle était la réaction d'Anouilh lorsque Yvonne Printemps jetait par les fenêtres les vêtements de Fresnay ? Et quels furent les liens (sans doute en dents de scie) entre Yvonne et Monelle Valentin, la compagne d'Anouilh ?

La star représente ce que n'aime pas le dramaturge. Il la trouve capricieuse, ridicule, insupportable et tellement égocentrique. Comme Géraldy, Clouzot, Roussin et Achard, il comprend le « jeu de l'amour et de la cruauté », mais si problème il y a, il existe moins dans le rapport avec le couple que dans la relation Anouilh-

1. Collection Laudenbach.
2. *Pierre Fresnay*, par Fresnay et Possot.

Printemps. « Elle disait que j'étais le Diable et que j'avais une mauvaise influence sur lui », raconte Jean Anouilh dans son livre de souvenirs [1].

Yvonne a dû prendre ombrage des liens forts, mais difficiles, qu'entretiennent depuis vingt ans le comédien et le dramaturge. Jalouse de leur complicité et d'une entente intellectuelle dont elle est exclue, étrangère à cette curiosité qui pousse l'homme de culture qu'est Fresnay vers les créateurs, Mme Printemps estime qu'Anouilh a trop empiété sur l'espace vital du couple et sur sa propre autorité.

Elle n'a jamais compris l'homme et ne le comprend pas plus aujourd'hui qu'hier. Sans doute faudrait-il qu'elle dépasse la brusquerie apparente d'Anouilh et son caractère bourru. Mais pourquoi Yvonne ferait-elle cet effort ? Ce sont les autres qui doivent s'adapter à elle, en aucun cas l'inverse. Il lui est intolérable d'entendre l'auteur dramatique s'adresser à Fresnay de façon discourtoise, cassante ou brutale. Yvonne s'est attribué le droit exclusif de se moquer de Pierre ou de l'insulter. Jamais elle n'admettra qu'un témoin se range à ses côtés contre lui. Au contraire, elle prend en affection ceux qui osent défendre Fresnay contre elle. Lorsque Anouilh apostrophe le comédien en l'appelant « Petite caporal », elle enrage tandis que Pierre observe.

« Anouilh a un caractère qui est absolument à l'opposé du mien, explique-t-il. Il a un caractère, je crois, affectueux et tendre, mais dans l'hostilité, dans la blessure constante. C'est très délicat pour un homme comme moi... J'aime les rapports aisés, faciles et sains. (...) Je suis un optimiste à tous crins et Anouilh, avec des tendresses, des gentillesses, des délicatesses qu'on ne soupçonne pas, peut brusquement vous échapper, s'éloigner, se retourner, c'est très curieux ! Je devais

1. *La Vicomtesse d'Eristal n'a pas reçu son balai mécanique,* de Jean Anouilh.

faire ma carrière avec lui, il m'a proposé tous les rôles de ses débuts et, en fait, je ne l'ai jamais joué que trois fois [1]. »

La rupture avec Yvonne a vraisemblablement eu lieu vers 1953, lorsque Anouilh se sépare de Monelle Valentin et épouse Nicole Lanson. Dès qu'un homme de son entourage s'avise de quitter la femme avec laquelle il vit, Mme Printemps réagit, selon le contexte et les relations préexistantes, par la réprobation ou la mise à l'écart. Bernard Truchot, le neveu des Willemetz, Roland Laudenbach et quelques autres auront à subir ses remontrances.

A la Michodière, Yvonne n'hésite pas à injurier et à chasser de son théâtre le pauvre Fernand Gravey qui vient de se séparer de Jane Renouardt, plus âgée que lui de dix ans. Ils s'étaient rencontrés dans les années 20 : lui était un jeune premier fantaisiste, elle dirigeait le théâtre Daunou. Malgré la liaison qu'Yvonne n'ignore pas entre Jane Renouardt et Georges Guynemer, elle défend l'actrice délaissée, ou plutôt agonit le traître et l'infidèle. Imaginez que Fresnay prenne exemple!

Seul François Périer, lors de son divorce, échappe aux réprimandes.

Anouilh et Fresnay vont continuer de se voir, clandestinement, dans un bar près de la Michodière ou au théâtre, en l'absence d'Yvonne. Comme il a coutume de le faire depuis *L'Hermine*, et jusqu'à son installation de quasi-ermite en Suisse, le dramaturge sentira le besoin de lire ses nouvelles pièces à celui qui fut son premier auditeur.

1. *Pierre Fresnay*, par Fresnay et Possot.

« *Jamais, jamais je ne te laisserai en paix!* »

« JE chante sans arrêt pour moi, raconte Yvonne Printemps. C'est bon de chanter sans cette angoisse qu'apporte la présence du public. Dans la salle de bains, c'est si bon d'y aller de tout son cœur pendant que les robinets coulent [1]. »

Lorsqu'elle chante, Yvonne est touchée par la grâce. Pendant les représentations de la pièce *Du côté de chez Proust*, elle a pris froid. Fiévreuse, elle est à peine capable de parler et Fresnay s'étonne qu'elle puisse encore chanter.

Avec le temps, quel que soit le registre de sa prestation, l'anxiété subite qu'Yvonne a toujours ressentie avant d'entrer en scène s'est transformée en effroi. Ce trac non maîtrisé qui provoque souvent sa fuite (on la rattrape place de l'Opéra), et la difficulté de trouver un rôle chanté à sa convenance (« Mieux vaut une bonne comédie qu'une opérette moyenne », dit-elle) vont précipiter sa retraite. A coup sûr, il lui sera plus facile de renoncer au théâtre en 1959 que de déclarer forfait pour le chant. Yvonne n'a-t-elle pas avoué que seule la musique la contentait à peu près ?

En 1953, il a fallu toute la persuasion de Pierre Hiegel, directeur artistique chez Pathé Marconi, et l'insistance de Fresnay pour qu'elle accepte d'enregistrer huit extraits musicaux dont le *Largo* de Haendel. Son dernier passage dans un studio date de mars 1941. Yvonne avait alors chanté des airs d'André Messager : la partition de *L'Amour masqué* et quatre chansons de l'opérette *Véronique* (le duo de l'âne, le duo de l'escarpolette, « C'est Estelle et Véronique » et « Adieu, je pars »). Plus de dix ans se sont écoulés et la séance

1. *L'Impromptu de Neuilly.*

d'enregistrement est une épreuve. Mme Printemps peste contre l'infâme micro et hurle aux oreilles de Fresnay et de Hiegel : « Vous êtes des criminels, des assassins ! »

En 1954, à l'occasion de la soirée d'adieux à Marguerite Deval, presque centenaire, Yvonne accepte de chanter une dernière fois sur la scène de la Michodière. Elle n'a pas pu refuser. Une estime affectueuse lie les deux femmes depuis plus de trente ans. « La Guite », comme l'appelle Sacha, a offert à la petite Printemps trois de ces boîtes en argent émaillé qu'elle adore et dispose sur toutes les commodes à Neuilly.

Pour Marguerite Deval, Yvonne chante le *Potpourri d'Alain Gerbault* et le premier acte de *Mozart*. A l'orchestre, une Américaine applaudit : elle vit à New York et s'est déplacée tout exprès pour écouter une voix que le public n'entendra plus.

Le 22 avril 1954, Yvonne Printemps et Pierre Fresnay créent *Voici le jour*, une pièce tragique de Jean Lasserre qui tient l'affiche moins de deux mois. Dans un pays d'Amérique du Sud, secoué par la révolution, la belle et encore jeune supérieure d'un couvent entraîne dans la fuite ses nonnes déguisées en gourgandines. Fresnay campe un valeureux capitaine chargé de les ramener dans leur communauté. Malgré l'ébauche d'un rapprochement sans avenir entre l'officier et la religieuse, la morale est sauve : ils sont tous deux victimes de la révolution.

Le 25 juillet, Yvonne a soixante ans. Comme s'il avait voulu lui souhaiter cet anniversaire sans la blesser et la préparer à ce changement de dizaine qu'elle redoute, Fresnay a eu cette délicate attention d'offrir à Yvonne, pour Noël 1953 et la nouvelle année, un livre dont elle est le sujet et lui l'initiateur. *L'Impromptu de Neuilly* est le double portrait d'une star et d'une femme par les témoins de sa vie.

Le volume s'ouvre sur une petite pièce de théâtre dont les personnages sont les amis d'Yvonne. Tandis que le couple Fresnay-Printemps joue à la Michodière, Albert et Jane Willemetz, Toto Barreyre, Marcel Achard, François Périer, Louis Beydts et Paul Thiroloix se retrouvent à Neuilly pour évoquer la carrière et la personnalité de leur amie. Des textes signés Édouard Bourdet, Noël Coward, Jean Jardin ou Bernard Gavoty, ainsi que des extraits de coupures de presse complètent les données de l'impromptu.

D'un commun accord, les protagonistes ont perdu la notion du temps. Fresnay lui-même, qui a rédigé la notice biographique publiée à la fin de l'ouvrage (le brouillon de la main du comédien fait partie des archives Laudenbach), mentionne de façon évasive la naissance de la petite Wigniolle à la fin du siècle dernier.

Yvonne est désormais fâchée avec les dates et les années. A quoi bon fêter un anniversaire ? Le jour du printemps lui suffit.

Au témoignage qu'il lui envoie de Suisse, pour parution dans *L'Impromptu de Neuilly*, Jean Jardin joint un mot manuscrit daté du 9 février 1953 :

« Yvonne, chère Yvonne, ce texte est pour vous, même alors qu'il serait mofidié pour paraître, j'aimerais que vous le gardiez tel quel. Il commence par le mot " amitié " et s'achève sur le mot " bonheur ". Vous savez combien je pense à vous (vous m'avez appris comment il faut faire) et par conséquent combien je prie pour que vous ayez toujours l'un et que vous gardiez l'autre. Je vous embrasse, Jean [1]. »

La comédienne est de plus en plus réticente à toute création théâtrale. Son avant-dernier rôle est celui de Madeleine, l'un des deux personnages principaux d'une comédie intimiste d'André Lang écrite pour le couple Fresnay-Printemps. *Le Voyage à Turin* est créé

1. Collection Christiane Le Boulère.

à Bruxelles le 11 mars 1956 et repris à la Michodière du 13 septembre 1956 au 14 avril 1957. Andrée Tainsy interprète le troisième personnage à mi-chemin entre l'employée de maison et la confidente.

La critique ne voit dans cette comédie qu'un numéro d'acteurs. Pourtant, avec clairvoyance et finesse, André Lang y traite de la vie du couple, des pièges de l'habitude, du péril de l'ennui et de la difficulté d'accepter la façon d'aimer de l'autre. L'intérêt de cette variation sur un thème rebattu n'est pas négligeable pour mieux comprendre Mme Printemps. Madeleine est son double. « Je suis lionne », dit-elle, revendiquant sa nature indomptable. Dans *Le Voyage à Turin*, Madeleine met en pratique sa théorie de l'amour-défi, et en filigrane, on reconnaît la profession de foi d'Yvonne. Il n'est qu'un objectif à atteindre et qu'une arme pour y parvenir : l'amour d'abord et l'étonnement toujours.

Madeleine est une femme divorcée et indépendante, directrice d'une maison de couture. D'une nature instinctive et passionnée, elle est intelligente, exaltée, romanesque et exigeante. Elle aime l'amour et, pour mieux le vivre, prétend qu'il faut jouer avec. Madeleine ne veut pas qu'on l'épouse, elle veut qu'on l'aime :

« – Je n'aime que l'amour. Je nourris d'amour mes veilles et mes songes. L'amour me tient en curiosité, en appétit, en jeunesse. L'amour me fait oublier que les aiguilles tournent sur les cadrans, que les années n'ont que trois cent soixante-cinq jours et qu'il y a d'autres saisons que le printemps. Tout ce qui ressemble à l'amour m'attire, me grise, m'exalte comme une midinette. »

Au début de la pièce, Madeleine, qui est sur le point de partir pour Turin revivre des souvenirs, rencontre René (Pierre Fresnay). Il est l'ordre et la clarté, la mesure et le discernement. Son seul guide est la raison et, comme il se connaît, il ne cherche pas une femme qui serait sa moitié mais son double.

Le premier contact avec Madeleine est un affrontement. Parce qu'il l'aime et en est aimé, René accepte de placer l'amour plus haut que tout. Il est aussi flatté : elle voulait un homme, un vrai, et non un freluquet « exclusif par vanité et généreux par conformisme ». Maintenant, elle veut l'amour qui, pour durer, cultive l'extravagance. Elle n'a que faire d'un bonheur tiède et entendu, d'une paix retrouvée qui sent l'abdication.

– C'est l'ennui qui tue l'amour, confie Yvonne au critique Gilbert Guez. On ne peut pas l'empêcher de décroître, mais il faut se méfier de l'ennui. Avec l'amitié, c'est différent. L'amitié réserve surtout des surprises [1].

Dans *Le Voyage à Turin*, Madeleine explique :

« – Les deux ennemis mortels de l'amour, ça n'a pas varié depuis des siècles et il n'y a pas de vaccin contre ça, sont toujours la sécurité et l'habitude. »

Mais l'homme insiste :

« – Tu ne veux pas qu'on reconnaisse une bonne fois qu'on s'adore, qu'on est heureux et que le reste n'existe pas ? »

« – Pour que tu puisses enfin penser à autre chose ? interroge Madeleine. Jamais, jamais je ne te laisserai un jour en paix ! »

A Neuilly, au quotidien, Yvonne surprend Pierre Fresnay par une perruque, un accoutrement, une imitation auxquels il ne s'attend pas. Sur scène, Madeleine se déguise en serviteur alsacien : toison rousse, fine moustache, gants blancs et grosses chaussures. Pour que ce jour ne ressemble pas à un autre.

Mais pourquoi entretenir aussi la tempête, bousculer le conjoint jusqu'à l'irritation ?

« – Si je lui disais vraiment ce que je pense de lui, avoue Madeleine à sa confidente, je serais fichue... Il s'enfuirait épouvanté au bout du monde. »

---

1. *Paris-Théâtre,* n° 116.

Le 24 juillet 1957, Sacha Guitry s'est éteint près de Lana Marconi, sa cinquième épouse, qu'Yvonne a surnommée « l'Arabe ». Peu après la guerre, Simone Pineau avait rencontré Sacha avenue Elisée-Reclus. « Ah, Mozart... Notre Mozart ! » avait-il simplement murmuré à celle qui accompagnait Von au piano depuis 1935.

Pierre est étonné du silence d'Yvonne.

– Pourquoi voulez-vous que je sois bouleversée puisque je l'ai quitté ? dit-elle.

Pendant plus d'une semaine, Mme Printemps ne paraît pas en public et se réfugie à Marnes, chez Jane Willemetz.

Le neveu de Pierre

ROLAND est le fils d'Henri, le frère aîné de Pierre Fresnay. A peine une génération sépare l'oncle du neveu. Protestant et antirépublicain, Laudenbach est un homme de passion et de loyauté qui aime la Bretagne et déteste la démocratie. Une nature pudique et curieuse, mais sans illusions, le porte vers le genre humain, tandis que le monde d'aujourd'hui où il se sent déplacé suscite ses révoltes et ses inquiétudes.

« Je dois beaucoup à Roland, explique Fresnay. J'ai eu une grande intimité avec lui. Nous communiquions tout le temps et il a eu de l'influence sur moi. Il a apporté une liberté dans nos rapports qui m'a laissé quelque chose de précieux, car il m'est arrivé fréquemment d'en manquer. Roland a apporté dans mon caractère une quantité d'échappées. C'est très drôle car lui est croyant dans la religion protestante, alors que je ne le suis pas! Il n'était donc pas normal que je reste le plus sectaire [1]. »

Roland Laudenbach a signé ou cosigné les scénarios de plusieurs films dans lesquels Fresnay tient le premier rôle : *Le Voyage en Amérique* d'Henri Lavorel, *La Route Napoléon* de Jean Delannoy, *Le Défroqué* et *L'Homme aux clefs d'or* de Léo Joannon. Il est depuis la fin des années 40 le directeur de la Table Ronde, maison d'édition dont l'origine est une revue fondée en 1943 par Roger Mouton, homme d'affaires et ami de Jean Jardin. Quelque temps après la guerre, Thierry Maulnier propose le nom de La Table Ronde pour la nouvelle société éditrice, et Roger Mouton demande à Jean Jardin, qui en est le conseiller amical, de trouver un directeur. Jardin en parle à Pierre Fresnay qui lui recommande son neveu. Pendant plus de trente ans, Roland Laudenbach va donner à La Table Ronde ses marques distinctives et faire de la maison d'édition un état d'esprit. L'orientation politique est affirmée à droite et les liens entretenus avec les auteurs (Anouilh, Jacques Laurent, Antoine Blondin ou Michel de Saint-Pierre) sont amicaux dès l'origine ou le deviennent.

Pour Fresnay, Roland est le neveu et l'ami, l'interlocuteur privilégié, le témoin et le confident. Lorsque Yvonne ferme les portes de Neuilly (celle de sa chambre, celles de la maison, du garage et de la grille d'entrée), Pierre se réfugie chez Roland Laudenbach qui, comme d'autres, observe la vie du couple, admet le jeu de la cruauté et reconnaît le sentiment d'amour. Peut-être est-il l'un de ceux qui ont le mieux compris la Printemps. Dans une lettre adressée à Pierre Fresnay, probablement en 1953, il s'est ainsi exprimé :

« Moi aussi je voudrais te téléphoner, mais d'abord pour prendre des nouvelles d'Yvonne Printemps. Je ne t'en parle jamais, non par indifférence mais retenue,

---

1. *Pierre Fresnay,* par Fresnay et Possot.

par une sorte de pudeur dont je ne me débarrasse pas. J'ai pour elle un grand respect, et j'ai aussi le sentiment qu'aucun auteur dramatique n'a jamais su tirer un vrai parti des dons qu'elle manifeste et que je lui soupçonne. Comme nous, et même mieux que nous, Yvonne aurait dû vivre sous nos rois. Louis XIV l'aurait fait chanter de jolies chansons tendres et nobles que Lulli aurait écrites pour elle et qui sait si, à l'autre siècle, Marivaux n'aurait fait un autre personnage à sa mesure ? Clouzot n'est pas Marivaux. Ni Bourdet d'ailleurs, ni même notre Anouilh. Giraudoux est trop universitaire, trop bavard, trop inquiété par ses réminiscences grecques pour voir Yvonne Printemps sous son vrai jour et sa propre lumière. S'il n'était pas ce qu'il est, s'il était ce qu'il n'est pas (c'est-à-dire amoureux), de tous, Cocteau serait peut-être celui qui aurait le plus d'intelligence, le plus de grâce, le sens le plus classique car Yvonne Printemps est classique. Il lui manque, à Cocteau, la tendresse [1]. »

Au théâtre, la seule collaboration de Pierre Fresnay et Roland Laudenbach est *Bille en tête*, farce satirique créée en février 1957 à la Michodière. Le cinéaste Léo Joannon, ami de l'oncle et du neveu, a proposé à Fresnay le rôle d'un professeur attaché aux traditions, indépendant et doux anarchiste, qu'un ancien élève entraîne vers de nouvelles méthodes d'enseignement. Roland écrirait les dialogues de ce sujet qui séduit aussitôt le comédien. Mais en raison d'un emploi du temps chargé au cinéma, Pierre Fresnay offre à son neveu d'écrire l'histoire pour le théâtre. En juillet 1956, Roland Laudenbach envoie ce mot à Yvonne :

« Chère Cousine, (...) je fais appel à l'amitié de votre férocité : quand vous lirez cette farce, si elle est mauvaise, ou simplement si elle vous ennuie, le meilleur service que vous puissiez nous rendre à Pierre et à moi,

1. Collection Laudenbach.

c'est de nous le dire. Je vous l'écris sans rougir et comme je le pense. Rien ne me ferait de peine comme de vous entraîner dans un four. (...) Pierre a son jugement un peu obscurci. Il faut que vous voyiez clair pour lui (...) Chère Cousine, sachez d'abord surtout que rien ne m'importe comme votre bonheur et votre paix dont dépendent si étroitement ceux de Pierre. Je ne voudrais pas que ce projet soit une ombre dans votre ciel de Neuilly. S'il l'était, embrassez-moi et n'en parlons plus. S'il ne l'est, je vous embrasse, votre Roland [1]. »

Bille en tête, dédiée à Curzio Malaparte, est un four, mais la pièce a d'évidentes qualités de construction et d'écriture. Le personnage du professeur est un habile mélange d'érudition, de générosité et de naïveté. Pour que ses élèves recouvrent la raison après les dégâts causés par un enseignement de frimeurs, le professeur préconise, avec une sagesse désabusée, des cours de sommeil...

Pierre Fresnay n'est pas étranger à l'échec de *Bille en tête* qui est représentée dix fois. Il était impensable de monter la pièce ailleurs qu'à la Michodière ; mais, après en avoir décidé ainsi, Fresnay a été pris de scrupules. Il a travaillé la mise en scène et fait répéter les comédiens en catimini, hésitant entre deux partis – le drame et la comédie – et n'en prenant aucun. Anouilh, qui est venu assister à l'une des répétitions de la pièce, s'est étonné de l'ambiguïté de la mise en scène. À son avis, il aurait fallu pousser la satire comique à son paroxysme.

La critique n'a pas discuté le travail de Fresnay, mais les liens entre l'auteur de la pièce et le comédien. « *Bille en tête* : deux actes de népotisme », titre *France-Soir*. D'autres heureusement se moquent de la parenté. Dans la revue *Arts*, Pierre Marcabru défend le brûlot et trouve une « nervosité incisive » au texte de

1. Collection Laudenbach.

Laudenbach. Lorsque *L'Avant-scène* publie *Bille en tête*, Pierre Fresnay, outré de l'article paru dans *France-Soir*, n'hésite à dire ni son indignation ni le bien qu'il pense de la pièce et de son auteur. « Doit-on s'attendre à ce que des guignols s'amusent de guignols ? » demande-t-il.

En soutenant Pierre, Yvonne a plaidé en faveur de *Bille en tête*, mais, intraitable et lunatique, elle va réussir à éloigner Fresnay de son neveu.

1958 : Le dernier rôle

DEPUIS quelques mois, Pierre Fresnay veut convaincre Yvonne de tourner, sous la direction de Maurice Delbez, une comédie dont Roland Laudenbach a signé les dialogues. Elle y jouerait le rôle de Lucrèce, sœur abusive du directeur d'un quotidien national dans lequel elle signe la chronique mondaine et d'autres billets d'humeur au ton musclé. Le titre du film, *Et ta sœur*, n'est pas du meilleur goût. Fresnay obtient pourtant gain de cause : ils signent les contrats avant de procéder aux premiers essais.

– Pour qui me prend-on ? s'exclame Yvonne lors de la projection. A-t-on idée de travailler avec des gens aussi incapables ? Où ont-ils appris à photograhier ?

A cause des essais bâclés par un jeune incompétent, elle ne voit sur l'écran qu'une femme qui lui ressemble à peine et n'a rien d'Yvonne Printemps. A une étoile, il faut un artiste. On fait alors appel à un professionnel qui l'a photographiée dans *La Valse de Paris*.

La projection des nouveaux essais lui est un coup de grâce : Yvonne s'effondre. Elle a soixante-quatre ans. Aucun photographe au monde, ni aucune technique de prise de vues ne peut lui rendre l'éclat de sa jeunesse.

– Je ne jouerai plus jamais, déclare-t-elle.

Bien que la sentence soit tombée, Fresnay conjure Yvonne de poursuivre, en vain. Arletty, qui est dans une mauvaise passe, reprend le rôle : « Je suis entrée, dit-elle, dans les costumes d'Yvonne sans m'occuper de ce qu'était le film. »

Et ta sœur est un échec.

Le 18 juin 1958, Yvonne reçoit une carte des Willemetz qui sont à Monaco : « En souvenir de tant de souvenirs, chère Petite Von, nous vous embrassons bien tendrement en nous réjouissant de vous retrouver tous les deux, Tino et votre Janot [1]. »

Lorsque Pierre Fresnay lui propose de reprendre *Père* d'Édouard Bourdet, elle refuse d'interpréter le rôle de Diane créé par Marguerite Deval en 1942. A l'époque, Yvonne jouait Sylvia, et Pierre Fresnay, Alain. Aujourd'hui, Anne Vernon et François Guérin sont les interprètes de la jeune génération. Fresnay, qui reprend le rôle créé par Pierre Larquey, désespère de la décision d'Yvonne lorsque, enfin, elle consent. Après tout, Diane est la mère d'Alain, mais elle fut la maîtresse d'un grand homme et reste une femme désirable. Les représentations commencent le 8 septembre 1958 et s'achèvent le 1er juin 1959.

Au yeux de François Guérin, Mme Printemps est une personne chaleureuse, mais difficile car lucide. En qualité de comédienne, elle intimide par sa grâce et son assurance. Malgré le trac, la scène est son territoire. Oser interrompre le cours d'une représentation parce que le froissement de papiers de bonbons ou les plaintes d'un enfant la gênent suppose une longue carrière et la confiance du public.

« Ce soir, Yvonne est d'une humeur massacrante ! » prévient parfois Claude Willemetz, averti par Fresnay

1. Collection Christiane Le Boulère.

qui adapte aux circonstances le système des petits mots glissés sous la porte des Karsenty.

Dans son livre de souvenirs, *Hier, à la même heure*, Anne Vernon témoigne des excès caractériels de la star capricieuse et irresponsable, qui en prend à son aise avec le texte, minaudant et soupirant tant et plus. Mme Printemps hurle, gronde et gifle, fait un scandale en coulisses si Pierre et François Guérin oublient de venir la chercher pour saluer. Comment pourrait-elle s'avancer sur le devant de la scène sans qu'on l'en ait priée d'une main tendue ? Hors du monde, Yvonne rejette ce présent qui l'oublie et laisse place à d'autres. Lorsqu'on évoque Édith Piaf, elle fait croire que ce nom lui est inconnu : « Madame *Chiaff*, dites-vous ? » Et quand Ida Bourdet, l'épouse de Claude (fils d'Édouard), lui annonce la venue à la Michodière d'Ingrid Bergman, Yvonne demande sur un ton pointu, faussement interrogateur : « Qui est-ce ? »

Seules les figures de son passé, dont Arthur Rubinstein, trouvent grâce à ses yeux. La visite du pianiste polonais dans la loge de Mme Printemps est le prétexte d'un numéro de stars devant quelques jeunes regards ébahis.

– Parle-moi de Paderevski, demande Yvonne.

– Remarquable technicien ! répond Rubinstein qui dit à son tour :

– Mon rossignol, s'il te plaît, donne-moi une note...

Cinquième chapitre

1959-1975

« Il est un pouvoir dont le temps
Respecte et redoute les armes.
On le possède à cinquante ans
Comme à dix-huit – et c'est le charme ! »

L'Amour masqué,
Sacha GUITRY,
André MESSAGER.

« Cinquante-quatre ans sur scène, ça suffit ! »

« DITES-MOI, Von, pourquoi refusez-vous de bisser un couplet quand une salle vous acclame ? »

A cette question d'Albert Willemetz, Yvonne avait répondu : « Je viens de donner le maximum et je crains d'être inférieure en chantant à nouveau. »

Tout est dit : le seul souci de Mme Printemps, femme et artiste, est de ne pas déchoir. L'idée qu'elle se fait de son métier la contraint à la perfection. Une cantatrice doit se retirer si son chant perd en ampleur, limpidité et justesse.

Comme elle est comédienne, Yvonne a moins ménagé sa voix qu'une chanteuse d'opéra-comique. Diction et chant ne font pas bon ménage. Le souffle résonne dans la tête lorsque l'on chante ; il résonne dans la voix, lorsque l'on parle. Évoluer sans cesse d'une forme d'expression à l'autre nuit aux qualités de souplesse et d'agilité de l'instrument vocal. Alcool et tabac n'arrangent rien.

Sans cligner des yeux, Yvonne Printemps regarde la vérité en face : par intermittence, sa voix est moins élastique et il lui arrive de ne plus pouvoir la maîtriser à sa guise. Seul un mélomane peut se rendre compte du décalage. Mais qu'importe l'auditeur ! Dès qu'elle a senti le risque d'une faiblesse, Yvonne s'est interdit de chanter en scène. Depuis la soirée d'adieux à Marguerite Deval, en 1954, on ne l'a plus entendue en public.

La voix est-elle moins bonne au point de ne pouvoir interpréter deux ou trois mélodies par représentation ? En 1959, tout est prétexte pour prendre des distances. Il y a deux ans, Yvonne opposait un refus définitif à un projet cinématographique : la caméra lui renvoyait d'elle-même une image qui n'était plus présentable.

– Il ne faut pas changer..., dit-elle sans amertume, soulagée de prendre en secret la décision qui s'impose : ne plus paraître.

Le 2 septembre 1959, François Périer crée *Gog et Magog* qui tiendra l'affiche jusqu'en janvier 1963. La comédie anglo-saxonne qui fut un succès mitigé à Londres connaît un triomphe dans son adaptation française. Yvonne n'y est pas étrangère.

Dix jours avant la générale, François Périer lui a demandé d'être présente à l'une des dernières répétitions. Installée dans un fauteuil, à l'orchestre, Mme Printemps découvre la pièce qui raconte les prolongements d'une supercherie : un homme dédouble sa vie en faisant croire à l'existence d'un frère sosie. D'emblée, le spectateur est au fait de la ruse puisque le personnage principal dévoile le stratagème au début du premier acte.

– Quelque chose ne va pas du tout, déclare Yvonne au terme de la répétition. La pièce est mal construite. Il ne faut pas que François révèle la supercherie dès la première scène, mais au début du deuxième acte.

Pierre Fresnay reconnaît que l'observation ne manque pas d'intérêt. Une nouvelle fois, le bon sens et l'intuition d'Yvonne permettent de rétablir l'équilibre dramatique d'une pièce. François Périer a dû se féliciter de cette intervention : *Gog et Magog* sera représenté mille soixante-sept fois au théâtre de la Michodière.

A l'automne 1959, personne n'oserait présager un tel succès. Pour les saisons futures, Pierre Fresnay cherche de nouveaux textes qui permettront au couple d'interpréter des rôles inédits. Mais, depuis plusieurs mois, Yvonne refuse toute proposition. Seule trouverait grâce à ses yeux la création de la dernière comédie de Noël Coward, *Marquise*. L'annonce qui en est faite dans *Le Figaro* du 12 février 1960 est cependant prématurée. Le projet n'aboutit pas.

Après avoir été une Mariette centenaire et une grand-mère amoureuse, au premier acte d'*Auprès de ma blonde*, Mme Printemps pourrait, à soixante-cinq ans, jouer le répertoire des vieilles dames indignes. Les temps ont changé. Lorsqu'elle n'avait pas l'âge des rôles, le travesti l'amusait ; aujourd'hui, elle n'a plus besoin de fards pour se vieillir, mais ces dames tout en rides et cheveux blancs la font fuir.

Fresnay se heurte à un mur. Quels qu'ils soient, ces arguments sont vains. Que ne la laisse-t-il en paix ! Sa décision est sans appel : ce qui est bon pour les autres ne l'a jamais été pour elle. Pierre Fresnay sait que la personnalité d'Yvonne est trop individuelle, personnelle et volontaire pour qu'il ait gain de cause. « Quel gâchis ! » pense-t-il.

Mme Printemps ne pourrait-elle jouer que les séductrices ? La question ne se pose pas seulement en termes de rôles. Lorsqu'elle refuse d'incarner à la scène une femme vieillissante, Yvonne n'est pas dupe des années qui passent. Elle ne les admet pas pour autant. Sa lucidité est curieusement mêlée de révolte et de sagesse. A François Périer qui voudrait la dissuader de renoncer aux planches, elle explique :

– La gloire, mon petit, j'en ai fait le tour. Je n'ai plus à faire le guignol sur une scène. J'ai assez joué, assez donné...

A François Bellair, le fils de la chanteuse et comédienne Marie Dubas qui a créé l'un des deux rôles de soubrette dans *L'Amour masqué,* Yvonne confirme :

– Cinquante-quatre ans sur scène, ça suffit !

Lorsque cette reine de Paris, née pour plaire, a voulu séduire les sujets de son royaume, elle a laissé agir le charme. Enfant coquine et insolente, jeune fille troublante, Yvonne est devenue une créature enjôleuse dont la grâce fut une invitation permanente aux plaisirs et à l'amour. Elle s'est nourrie des regards d'autrui. Peu à peu, elle choisit de se cacher parce qu'elle n'est plus tout à fait la même. Le regard des autres non plus. Mme Printemps ne veut pas que l'on puisse comparer la femme qu'elle a été et celle qu'elle est devenue. D'une pirouette, elle justifie son absence :

– J'ai eu une vie extraordinaire et je ne l'ai plus. Pourquoi m'acharner puisque j'ai des souvenirs ?

Yvonne Printemps part sur la pointe des pieds, parce qu'on ne peut être et avoir été. Au diable les adieux ! Elle ne doit rien à personne, surtout pas au public. Mme la Directrice achète de nouvelles voilettes, masques de tulle ou de dentelle dont les motifs à pois seront de plus en plus gros. Elle quitte un monde qui la connaît de moins en moins et ne sera bientôt plus le sien ; elle se moque de la réalité des temps nouveaux mais voudrait encore se nourrir de l'émotion qu'elle a procurée à autrui. Yvonne croit que les stars sont immortelles.

– Il était inévitable, dira Pierre Fresnay, que du fait de ce renoncement (celui d'Yvonne) ma carrière prenne un nouveau tournant [1].

Fresnay est de ceux qui veulent mourir sur scène. Le théâtre est sa liberté et son arme face à une Yvonne jalouse mais admirative. Devant le personnel du théâtre ou des amis comédiens, elle gronde : « Quand va-t-il cesser de faire le guignol ? Comment peut-il jouer alors

1. *Pierre Fresnay,* par Fresnay et Possot.

que je ne joue plus ? » La persistance de Pierre lui est une inconcevable trahison.

En tête à tête, il n'est pas certain qu'Yvonne ait demandé à Fresnay d'arrêter de jouer. Elle connaît d'avance sa réponse. Fresnay jouera par plaisir, parce que le désœuvrement lui serait fatal et pour assurer leur vie quotidienne. De même, il lui faut mériter cette estime de l'autre qui le soutient. Femme-vampire, Yvonne est restée la compagne qui secoue et perturbe. Elle est l'aiguillon préventif de la sclérose.

En 1960, Mme Laudenbach décède à Saint-Germain-en-Laye, dans un centre médical pour personnes âgées. Depuis longtemps, Yvonne est la seule maîtresse femme dans la vie de Fresnay. Malgré les années, son charme semble inaltérable, son magnétisme intact. Cependant, douée d'une telle faculté d'isolement que Pierre la redoute, Mme Printemps est désormais vouée à l'attente de l'autre. Figée dans son passé, elle va vivre à travers ses extravagances de star caractérielle pour qui le temps est une désespérance.

La rose de Lust

LES dernières années cinématographiques de Pierre Fresnay sont 1959 et 1960. Il tourne *Les Affreux* de Marc Allegret, *La Millième Fenêtre* de Robert Ménegoz et *Les Vieux de la vieille* de Gilles Grangier. Aucun des trois films n'est un chef-d'œuvre. Quinze ans plus tard, Fresnay reconnaîtra qu'il a traité sa carrière à l'écran avec trop de légèreté. Au début des années 60, le public découvre une nouvelle génération de cinéastes : Truffaut, Chabrol, Rivette, Rohmer. En 1959, Jean-Luc Godard tourne *A bout de souffle*. Quelques mois avant sa mort, Fresnay abordera avec réticence le sujet du cinéma contemporain :

– J'ai été plus ou moins exclu de cette profession, ma fin de carrière s'est produite à un changement d'école très caractérisé : il m'est difficile d'être reconnaissant envers des gens qui m'ont invité – c'est un mot aimable – à me retirer. Je regrette que ma carrière cinématographique ait eu une fin si abrupte [1]...

Pendant le tournage du film d'Allegret, *Les Affreux,* avec Darry Cowl, comédiens et techniciens sont les spectateurs involontaires d'une scène particulière de vie privée. L'équipe est réunie sur le plateau lorqu'on demande d'urgence Pierre Fresnay au téléphone. Yvonne est en larmes. Gémissements et voix de mourante : une guêpe vient de piquer Mme Printemps.

Le metteur en scène interrompt les prises de vues car M. Fresnay doit appeler son domicile toutes les dix minutes. A la stupéfaction générale, on voit le comédien faire les cent pas, surveiller sa montre et saisir le combiné à l'heure dite. L'inquiétude n'est pas feinte : Yvonne sait choisir le ton et les mots. Personne n'ose sourire tandis que tombent régulièrement les bulletins de santé.

A midi, Fresnay roule à tombeau ouvert jusqu'à Neuilly pour passer un court moment auprès d'Yvonne. Fut-elle piquée au menton ou au mollet ? On ne l'a jamais su, mais les techniciens du studio se souviennent des effets de la « méthode Printemps ».

En 1961, tandis que la Michodière affiche complet avec *Gog et Magog,* Pierre Fresnay crée au théâtre Sarah-Bernhardt une pièce de Terence Rattigan, *Lawrence d'Arabie.* L'entreprise est une gageure : Fresnay n'a ni le physique de l'officier britannique, ni l'âge du rôle.

A cette époque, le comédien est victime d'un nouveau malaise.

---

1. *Défense de l'Occident,* décembre 1974.

– J'ai eu un petit avertissement de la Providence, dit-il à son ami Thiroloix.

– Il faudrait arrêter le tabac, conseille le médecin.

– Soit ! répond Fresnay, s'il le faut, je ne fumerai plus !

– Le vin rouge n'est pas recommandé non plus...

– Ah non, Thiroloix ! Il faut choisir : j'arrête le tabac ou le vin rouge, mais pas les deux !

A la Michodière comme à Neuilly, l'occasion fait le larron. Pour un quignon de pain, un petit-beurre ou une tranche de saucisson, on débouche une bouteille. Comment Yvonne pourrait-elle reprocher à Fresnay son penchant pour le vin quand elle-même abuse de champagne et de whisky ?

Inquiète à l'excès lorsque le danger est imminent, Mme Printemps recouvre sa brusquerie, la frayeur passée. Elle supporte mal que Pierre soit fatigué. La maladie n'arrive qu'aux autres. Yvonne la rejette. Néanmoins, la santé de Fresnay est une bonne raison de prêcher la retraite. Peine perdue...

– Ce texte est trop beau pour le laisser passer, se dit le comédien qui vient de terminer la lecture de *Mon Faust,* pièce inachevée de Paul Valéry.

Pierre Dux a proposé à Fresnay d'interpréter ce dialogue à quatre voix à l'Œuvre, dans une mise en scène de Pierre Franck, le directeur du théâtre. Les deux autres partenaires seront Danièle Delorme et Jacques-Henri Duval.

Pierre Franck est de ceux qui osent défendre le projet auprès d'Yvonne. Elle s'y oppose avec violence, par principe parce qu'elle ne joue plus, par plaisir parce que contrer est une façon d'exister. Yvonne s'aperçoit que son propre renoncement est l'occasion pour Fresnay d'orienter sa carrière théâtrale différemment. Elle est fière de lui, mais cruelle et menaçante en public, irritée d'avoir libéré cette force qui donne à Fresnay un nouvel élan.

Les opinions du comédien sur la création au théâtre n'ont pas varié : il aime découvrir la « première vérité d'un personnage » et s'en explique dans une tribune libre du *Figaro*[1].

« Tous les directeurs, tous les chefs de troupe ou autres animateurs qui hésitent devant les aléas d'une création se rejettent sur le classique. Pour moi, le théâtre est un art instantané, c'est un art du présent. Les œuvres dramatiques qui demeurent deviennent des témoignages de leur époque, des témoignages plus ou moins admirables, respectables ou émouvants, mais des témoignages. Tout ce qui se fait – oserai-je dire : se trafique – sur le répertoire ne participe pas à la vie du théâtre, ne lui apporte rien, si, d'autre part, il est vrai qu'il donne au spectateur des joies ou des émotions d'art que certaines sont destinées à lui procurer. La création même d'une mauvaise pièce est un acte de vie théâtral, la présentation d'un chef-d'œuvre, non.

« M'évertuer à trouver l'aspect, probablement contraire à la vérité, qu'un autre interprète n'a pas encore découvert et exploité, d'un caractère classique ne m'amuse pas. Cela ne m'amuse pas d'entrer dans des personnages endossés déjà par mille comédiens, au nombre desquels il en est certainement qui l'ont fait beaucoup mieux que je ne saurais le faire, d'autres peut-être moins bien, mais où tous ont rencontré un succès peu s'en faut équivalent. On ne cite pas d'interprète, de quelque importance, de Hamlet ni même d'Alceste, qui n'y ait eu du succès.

« (...) Je ne me place que du point de vue de l'invention et de la création du comédien. Ce qui doit l'intéresser – ce qui en tout cas m'intéresse avant tout –, c'est de trouver la première vérité d'un personnage, de lui donner sa première vie, une vie aussi proche que possible de celle que lui a voulue l'auteur. Façonner un person-

1. « Travailler dans le neuf », 4 février 1963, *Le Figaro.*

nage qui n'existe encore que sur le papier et dont il s'agit de faire surgir la vérité scénique est un problème autrement passionnant que le fait de s'insinuer dans l'un de ces personnages déformés par la taille et le comportement de tous ceux qui s'y sont installés auparavant. »

Mon Faust est créée au théâtre de l'Œuvre le 14 avril 1962. La pièce est jouée jusqu'au 2 décembre, puis tournée pour la télévision en 1969 et reprise en 1971 à la Michodière. Pierre Fresnay est Faust; Pierre Dux, Méphisto; Jacques-Henri Duval, le disciple; Danièle Delorme joue le rôle de Lust, la secrétaire de Faust.

Le Diable n'est plus ce qu'il était : Méphisto, démon de la connaissance et génie du mal, se trouve confondu et dépassé par Faust. Poète et penseur, le professeur est d'abord un homme qui a vécu. Au disciple du bout du monde, Faust tient un discours que l'autre n'attendait pas. Le professeur, que la vie a rendu plus sceptique et plus humain que la légende ne le raconte, laisse poindre une nature drôle et mélancolique.

Le texte est de ceux qui nous font croire que nous sommes intelligents. Lumineux et voluptueux, il semble ajusté à l'esprit de Fresnay. En scène, lorsque le comédien est victime des premières défaillances de sa mémoire, il invente un mot, une phrase, une réplique. La pensée, le ton et la poésie de l'auteur ont été à ce point assimilés que Fresnay fait du Valéry comme Monsieur Jourdain de la prose.

– Les répétitions ont été ponctuées de rires et d'émotion, se souvient Danièle Delorme. Fresnay s'interrogeait et nous interrogeait. L'homme était curieux d'autrui et, au-delà de cet intérêt, je découvrais son souci de l'être humain. En scène, il irradiait. Aucun soir n'a ressemblé à un autre. A chaque seconde, il ménageait la surprise...

Yvonne est exclue de cette connivence intime que

créent les relations privilégiées mais fugaces des acteurs entre eux. Fresnay-Faust lui échappe.

Dans un jardin, à l'heure bleue du crépuscule, le professeur offre une rose à Lust. La rencontre empreinte de tendresse et de sensualité est une récompense et peut-être un vœu.

« – Vous devez jouir avec moi, comme moi, dit Faust, de l'odeur fraîche de la terre arrosée et des émanations si précieuses que la fin de ce jour inspire à toutes les fleurs. Pour moi, les parfums sont des promesses. »

La voix de Faust est une musique qui émeut Lust jusqu'aux larmes.

« – Vous semblez être vous-même, dit-elle, un de ces moments merveilleusement pleins de toutes les puissances qui s'opposent à la mort. Votre visage à cette heure est le plus beau de vos visages. Il propose à la riche lumière du couchant ce qu'elle peut éclairer de plus spirituel et de plus noble. Non, je ne vous avais jamais vu puisque jamais je ne vous ai vu cette douceur superbe, et ce regard plus grand que ce qu'on voit... »

Et Faust tutoie Lust. Et Lust pose sa main sur l'épaule de Faust. Et, à la nuit tombée, Faust partage avec Lust une pêche du jardin.

« – L'intimité parfois naît d'un rien, ajoute Faust, d'une distraction, d'une erreur partagée... Et parfois, ce rien se résout en rien. Parfois il entraîne le tout. »

Pierre Fresnay demande alors sa main à Danièle Delorme.

« – Vous aussi, je vois, vous croyez au bonheur, ce mot pour femmes, et le placez surtout dans la sensation d'être le seul souci, le souverain et l'éternel souci de l'autre. »

Ce soir de générale, on a choisi pour Mme Printemps qu'accompagne Serge Willemetz, le fils aîné d'Albert et de Jane, l'un des meilleurs fauteuils du théâtre. Dans les coulisses, avant le lever de rideau, elle a lancé haut et fort à l'attention de celui qui ose jouer encore :

– Allez, monsieur Fresnay, allez être mauvais comme vous savez l'être !

Si elle ne l'avait pas dit, il se serait inquiété. La santé et l'amour d'Yvonne se mesurent à la qualité de ses injures.

Elle écoute, jalouse de la complicité de Pierre et de la petite Delorme, jalouse des mots qu'il lui offre à travers Valéry, jalouse de la rose que Faust vient d'offrir à Lust. Yvonne est restée silencieuse. Ni parole, ni cri, mais un geste : de toute la force de sa main et de ses doigts, elle a pincé le bras de Serge.

Comme le veut la coutume, Pierre Franck a convié les comédiens à souper après le spectacle. Dans le foyer, Fresnay a tendrement baisé la main d'Yvonne. Au restaurant, elle est entrée telle une étoile : souriante et virevoltante, sûre d'elle et tonitruante. Tout embijoutée, chapeautée et voilettée, Mme Printemps adresse à Danièle Delorme, de sa bouche dessinée en cœur, le compliment de la grande professionnelle à une plus jeune comédienne. Des « ma chérie » chantants, sonores et outranciers, ont retenti dans la salle.

Lust et Faust sont le centre du monde. Involontairement, Danièle Delorme ravit la vedette à Yvonne. Sans agressivité ni insolence, les deux femmes se regardent. Mme Printemps, qui n'aime pas les jean-foutre, et les flaire de loin, a reconnu le talent de Lust. Et la jeune comédienne admire Yvonne parce qu'elle est de ces « travailleurs du spectacle » qui ont appris à payer comptant chaque soir, sur les scènes de théâtre.

Que faire pour être la seule et l'unique ? Pourquoi l'Alsacien semble-t-il à son aise et si heureux ? Le souper se prolonge dans un climat serein. Yvonne est exaspérée. C'en est trop : elle décide de rentrer. On veut la persuader du contraire, mais rien n'y fait. Pierre, qui a compris le manège, obéit et s'apprête à quitter la table.

Incapable de s'éclipser discrètement (où serait alors l'intérêt de prendre congé ?), Yvonne se glisse derrière les chaises, dit un mot gentil à chacun avant d'embrasser les convives.

– Qu'elle est belle ! s'exclame Mme Printemps en se penchant vers Danièle.

Deux baisers à travers la voilette, puis on entend un cri :

– Ah ! mon diamant !

L'une des boucles d'oreilles d'Yvonne est tombée. La scène qui suit est cocasse : les convives se retrouvent à quatre pattes sur le parquet, cherchant le brillant perdu.

Fresnay n'est pas dupe du triomphe d'Yvonne au dernier acte. La gêne s'est installée. La pierre précieuse est introuvable, la fin du souper gâchée.

Le soir même à Neuilly, par un miracle qui n'étonne qu'elle, Yvonne découvre que la boucle d'oreille est tombée dans son corsage. A-t-on idée ?

– Je vous ai serrée trop fort, dit-elle le lendemain à Danièle. Ma boucle est tombée lorsque je vous ai embrassée... Ma chérie, j'en perds mes diamants de vous aimer si fort !

Le neveu de Rameau *et l'affaire Salacrou*

A l'automne 1962, cinq mois avant l'interruption de *Gog et Magog*, François Périer joue et met en scène *Johnnie Cœur* de Romain Gary. La pièce est programmée le lundi soir, jour de relâche. Au grand dam de Périer, l'entreprise est un fiasco. Du 10 septembre au 5 novembre ont lieu huit représentations devant une salle quasiment vide. Yvonne Printemps est la plus fidèle spectatrice de François Périer, présente chaque lundi, à l'orchestre, dans sa loge directoriale.

– Ce n'est pas votre faute, dit-elle à François. Et, montrant la salle :

– Ce sont eux qui n'ont pas de talent, pas vous!

A la huitième représentation, ils sont à peine dix à l'orchestre.

– Que diriez-vous si nous les emmenions souper? propose Yvonne.

A cette époque, Philippe Laudenbach (l'un des deux fils d'André, le frère cadet de Pierre Fresnay) prépare le concours du Conservatoire. Jacques-Henri Duval lui a conseillé de présenter un extrait du *Neveu de Rameau*. Fresnay parcourt distraitement l'édition qui ne quitte plus Philippe, redécouvre le dialogue de Diderot et se dit en lui-même :

– Il faut que je monte ce texte!

Le personnage de Jean-François Rameau, neveu du musicien connu pour ses tragédies lyriques et comédies-ballets, a bel et bien existé. Au XVIIIe siècle, il fréquentait le café de la Régence, rendez-vous des joueurs d'échecs de la place du Palais-Royal. L'homme faisait figure de raté sympathique, enclin à la débauche et l'immoralité. Diderot en fait un parasite de talent, misérable et bohème, malicieux et cocasse; Fresnay, un clown brillant, volubile et révolté.

Au café de la Régence, Rameau rencontre Diderot. L'un est le provocateur; l'autre, l'emblème de la vertu et de l'ordre établi, de la modération et de la droiture. Deux conceptions du monde s'affrontent, à moins que ce ne soient les deux faces d'un même esprit qui se pique au jeu d'une conversation imaginaire.

On cherche qui sera Diderot.

– Pourquoi pas Julien Bertheau? souffle Philippe Laudenbach.

Bien qu'il n'appartienne plus au Français, Bertheau reste l'un des grands noms de la Maison de Molière où, adolescent, il a applaudi Fresnay dans la plupart de ses rôles. Présenter le comédien revient à décrire un honnête homme. Julien Bertheau a la poignée franche et le regard curieux. Il est cultivé, psychologue, respectueux d'autrui et n'est jamais à court d'une admiration. Il aime les textes et leurs auteurs avec une passion qui n'exclut pas le discernement. Il parle une langue pure et son expression est celle du conteur généreux. Bertheau aime aussi ceux qui n'écrivent pas : il a de la sympathie pour le genre humain. On sait dans le milieu théâtral que ses idées sont de gauche.

Le premier rendez-vous est fixé à l'hôtel du Louvre.

– Vous savez que je suis un homme engagé, précise d'emblée Bertheau qui n'ignore pas les convictions de Fresnay.

– Vous n'êtes pas libre ? interroge l'autre.

L'heure est au porto. Ils n'en sont amateurs ni l'un ni l'autre, mais n'osent en faire la remarque. Ils trinquent. Les répétitions peuvent commencer. Le jour de la signature du contrat, Fresnay fait une confidence à son partenaire :

– Vous savez, Julien, si nous jouons ce dialogue trente fois, nous aurons fait notre travail !

Ce n'est pas Yvonne qui prétendra le contraire. Peu lui importe Diderot, le théâtre de raison qui a l'estime et les faveurs de Fresnay, ou le théâtre de l'absurde auquel il ne croit pas.

– Regardez-moi, dit-elle, ces deux imbéciles qui n'ont rien trouvé de plus malin que de perdre leur temps à la Comédie-Française, ce bordel ambulant !

La générale a lieu le 4 février 1963, en lever de rideau d'un programme qui annonce *L'Équation* de Jacques Perry en deuxième partie. Le succès du *Neveu de Rameau* est magistral. La pièce tient l'affiche jusqu'au 27 janvier 1964 à la Michodière. Elle sera reprise au théâtre de l'Œuvre, puis à la Michodière en 1967 et 1968, jouée partout en France et en Belgique, filmée enfin pour la télévision [1].

Yvonne est installée dans sa loge avec sa chienne et son sac à bijoux. Après l'entracte, Fresnay joue la pièce de Perry, un auteur qu'elle n'a jamais voulu rencontrer. Elle ne voulait pas que Pierre monte cette pièce muette dont l'action dramatique est mimée du début à la fin. L'argument de Fresnay était dangereux : après l'étincelant dialogue de Diderot, mieux valait choisir une pièce sans texte.

Dans *L'Équation*, il incarne un savant au profil d'Einstein qui noircit son tableau de signes algébriques avant de découvrir la formule $E = mc^2$. Lorsque retentit l'explosion d'une bombe atomique, le scientifique ne l'entend même pas : du coton dans les oreilles, il se balance dans un hamac. On annonce alors aux spectateurs qu'ils viennent d'assister à la première expérience de « théâtre aphone ». Ils s'en moquent...

Une heure auparavant, les applaudissements crépitaient ; à cette minute, on ne laisse pas le temps à Fresnay de saluer. Devant la salle qui s'agite, Mme Printemps suffoque : non seulement ils n'ont pas payé leur place, mais ils osent se lever sans applaudir !

Yvonne bondit de colère. Debout dans sa loge, elle balaie l'orchestre d'un regard vengeur tandis que les critiques et dramaturges les plus habiles, dont Jean-Jacques Gautier, disparaissent dans la foule, devinant la vindicte prête à sourdre. Brusquement, Yvonne aperçoit le crâne lisse d'Armand Salacrou.

– Alors, monsieur Salacrou, vous n'applaudissez

1. Pour la création du *Neveu de Rameau*, Yvonne Printemps enregistre deux phrases musicales de Jean-Philippe Rameau qui seront diffusées dans les dix premières minutes du spectacle, y compris du film télévisé.

pas ? Vous n'avez décidément pas plus de talent que de cheveux sur la tête ! Vous venez de voir le plus grand acteur du monde ! Et, si vous n'avez rien compris, dites-vous que ce spectacle s'adresse à un public intelligent !

La pièce est un échec.

Le départ de François Périer

En 1951, lorsque François Périer fut engagé à la Michodière, il a signé un contrat de cinq ans, renouvelé trois fois. Depuis, le comédien dans la force de l'âge n'a cessé de remplir le théâtre : après *Gog et Magog*, il a repris *Bobosse* dont le personnage a été écrit pour lui par André Roussin, et *La Preuve par quatre* de Félicien Marceau dont la six centième représentation a lieu le 8 janvier 1966.

Jamais le couple Fresnay-Printemps, ni l'un des deux, n'a joué sur scène avec Périer. La clause de base du contrat et la raison de leur collaboration sont l'alternance : une saison pour le couple, une autre pour Périer. Dans les faits, le succès de Périer a renversé l'équilibre à son avantage ; mais, à la tête du théâtre, son titre de codirecteur est une fonction sans contenu. Le pouvoir ne se partage pas : ses prérogatives se limitent à celles d'un directeur artistique. En outre, les parts dont il dispose dans la société sont insignifiantes.

Devant les triomphes de François Périer, Fresnay s'est montré beau joueur, par intérêt et par élégance. Au terme d'une saison excellente en critiques et fréquentation, il n'a jamais demandé à Périer de planter ailleurs les décors des pièces qui remplissent la Michodière. Au contraire, il est lui-même parti jouer en province ou sur la scène d'autres théâtres parisiens. Lorsque Périer crée *La Preuve par quatre*, Fresnay joue *Rebrousse-Poil* de Jean-Louis Roncoroni et *La Guerre civile* de Montherlant au théâtre de l'Œuvre.

A l'automne de l'année 1965, François Périer, dont le troisième contrat arrive à échéance dans quelques mois, veut s'entretenir avec Fresnay des modalités nouvelles de leur travail commun. A cette époque, Yvonne est âgée de soixante et onze ans et Pierre en a soixante-huit. Périer a compris depuis longtemps qu'une véritable codirection est illusoire à court terme. Leurs rapports en subiraient une évidente dégradation. En revanche, Périer, fort des succès qui contribuent depuis quinze ans à la bonne marche financière et à la réputation du théâtre, souhaiterait obtenir l'assurance d'une priorité sur un éventuel repreneur, en cas de départ, maladie ou disparition du couple Fresnay-Printemps. La disposition du contrat pourrait être confortée par l'achat de nouvelles actions.

Yvonne et Pierre ont à eux deux (lui dans une proportion moindre) et de justesse (cinquante et une unités contre quarante-neuf) la majorité des parts de la société. Fresnay ne peut envisager de céder quelques-unes des parts d'Yvonne au risque de perdre le contrôle du théâtre. La famille Colas qui possède elle-même de nombreuses actions ne veut pas s'en défaire. On est dans l'impasse.

Pour satisfaire François Périer, Fresnay étudie la situation avec Claude Simonet et imagine la création de parts bénéficiaires. Sur le plan financier, la procédure est intéressante, mais ne résout pas le problème de fond. Périer devine sans les admettre les réticences de Fresnay. Aux yeux de ce dernier, le talent respectif des deux hommes, leur carrière et leur différence d'âge en font des rivaux.

L'affaire du « contrat Périer » ne sera jamais débattue en présence d'Yvonne. Fresnay aura montré à cette occasion qu'il est loin d'être le « concierge de la Michodière » comme le prétend Yvonne. Elle a regretté le départ de François. Par la suite, lorsque Périer perdra un fils, le couple Fresnay-Printemps se rendra au domicile du comédien. Il ne les recevra pas, mais le geste est de ceux qui comptent. Périer s'en souviendra dans d'autres circonstances qui le rapprocheront d'Yvonne.

Après ces changements intervenus à la Michodière, Fresnay monte un autre dialogue de Paul Valéry, *L'Idée fixe*, avec Julien Bertheau. Il s'agit de la joute brillante de deux hommes en récréation, parlant d'histoire et de psychologie, des progrès de la science et de littérature. L'un est une personnalité de bon sens et d'observation, l'autre un discoureur imaginatif. A sa création, la pièce est représentée plus de deux cents fois. Devant Jane Willemetz, qui ne sort plus le soir depuis la mort d'Albert en 1964, Pierre Fresnay joue Valéry dans la maison de Marnes.

Quelques mois auparavant, en octobre 1965, Pierre Fresnay a accepté d'enregistrer sur disque les *Poèmes de Fresnes* de Brasillach [1]. Quinze ans seulement se sont écoulés depuis l'exécution du jeune maurrassien, rédacteur en chef de *Je suis partout*. Quarante ans plus tard, la réédition de l'œuvre du jeune romancier maudit ne revêt pas le caractère audacieux et marginal de l'entreprise à laquelle Fresnay apporte son secours,

1. Le disque est diffusé en 1966 et distribué par la SERP, société d'édition et de relations publiques. En 1971, à la mort de Jean-François Devay, directeur du journal *Minute*, Pierre Fresnay accepte, à nouveau gracieusement, d'enregistrer le testament dans lequel Devay résume les idées auxquelles il croit et les engagements qui ont été les siens. Le nouveau directeur, Jean Boizeau, a eu l'idée de compléter la publication du texte par l'envoi d'un disque à chaque abonné du journal. Pierre Durand, directeur de publication du journal *Présent*, qui a assisté à l'enregistrement des *Poèmes de Fresnes*, fait la démarche auprès de Fresnay qui accepte ce nouvel enregistrement sans demander à connaître le contenu du texte.

sans la moindre rémunération. Dans le studio, les machinistes habitués à entendre des chansons de variétés ou des extraits classiques éprouvent sans le savoir, par le seul truchement d'un interprète, l'émotion des prisonniers de Fresnes un soir de décembre 1944 où l'acteur Touraine lut « Le Jugement des juges ».

« J'apprécie énormément la valeur littéraire de Brasillach, devait expliquer Fresnay, et je suis attaché profondément à sa figure humaine. Je reste bouleversé, peiné et indigné du sort qui a été le sien. Je n'ai pas le bonheur de connaître à fond son œuvre que je possède (...), mais c'est un des auteurs que je voudrais connaître plus complètement. Je la connais bien cependant et mon admiration littéraire n'est pas sans appui. Je suis profondément touché par les *Poèmes de Fresnes* parce que là, précisément, sa valeur littéraire est jointe à cette tragédie qu'a été sa vie [1]. »

Pour en terminer avec les opinions du citoyen Pierre Fresnay, homme de droite bien que comédien sans message ni engagement, voici la lettre de soutien qu'il envoie le 20 septembre 1970 à la direction d'*Est et Ouest*, bulletin de l'Association d'études et d'informations politiques internationales, fondée par Georges Albertini. Depuis la Guerre froide, le groupe n'a cessé de réunir toute la documentation existant sur l'URSS, sa stratégie mondiale et les partis communistes européens.

« Messieurs, écrit Fresnay, je ne peux une fois encore laisser votre demande de renseignements sans réponse. Ce serait mal reconnaître le grand intérêt et l'efficace utilité de votre publication, et je ne voudrais pas vous laisser croire que je réponds par l'indifférence au service généreux que vous m'en faites depuis plusieurs années.

---

1. *L'Élite européenne,* 1er novembre 1968.

« Jamais je n'ai pris connaissance d'un de vos articles sans en avoir été intéressé et mieux informé.

« Mais je me trouve dans la situation de ces gens, très nombreux je suppose, sollicités par tant de lectures qu'ils ne peuvent accorder à chacune qu'un minimum de temps et je conviens que c'est mal reconnaître l'effort et le talent que représente la publication régulière et si soignée d'*Ouest et Est* (sic).

« Pour la même raison de manque de loisirs, je n'ai pas le temps de répondre à votre questionnaire *détaillé.*

« Veuillez croire, messieurs, à mes sentiments de reconnaissance et de haute estime. Pierre Fresnay [1]. »

Georges Albertini devait personnellement répondre à cette lettre par un courrier daté du 25 septembre.

La générale du Truffator

En 1967, la Michodière reprend *Le Neveu de Rameau* et, à l'automne, Pierre Fresnay annonce pour le mois de janvier la création d'une pièce de Jean Canolle, *Le Truffator.* Sans connaître l'auteur, Mme Printemps décrète ne pas l'aimer et refuse de lui être présentée.

– Je n'aime pas cet homme-là, dit-elle à Pierre. Tu t'es embarqué avec un truand !

Le Truffator raconte les tribulations d'une famille française qui fait la connaissance, à Naples, du sieur Brighella, entremetteur roublard et coquin mielleux qui porte beau le complet de toile et le panama. C'est Fresnay qui joue ce rôle à contre-emploi d'un escroc napolitain.

– Je sais bien que la pièce ne marchera pas, dit

1. Collection Claude Simonet.

Yvonne à Claude Simonet. Je le sais car je me mets à la place du public. Mais il n'y a rien à faire : il veut la monter et il la montera!

A Michel Lengliney [1], Fresnay avoue : « Yvonne et moi, nous nous opposons neuf fois sur dix et, presque toujours, elle a raison. Je ne change pas d'avis pour autant. Elle sent les choses. *Ne touchez pas à ça!* me dit-elle. Elle m'en veut car je m'obstine. Elle ne peut pas comprendre mon acharnement. J'ai des antennes infiniment plus obtuses que les siennes. Ses moyens de perception ne sont pas les miens. Je raisonne les problèmes, elle les flaire avec une justesse stupéfiante. »

La générale du *Truffator* a lieu le 27 janvier 1968. Les spectateurs présents se souviennent de cette soirée. Peu importait la pièce : seul comptait le comédien dont la mémoire défaillait. Devant une salle comble, Fresnay ne se souvient plus de rien. Le trou devient une absence. Dans un silence impudique et éprouvant qui se prolonge, le plateau se transforme en arène.

– Je vous demande pardon, dit-il enfin. Je vous prie de m'accorder quelques instants. Je vais me recueillir.

L'attente perdure. On baisse le rideau. Les applaudissements sont un soutien gêné. A deux reprises, le rideau se lève pour tomber à nouveau.

– Qu'on remette la générale! crie une voix à l'orchestre.

Mme Printemps rejoint les coulisses.

– Le souffleur devrait souffler plus fort! glousse-t-elle. Je lui avais bien dit : il est trop vieux! Il ne peut plus jouer!

Elle est odieuse, mais personne n'ose la réprimander. Seule Mme Vecchioni murmure : « Elle exagère, la patronne! » Yvonne se moque de la pièce dont la qualité n'est plus en cause. Elle est ivre de colère contre Fresnay qui s'obstine au prix d'un drame sur scène.

---

1. Auteur dramatique.

Une vingtaine de minutes ont passé. Michel Roux annonce le report de la générale. Elle aura lieu deux jours plus tard. Yvonne accompagne Pierre au théâtre, mais ne veut pas assister au spectacle ni voir Jean Canolle. Pendant deux mois, elle se cloître à Neuilly.

– C'est aussi bon de ne rien faire..., confie un peu plus tard Pierre Fresnay à Michel Lengliney.

La direction du théâtre n'est pas une affaire simple. A plusieurs reprises, Fresnay essaye de trouver un remplaçant à François Périer. Michel Roux et Jean-Pierre Darras travailleront effectivement à la Michodière. La rencontre avec Jean-Laurent Cochet en 1974 sera trop tardive.

Au seuil des années 70, les moments de lassitude sont fréquents. Dans la presse, Fresnay continue de mener un combat pour la survie du théâtre privé que met en péril, selon lui, la politique d'André Malraux : « Un théâtre ne doit pas dépendre d'un ministre. Aussi, vous ne me verrez jamais à la tête d'une salle subventionnée, à supposer qu'on me le propose un jour. Je suis trop indépendant pour cela. Hélas! La politique théâtrale actuelle est en train de tuer le théâtre privé au profit des maisons de la culture qui sont le plus souvent de merveilleux engins techniques confiés à des gens inexpérimentés [1]. »

Côté jardin, le constat est empreint de tristesse :

– On ferait deux millions tous les soirs, explique-t-il à Michel Lengliney, je ne sais pas si je vous parlerais de la même façon... J'aurais voulu finir sur une réussite. Il faut réviser un certain nombre de choses; en tout cas ne plus garder ce théâtre. Elle n'y joue plus et cette maison est une source de problèmes. Quel est l'avantage d'avoir un théâtre ? Aucun... Remarquez, on dit qu'on

1. *Le Journal du dimanche,* interview recueillie par Jean-Claude Mazeran en 1972, publiée à nouveau en janvier 1977.

se retire et puis, il suffit qu'on vous apporte une bonne pièce, un beau rôle... »

Jamais Fresnay n'avoue à quel point l'opposition, vécue au quotidien avec Yvonne, est usante.

Portrait d'une dévoreuse

LES créations se poursuivent malgré tout : en juin 1968, *Visitations* de Jean Giraudoux et *Dialogue aux enfers entre Machiavel et Montesquieu* de Maurice Joly, avec Julien Bertheau et Michel Roux.

De toute part, on demande Pierre Fresnay. Roger Planchon voudrait le diriger tandis que Julien Bertheau l'incite à jouer *L'Avare, Tartuffe* et *Le Roi Lear.*

– Pour quoi faire ? répond Fresnay. Je n'en ai pas très envie. D'autres ont repris ces rôles et il me serait difficile de faire mieux. D'ailleurs, j'ai relu *King Lear* en anglais... On ne peut vraiment pas le jouer en français !

Pierre Fresnay fait un bon argument d'une mauvaise raison. La vérité est ailleurs et s'appelle Yvonne. Pour ne pas s'éloigner, il refuse des propositions parmi lesquelles jouer *Le Neveu de Rameau* à Londres. Le contrat est exceptionnel, mais qu'importe, elle ne veut pas quitter Neuilly.

– A votre âge, on ne court pas les gares ! lui dit-elle.

Julien Bertheau a convaincu Fresnay de jouer *Mon Faust* au château de L'Empéri à Salon-de-Provence. Pour qu'ils puissent répéter dans le lieu même de la représentation, Pierre Fresnay se résout à faire un aller-retour dans le Midi. Lorsqu'il atterrit à Marseille avec deux heures de retard (on l'a reconnu à Orly et retenu pour une visite guidée à laquelle il n'a pu se soustraire), il dit : « On ne peut pas répéter ! Je repars dans vingt minutes... Yvonne m'attend ! »

Toujours à Salon-de-Provence, au terme d'un souper qui s'est prolongé après une représentation du *Neveu de Rameau*, Fresnay cherche n'importe quel engin volant pour rentrer à Paris. Ce sera un avion postal, à trois heures du matin. Le pilote qui n'a pas l'autorisation d'embarquer un passager, consent à emmener M. Fresnay à la seule condition d'une décharge signée. L'avion se pose enfin au Bourget. Le comédien rentre à Neuilly au petit matin : il avait laissé sa voiture à Orly.

– Évidemment, vous êtes en retard! lui dit Yvonne.

Elle est un peu garce et il joue les victimes. Si elle était peste et lui martyr, on se moquerait d'eux. Ils ne formeraient qu'une association médiocre ou ridicule. Leur amour est sans repos car il se nourrit d'inquiétudes, de provocations et de surprises.

– Ce que je sais, confie Pierre Fresnay à Michel Lengliney, c'est que nous sommes un grand couple. Il ne faut pas que les grands couples soient unis par la similitude. La proximité de tempérament n'est pas un lien très fort. C'est la lutte qui fait le couple. C'est la lutte qui fait la vie. L'antagonisme n'est pas l'hostilité mais la force contraire. Elle a une force d'instinct, j'ai une force de raison. Je ne souffre pas du tout de cet antagonisme. Au contraire, il est enrichissant... Difficile aussi. »

Pour la Michodière, la saison 68-69 est une période de dispersion. Mylène Demongeot, Michel Serrault et Georges Marchal reprennent *Gugusse* de Marcel Achard; Pierre Fresnay et Julien Bertheau créent une pièce de Christian Liger, *La Tour d'Einstein*, à peine représentée trente fois. Michel Roux et Jacques Morel enchaînent avec une pièce d'Albert Husson, *La Paille humide*.

– Vous perdez votre temps avec des imbéciles! gronde Yvonne lorsque Fresnay lit et annote les manuscrits qu'on lui dépose. Ce n'est pas votre rôle de découvrir de jeunes auteurs! Vous feriez mieux de monter des succès sûrs!

L'a-t-il écoutée? En septembre 1969, la Michodière annonce la création d'une pièce d'André Roussin, *On ne sait jamais*, qui va tenir l'affiche jusqu'au printemps 1970. Le sujet en est la difficulté des rapports humains au sein de la famille. Est-on jamais certain de connaître tout à fait les êtres auprès desquels on vit?

Les deux personnages de Georges et d'Évelyne, interprétés par Jean-Pierre Darras et Christiane Minazzoli, se sont habitués à vivre l'un à côté de l'autre avec leurs trois enfants. Il a sournoisement imposé cette cohabitation qui lui assure la liberté d'une double vie; elle a fini par ne plus prêter attention aux frasques de son époux. Ce comportement, à deux doigts de l'indifférence, a rendu la santé à Évelyne, au grand étonnement de Georges qui ne supporte pas cette sérénité. Il a créé la situation mais les conséquences lui échappent : malgré ses conquêtes et sa pseudo-liberté, Georges est faible et odieux.

L'image parfaite du couple que formaient ses parents est son seul réconfort. Lorsqu'il apprend que sa mère était frivole et que son père (Pierre Fresnay) n'est pas son vrai père, le doute s'ajoute à la faiblesse. Et si Évelyne avait un amant?

La répétition quotidienne est un jeu de massacre. Yvonne, qui s'est prise d'affection pour Jean-Pierre Darras et Christiane Minazzoli, donne libre cours à ses extravagances.

– Vous savez, j'ai trompé l'Alsacien beaucoup plus qu'il ne le suppose! dit-elle en brandissant la liste de ses deux cent quatre-vingt-dix-huit ou trois cent quatre-vingt-seize amants.

Mme Printemps a beau avoir des souvenirs, elle se perd dans les dizaines, si ce n'est les centaines.

Lorsque Fresnay et Darras répètent la scène du

monologue (le père crédule racontant à son fils quarante ans de bonheur conjugal), Yvonne ne cache pas son admiration à Jean-Pierre. Comment pourrait-elle résister à rabrouer Fresnay devant témoin ?

– Oh ! Mon chéri, c'est merveilleux ! dit-elle à Darras qui n'a pas dit une ligne de texte. Vous êtes merveilleux, extraordinaire ! Comment faites-vous pour écouter si bien ? Comme c'est beau ! Vous m'avez fait penser à la Duse... Quel talent ! Quel talent ! Comment pouvez-vous l'écouter aussi admirablement ?

– Vous savez, madame, écouter M. Fresnay avec attention, ce n'est pas difficile.

– Ne dites pas de bêtises... A côté de vous, c'est bien simple, on ne le voit plus ! Quant à vous, dit-elle en s'adressant à Fresnay, je vous conseillerais d'articuler, c'est de la bouillie !

– Vous avez raison, Mouret, si j'ai un peu de temps, j'irai prendre des cours du soir chez René Simon [1].

Le succès de *On ne sait jamais* a renfloué la trésorerie du théâtre et ramené la bonne humeur dans l'équipe. A l'occasion de la cinquantième ou de la centième représentation de la pièce de Roussin, pour fêter un anniversaire ou sans autre raison que l'envie d'une coupe de champagne, comédiens et techniciens se réunissent autour d'Yvonne et de Pierre Fresnay. La cigarette entre l'index et le majeur, la bouche en cul-de-poule et la voilette perlée, elle chante et il se tait. Tout à sa jouissance.

– Ah ! Lucien, dit-elle soudain. Quel homme ! Sacha n'était rien à côté de lui ! J'ai épousé Sacha, mais c'est Lucien dont j'étais amoureuse. Lucien est le seul homme qui ait le droit d'exister sur cette terre.

Surveillant Fresnay du coin de l'œil, Yvonne desserre le fermoir d'un large bracelet de brillants qui orne

1. Dialogue cité par Jean-Pierre Darras dans *Pourquoi dites-vous ça en riant ?*

son poignet. « Regardez ce que m'offrait Sacha Guitry ! » dit-elle en balançant le bijou sous les yeux des convives.

Le bracelet, qui peut aussi être un clip ou une énorme bague, passe de main en main autour de la table.

– Faites passer, moi je connais ! laisse tomber Fresnay lorsqu'on lui tend les gros maillons de diamants.

Et Yvonne de renchérir :

– Quand je pense que j'ai épousé cet Alsacien ! Avec lui, j'ai tout perdu ! Je n'ai quitté Sacha que pour une vie de sacrifices et de médiocrité.

Au témoin contrarié qui ose demander à Yvonne la raison de ses propos désobligeants et cruels, elle répond sérieusement : « Parce qu'il m'a fait attendre... Je ne lui ai jamais pardonné d'avoir hésité à venir me rejoindre lorsque j'ai quitté Guitry. »

Jean-Pierre Darras vit à cette époque une relation difficile avec une compagne dont la nature est excessive et exclusive. Lors d'une représentation, une confidence de Georges à son père résonne tel le prolongement sur scène d'un épisode de la vie privée. L'émotion submerge Darras. Au baisser de rideau, il prie Fresnay de l'excuser. Le regard du père est complice, interrogateur et philosophe.

– Ce que je ne supporte pas, avoue Jean-Pierre Darras, ce sont ces femmes qui se gâchent le présent par peur de l'avenir.

Les comédiens regagnent leur loge ; Fresnay, sa cellule, « le lieu, dit-il, où Mme Printemps m'héberge ». Avant d'en franchir le seuil, il revient sur ses pas et se dirige vers la loge de Darras. Comme une suite immédiate à la réflexion du jeune comédien, il lui dit :

– Et comment croyez-vous que je vis depuis quarante ans ? Nos rapports doivent vous étonner, n'est-ce pas ?

Il y eut d'autres scènes, pénibles pour l'entourage, opposant en un jeu difficile à admettre Mme Printemps et Pierre Fresnay. Lui devinait la question muette de ses interlocuteurs masculins : « Pourquoi êtes-vous donc resté ? »

– C'est vrai, elle a un caractère difficile, impossible, expliquera Fresnay à Jean-Pierre Darras, voulant défendre Yvonne et peut-être se justifier lui-même. Elle était comme cela dès le début de notre liaison. Je m'étais dit alors : Est-ce que cela en vaut la peine ? Oui, croyez-moi, cela en valait la peine ! Alors je continue et continuerai jusqu'au bout !

En 1973, lorsque Fresnay tourne pour la télévision *Les Écrivains* de Michel de Saint-Pierre, il fait un aveu similaire au romancier :

– Cela n'a pas toujours été facile d'être le mari d'Yvonne Printemps, mais quelle aventure, mon cher, quelle aventure !

L'homme aux yeux bleus

L'ANNÉE 1970 est une année difficile : la Michodière monte cinq spectacles dont le nombre de représentations varie de dix à soixante. En avril 1971, Fresnay reprend *Mon Faust* avec Julien Bertheau et Danièle Delorme. Le comédien est sur le point d'abandonner le théâtre.

Sur l'insistance de son neveu Philippe, il accepte de rencontrer un homme de cabaret qui se produit seul sur la petite scène de la Vieille Grille. Son nom est Bernard Haller, encore inconnu du grand public. Il est passé à l'Écluse avec Barbara, aux Trois Baudets avec Raymond Devos, à Bobino avec Patachou. Son rêve est de bâtir un vrai spectacle pour montrer tout ce qu'il sait faire.

Rien ne favorise a priori la création à la Michodière du « one man show » d'un amuseur public de la rive gauche. Haller est un marginal : il bouleverse les notions traditionnelles d'écriture, de mise en scène et d'interprétation. Moraliste lunaire, il traque les absurdités de la vie, exploite le fantastique du quotidien et conjure la mort par la cocasserie. Bernard Haller a les pieds sur terre, mais l'irrationnel est son territoire.

Philippe Laudenbach défend ce spectacle à une voix dont l'expression dramatique se prête à la scène théâtrale. Le fantaisiste a tout pour lui : une présence physique et le don du verbe. Il en coûtera peu de chose à la Michodière : le décor est inexistant, les accessoires sommaires.

– D'où sort-il ce personnage que tu veux présenter à Pierre ? demande Yvonne Printemps à Philippe.

– Il a une quarantaine d'années, plus beaucoup de cheveux, il est suisse, il a les yeux bleus et a fait des études pour être vétérinaire.

Quelques années auparavant, Yvonne avait fait soigner l'une de ses chiennes à Lausanne par un vétérinaire qui était justement un chauve aux yeux bleus. Bernard Haller doit, paraît-il, à cet heureux souvenir l'atmosphère calme de son audition.

Il s'est avancé sur le devant de la scène.

– Monsieur, je n'ai pas répété plus avant avec la technique mais, si vous le souhaitez, nous pouvons poursuivre.

– Non, c'est parfait, répond Fresnay. Votre numéro est sympathique. Les vingt minutes que je viens de voir m'ont paru intéressantes. Il faudrait peut-être couper quelques longueurs.

– Mais tu as vu plus d'une heure de spectacle ! dit alors Philippe Laudenbach.

– Mon Dieu ! Et Yvonne qui m'attend dans la voiture !

Mme Printemps est restée dans sa loge. Tandis que Fresnay entraîne Bernard Haller en coulisses, elle se dirige vers le plateau et emprunte le petit escalier raide qui fait communiquer la scène et les loges. Elle a soixante-dix-sept ans. La voilette épaisse couvre son visage jusqu'au menton ; elle tient d'une main son sac et de l'autre Torry, son petit fox qu'elle appelle aussi « Trésor » ou « Andouille ». Bernard Haller se tient au pied des marches, le crâne brillant, les favoris Second Empire et l'écharpe sans âge. On les présente : leurs regards se croisent, il lui baise la main et la contemple à nouveau.

– Madame, vos yeux..., balbutie le fantaisiste.

– Oui, dit alors Yvonne, nous les avons extraordinaires, n'est-ce pas ?

Le spectacle de Bernard Haller intitulé *Et alors ?* est un triomphe. En franchissant la porte de la Michodière, Haller est entré chez les gens. Il reste à l'affiche treize mois et reprendra son spectacle dans le théâtre d'Yvonne Printemps en 1974.

Une soirée au Coupe-Chou

– RIEN ne me gêne, rien ne m'épate, n'a cessé de répéter Yvonne. Ni les riches, ni les pauvres, ni les imbéciles, ni ceux qui ne le sont pas, ni les gens célèbres, ni les inconnus. Je peux dire « merde » à tout le monde !

Yvonne est sincère, mais ne veut pas reconnaître que son univers se restreint. Personne ne la gêne ; mais qui pourrait la gêner désormais ? Les seuls lieux qu'elle fréquente sont le bar du théâtre, le café à deux pas, les restaurants Drouant et Pierre, place Gaillon, et l'Hôtel, rue des Beaux-Arts.

Lorsque Bernard Haller invite Mme Printemps et Pierre Fresnay au Coupe-Chou, rue Lanneau, derrière la Sorbonne, il bouleverse les habitudes et brouille les repères de la star qui n'est plus. On ne la reconnaît pas : le monde d'aujourd'hui lui est étranger.

Ce soir-là, elle a perdu son sens de la repartie et son agressivité de rebelle. Yvonne n'est pas absente mais seule et désemparée. Au Coupe-Chou, elle n'essaie pas de s'imposer ni de plaire, elle n'existe plus.

Mme Printemps a trop aimé le moment présent pour être une nature passéiste. « Il ne faut pas suivre les modes, dit-elle, l'essentiel est d'être soi-même. » Elle est restée la Printemps, étoile de l'entre-deux-guerres et directrice fantoche d'un théâtre de Boulevard où elle fait chanter ses chiens. La femme vieillissante s'est repliée sur elle-même, sans aigreur, mais non sans colère. Ses emportements traduisent encore sa défense et son narcissisme.

– Le monde change ? Tant pis pour le monde ! dit-elle. D'ailleurs, pourquoi m'intéresserais-je aux autres puisque les autres sont des cons ?

Yvonne a la révolte esthétique. Elle déteste les mini-jupes et les bottes cuissardes qui courent les rues au début des années 70. Une femme doit cacher ses genoux et montrer ses jambes. Quant au pantalon, elle n'en prononce même pas le mot.

– Je n'aime pas les boîtes vides ! lance-t-elle à une jeune femme, amie d'une comédienne du théâtre.

Lorsque Mme Printemps tombe le masque, on la découvre sereine et triste. Dans la loge, toute de fanfreluches, aux senteurs de poudre et d'*Heure Bleue*, elle chante et se raconte, heureuse d'évoquer une gloire qu'elle cherche à retenir, heureuse de faire plaisir et d'avoir un public.

– Il n'y a de leçon pour rien, dit-elle. Et le temps vous débarrasse d'un tas de choses...

Mais lorsqu'elle rit, Yvonne porte instantanément sa main au visage : deux doigts toujours placés au même endroit pour masquer la ride d'un sourire. « Ce n'est pas beau à voir », ajoute-t-elle.

« Elle me mène la vie dure »

En octobre de l'année 1972, la Michodière monte *La Claque* d'André Roussin, l'histoire d'un critique musical parisien, finaud mais trouillard, giflé par un compositeur célèbre, malmené dans une chronique. Cette banale affaire d'humeur devient une affaire d'honneur et de famille : les enfants de deux ennemis jurés sont épris l'un de l'autre. Pierre Fresnay joue un second rôle, celui d'un colonel en retraite qui veut venger l'affront fait à son neveu. Michel Galabru est le critique agressé ; Jean-Henri Chambois, le compositeur à la main leste.

Fresnay est de plus en plus sujet aux pertes de mémoire : oublis d'une phrase, d'un geste, d'un enchaînement de réplique, et défaillances plus graves qui rappellent l'absence dont il fut victime le soir de la générale du *Truffator*.

– Quand vous jouiez avec moi, lui dit Yvonne, vous étiez un véritable acteur. Il suffit que je ne sois plus votre partenaire pour que vous ne soyez plus bon à rien !

Fresnay excuse et ne dit mot. Lorsqu'elle le traite de façon ordurière, il explique à Galabru : « Vous croyez entendre une insulte, et moi j'entends *Je t'aime !* »

Yvonne veut continuer à plaire, être aimée et fêtée. Fresnay l'a compris : il lui fait livrer des roses de la part d'un admirateur fidèle et, ici ou là, lorsqu'on le reconnaît, transfère sur Yvonne les témoignages d'estime du public. Il assure son rayonnement en société, l'incite à chanter et la rend heureuse.

André Roussin s'est souvenu : « Yvonne Printemps allait trop loin dans l'injure et ne savait pas s'arrêter. Il m'est arrivé plusieurs fois de me retirer pour ne pas être grossier. »

Julien Bertheau en fait autant et quitte la table. Yvonne est trop désobligeante. L'unique question est de savoir jusqu'où admettre ses offenses. Impériale, despotique, infernale et versatile, elle ne réussit plus à se faire pardonner ses débordements oratoires, sa mauvaise foi, son agressivité, son injustice. Par égard pour son âge et ce qu'elle représente, par respect pour Fresnay, on se tait. D'autant qu'un souvenir, une reconnaissance ou quelques notes suffisent à faire renaître l'âme de la petite Printemps.

« Je vis avec une dame qui m'interdit le rôle de spectateur... », dit Pierre Fresnay à Jacques François qu'il est venu applaudir en matinée. Les deux comédiens en sont réduits à une conversation d'entracte car Yvonne attend Pierre à Neuilly, immédiatement après le spectacle.

Fresnay souscrit depuis longtemps à ses règles de vie quotidienne. Parfois pesantes, elles font partie du jeu amoureux qu'Yvonne a su entretenir. En 1968, pendant le tournage de *Tête d'horloge* réalisé pour la télévision par Jean-Paul Sassy, d'après un roman de Jean Pradeau, la seule exigence de Pierre Fresnay est de rentrer déjeuner chaque jour à Neuilly. « Sinon, j'aurais des problèmes dans mon ménage », précise-t-il. Depuis une école de Saint-Mandé où ont lieu les prises de vues, Fresnay file à toute allure, n'hésitant pas à brûler les feux rouges, ni emprunter les voies à sens unique pour gagner du temps. Lors du tournage du téléfilm *Le Jardinier*, en 1973, sur une idée et un scénario de François Possot, les impératifs sont de même nature. Les relations entre Fresnay et Possot sont devenues étroites. En 1971, le comédien a accepté l'idée d'un livre de dialogues entre les deux hommes. Yvonne n'est pas favorable au projet et ne manque pas d'interrompre les entretiens qui ont lieu à Neuilly. Le temps que Pierre passe dans son bureau ou sur un plateau de télévision lui est ravi. Lorsqu'il la prévient d'un retard d'une heure sur un tournage, elle lui raccroche au nez.

Pierre est habitué : les mouvements d'humeur d'Yvonne sont le signe de sa bonne santé. Lui-même se plaît à être bousculé, secoué et rabroué. Mais, avec le temps et la fatigue, les mêmes causes n'ont plus les mêmes effets. Yvonne finit par épuiser Fresnay. Il est las de ses harcèlements. Elle reste pourtant son devoir, son humilité et la femme de sa vie. Il est son admiration et l'homme qu'elle n'a jamais quitté.

A soixante-dix-neuf ans, la Printemps aime encore à provoquer Pierre et choquer sa pudeur. Au terme d'une représentation de *La Claque*, le couple entraîne Michel Galabru et le chef électricien du théâtre souper chez Drouant. L'atmosphère est lourde. D'évidence, ils se sont disputés. Pour se venger de l'altercation, Yvonne déclenche son plan d'attaque de femme tigresse : séduire n'importe qui en présence de Pierre et le heurter par son sens de l'exhibition. Le technicien du plateau, qu'elle a commencé par embrasser sur la bouche en sortant de la Michodière, est l'instrument malheureux et involontaire de ce règlement de comptes. Chaque duelliste a son témoin : celui de Fresnay est Galabru. Une nouvelle fois, Mme Printemps veut montrer qu'on ne lui résiste pas. Elle serait capable de faire du charme à un barreau de chaise.

Ce soir, comme d'autres, elle a bu. Elle parle fort, son abattage vindicatif et bruyant est proportionnel à la discrétion de Fresnay. Que ne s'est-il tu au milieu du repas ! Le voici qui tend l'échine pour être battu.

– Mouret, votre gilet est déboutonné...

– Et alors! s'exclame-t-elle. De quoi vous mêlez-vous ?

Le bouton qui a lâché laisse entrevoir, au-dessus de la taille, la peau blanche d'Yvonne. D'un seul mouvement des bras vers le ciel, elle enlève le cardigan et montre à l'assistance une poitrine d'adolescente. Tandis qu'un fou rire saisit Michel Galabru devant Yvonne ravie de son effet, Pierre contient sa gêne et sa colère. Au moment de se séparer, il part seul pour Corbeval, voulant éviter un pugilat à Neuilly.

Il est des nuits où la loi des séries est incontournable. Fresnay coule une bielle sur la route, revient à Paris en auto-stop, trouve porte close rue Saint-James et dort dans le garage. Tout compte fait, Yvonne vieillit mal, Pierre est un peu las, mais leur amour n'a pas une ride.

Chacun à leur manière, ils sont éblouis par l'autre. Yvonne, qui critique tant la carrière de Fresnay et lui reproche ses allées et venues en province, avoue à Robert Karsenty, lors d'une représentation du *Neveu de Rameau* au théâtre des Célestins à Lyon : « Comme il est bon comédien! » En 1974, lorsque la mairie d'Ermont, où elle est née, lui demande son accord pour baptiser du nom de Printemps le théâtre de la municipalité, Yvonne préfère que l'on choisisse le nom de Pierre Fresnay [1].

Le plus jaloux des deux n'est peut-être pas celui qu'on croit. Malgré les paroles parfois dures et amères de Fresnay (n'a-t-il pas dit à Michel Galabru, un jour d'abattement : « Il existe des assassinats sans revolver » ?), le devoir qu'il s'est imposé de rester auprès d'Yvonne, après l'avoir enlevée à Sacha, est un sacerdoce consenti pour le pire et surtout le meilleur. Il est le premier à la surveiller, à réclamer sa présence, à ne

1. A la mort d'Yvonne Printemps, son nom sera donné à la salle des fêtes de la ville d'Ermont.

pouvoir se passer d'elle, à manifester ses impatiences ou sa jalousie.

Au comédien Daniel Ivernel qui monte, derrière Mme Printemps, le petit escalier de la Michodière conduisant aux loges, Fresnay fait cette réflexion :

– Je vous en prie, Ivernel, ne regardez pas ainsi les jambes d'Yvonne, ça la gêne !

A la fin des années 50, Fresnay avait refusé qu'un journaliste s'entretienne avec Yvonne de Georges Guynemer. On imagine la poigne du comédien mettant dehors un importun trop curieux qui voulait fouiller dans un passé tabou. Yvonne se range aux exigences de Pierre : elle ne prononce jamais le nom du jeune aviateur et ne fait confidence de sa passion lointaine qu'à Jane Willemetz ou Anita Vecchioni. En 1970, lorsque Jacques Lorcey travaille sur son livre *Sacha Guitry par les témoins de sa vie*, le comédien Fresnay, ancien interprète de l'auteur de Boulevard, refuse d'apporter son témoignage. Ce serait une indélicatesse vis-à-vis d'Yvonne. Et Mme Printemps, accepterait-elle de dire quelques mots ?

– Certainement pas, car elle a toujours refusé, rétorque Fresnay. Et croyez-moi, c'est mieux ainsi, pour elle, pour vous et pour votre travail auquel je souhaite beaucoup de succès !

La mort de Pierre Fresnay

DEPUIS combien d'années jouent-ils à cache-cache avec l'alcool ? Ils se l'interdisent mutuellement et y succombent chacun de leur côté, en catimini. Ce sont des moments qu'Yvonne Printemps et Pierre Fresnay partagent peu.

Malgré son inclination pour le vin rouge auquel le

docteur Thiroloix n'a pu le soustraire, Fresnay offre un whisky tiède à Michel de Saint-Pierre. La scène se passe dans le petit bureau du premier étage, à Neuilly, lors d'une séance de travail qui précède le tournage du téléfilm *Les Écrivains*. L'alcool de malt est tiède, mais il n'est pas question de descendre à la cuisine chercher un peu de glace :

– Yvonne risquerait de m'entendre et me ferait une scène, explique Fresnay au romancier. Elle me défend la moindre boisson alcoolisée !

Lui observe le même comportement à l'égard d'Yvonne, et traite de criminels les employés du théâtre qui l'approvisionnent. Anita Vecchioni est un fournisseur dévoué qui réprouve en silence le penchant de « la patronne », mais obéit par indulgence et compassion.

Un soir, après le spectacle, tandis que le couple s'apprête à regagner Neuilly, Yvonne, d'un geste maladroit, laisse tomber sur le trottoir une bouteille de whisky qu'elle cachait sous son manteau. Mme Vecchioni qui lui a remis le flacon est sortie de la Michodière en même temps qu'eux. A peine la bouteille s'est-elle brisée au sol qu'on entend Pierre Fresnay hurler à l'adresse de la pauvre Anita :

– C'est de l'assassinat ! Vous allez la tuer !

Tandis qu'Yvonne continue de marcher dans la rue comme si de rien n'était, Fresnay l'invective, emporté dans une de ces colères qu'il ne maîtrise pas.

– Mais qu'y a-t-il ? se contente de demander Yvonne. Je n'ai rien fait !

En octobre 1973, Jean-Pierre Darras et Roger Carel créent *L'Arnacœur* à la Michodière. Quelques semaines plus tard, après un nouveau malaise, Fresnay est transporté à la Salpêtrière. L'alerte est plus sérieuse que les précédentes. Yvonne n'ignore pas que l'état de santé de Pierre exige une tranquillité qu'elle est incapable de lui ménager. Lorsqu'il sort de l'hôpital, elle s'efforce d'être calme et patiente, mais sa nature caractérielle l'emporte.

Le 28 janvier 1974 a lieu la dernière représentation du *Neveu de Rameau* à Chelles, en Seine-et-Marne. Fresnay maîtrise de moins en moins sa mémoire. L'été suivant, il accepte d'enregistrer pour la télévision la pièce d'André Roussin, *On ne sait jamais*, avec Jean-Pierre Darras. La réalisation est confiée à Agnès Delarive, les répétitions se déroulent au théâtre de l'Athénée où le film sera tourné.

Pour faciliter l'interprétation de Pierre Fresnay, on a simplifié au maximum la mise en scène. Une équipe attentive et respectueuse de ce que le comédien représente dans la profession tente de lui apporter toute l'aide dont elle est capable. Fresnay se rend compte qu'il n'est plus victime de simples trous de mémoire, mais d'absences cérébrales qu'il essaie de combattre par des efforts surhumains. Il n'a bientôt plus d'illusions et comprend que ce travail qui lui est une torture est vain. Il perd pied, s'enfonce et s'irrite contre lui-même.

Comédiens et techniciens sont devenus de tristes voyeurs impuissants. Le spectacle s'achève : un homme en colère se découvre aux confins de lui-même.

– Madame, dit alors Pierre Fresnay à Agnès Delarive, je n'y arriverai jamais. N'êtes-vous pas inquiète ?

– D'un autre que vous, je serais inquiète, monsieur Fresnay. De vous, je ne le suis pas. C'est vous qui savez.

– Puisque je sais, dit-il, je déclare forfait. Appelez André Luguet. Il est plus âgé que moi, mais il connaît la pièce et l'a jouée en tournée. Donnez-lui mon contrat. Ce sera mieux pour tout le monde.

Moins de six mois d'inactivité et Fresnay ne sera plus, vaincu par l'âge, le travail et son contraire. A la Michodière, Yvonne ne lui cache pas son sentiment :

– C'est bien fait ! Cela fait des années que je vous dis

que vous êtes trop vieux. Il faut vous y faire. Quand on est trop vieux, on s'arrête, on se repose. Reposez-vous donc !

Yvonne s'exprime à sa manière, mordante et agressive. Mais la parole virulente est son mot d'amour. Elle ne comprend pas Pierre : pourquoi a-t-il attendu d'être à terre pour s'arrêter ? Elle aurait tant souhaité qu'il ait la sagesse de quitter la scène avant qu'elle ne le quitte.

– Enfin, a-t-on idée d'être aussi con ! dit-elle à Fresnay devant Darras. N'est-ce pas, Jean-Pierre, que c'est un con ?

– On le sait, Yvonne, on le sait, vous nous le répétez cent fois par jour !

L'exclamation de Darras l'a déconcertée. La voici remise à sa place lorsqu'elle sait mieux que personne qui est Fresnay. Jean-Pierre n'a rien compris, pense-t-elle. Elle sait que Pierre est le plus grand acteur du monde, et un mari comme elle en a toujours voulu un.

– Oui, c'est un con..., dit alors Mouret. Mais, c'est le dernier vrai homme, et c'est moi qui l'ai eu [1] !

Les semaines se sont écoulées. Yvonne Printemps et Pierre Fresnay ne prêtent plus attention à eux-mêmes, mais continuent de vivre leur jeu d'amour et de cruauté. Fresnay ne supporte plus l'alcool. En décembre 1974, on le transporte une dernière fois, à l'hôpital Américain.

Les Barreyre, les Karsenty et la jeune génération Willemetz entourent Yvonne. Chaque jour, Claude Simonet la conduit à l'hôpital. Sa seule joie est d'y croiser François Périer. « Vous êtes venu ! » lui dit-elle. Tout pourrait recommencer, comme avant.

Le 9 janvier, Yvonne trop fatiguée demande à Simonet de se rendre seul à l'hôpital, où Fresnay est depuis

1. *Pourquoi dites-vous ça en riant ?* de Jean-Pierre Darras.

plusieurs jours dans le coma. Une heure plus tard, Claude revient :

– C'est fini, Yvonne, lui dit-il.

Elle n'a poussé aucun cri, fait aucun geste ni mouvement. Elle n'a posé aucune question, mais s'est assise, dans le silence de Neuilly, plus immobile et oublieuse que prostrée. Elle est ailleurs : tout semble avoir disparu autour d'elle.

Yvonne ne redeviendra elle-même que face à Pierre, dans la chambre mortuaire.

Épilogue

1975-1977

Elle était jusqu'à présent une dame âgée capricieuse, autoritaire et difficile. Tyrannique parfois, exigeante toujours. Yvonne Printemps est aujourd'hui une vieille femme : image abîmée et flétrie d'une petite fille qui fut toute sa vie entourée, fêtée, adulée par le public, puis par un homme.

Depuis quatre jours, elle soliloque, poursuivant avec Pierre Fresnay, au-delà de la mort, un dialogue d'amour elliptique et vain. Yvonne oscille entre l'abattement et la révolte. Elle se sent victime d'un monde hostile qui n'est plus le sien, et injurie Dieu qui lui a volé Fresnay. La voici pour la première fois démunie, désarmée, pitoyable.

Yvonne était devenue l'ombre d'une star dans une époque sans idoles qui l'avait oubliée depuis longtemps. Elle est désormais une femme en sursis : Mme Printemps vient de perdre sa seule raison d'être.

Comment aurait-elle pu imaginer que la foudre s'abattrait ainsi sur elle ? L'absence de Pierre ne fut jamais inscrite dans l'ordre des choses. Existe-t-il seulement cet ordre des choses ? Pour Yvonne, le monde commence et finit avec elle. La mort, c'est pour les autres.

Yvonne Printemps s'est-elle sentie responsable de la

disparition de Fresnay ? A-t-elle connu le remords de celui qui use l'autre jusqu'à l'épuisement ? Elle est trop malheureuse, égocentrique et isolée, par sa faute, pour envisager sa culpabilité et s'accabler davantage. Elle est néanmoins assez forte pour en vouloir à Pierre d'être parti le premier.

Peu à peu, Yvonne va sombrer. Son ego, si impérieux, prolongera sa vie de deux ans qui seront vingt-quatre mois d'attente.

Dans les heures qui suivent le décès de Pierre Fresnay, elle ne réclame pas la mort pour elle-même, mais s'insurge contre le seul responsable :

– Vous êtes un salaud ! dit-elle au R.P. Carré. C'est votre patron qui me l'a pris... Allez-vous-en ! Allez-vous-en ! Il ne fallait pas me le faire connaître !

Yvonne Printemps a d'abord refusé de recevoir le dominicain à Neuilly. Le père Carré a dû forcer la porte. « Elle attendait que je m'oppose, que je me dresse contre elle... », se souvient-il. La colère puérile d'Yvonne est celle d'une femme seule et impuissante. Son instinct et sa foi lui font entrevoir l'apaisement, mais à cette heure, son être se refuse au repos de l'âme.

Depuis 1954, Pierre Fresnay détenait une concession funéraire au petit cimetière de Neuilly, travée n° 12, leur chiffre. L'emplacement est peu agréable. En attendant que soit aménagé un nouvel endroit, à l'écart, Pierre Fresnay va reposer dans un caveau provisoire. Autour de son cou, on a noué la cravate qu'il a portée à chaque représentation du *Neveu de Rameau*.

– Et dire, mon amour, que je ne te mettrai plus en colère..., murmure Yvonne devant la dépouille, avant la mise en bière. Quel aveu du jeu d'amour qu'ont maintenu pendant quarante-trois ans ces amants terribles !

La vie est souvent à deux doigts de la farce. Jane Willemetz, qui est venue se recueillir, s'inquiète auprès d'Yvonne de l'aspect congestionné et rougi du visage de

Pierre Fresnay. Mme Printemps foudroie son amie du regard :

– Vous n'avez rien compris! s'exclame-t-elle. Ces marques sont celles de mes baisers...

Mme Vecchioni, le père Carré et Claude Simonet conduisent Yvonne Printemps au cimetière. Il est quinze heures trente, le 14 janvier 1975. Un président de la République – Valéry Giscard d'Estaing –, des admirateurs et des curieux se mêlent aux familles Laudenbach et aux proches. Jean Barreyre et son épouse, Mme Thiroloix, André Roussin, François Périer et Pierre Dux sont présents, ainsi que François Possot, Jean-Paul Sassy et d'autres dans la foule.

On reconnaît aussi une vieille dame aux yeux pâles, triste et voûtée, soutenue par un bras ami : Berthe Bovy. Depuis 1931, la rancune et la jalousie des deux femmes ne se sont pas atténuées. Elles se haïssent pour avoir été des rivales de même envergure. La guerre fut déclarée il y a longtemps et la bataille n'a pas pris fin.

Pour Yvonne, Berthe Bovy est restée « la vieille », la femme provisoirement légitime qui empoisonne sa vie. Légalement, livret de famille à l'appui, Pierre Fresnay est l'époux divorcé de Mme Bovy.

– C'est un comble! hurle Yvonne.

Aux yeux de la loi, la compagne de Fresnay n'est rien. En revanche, elle a tout car tout est à son nom : la présidence de la société théâtrale, la villa de Neuilly et ce qu'elle contient, la petite maison de Corbeval. Malgré sa fortune, Yvonne gronde : elle se souvient du temps où la « vieille » osait réclamer à Pierre une augmentation de sa pension alimentaire. Était-ce à l'époque des derniers succès cinématographiques ou après le décès de Mme Laudenbach ? Les charges de Fresnay avaient diminué et on a prétendu que Berthe Bovy exigeait une révision des modalités financières du divorce.

Yvonne ne sait pas que cet argent, amassé chaque mois, fut déposé par Berthe sur un compte destiné à Pierre Fresnay.

– Si elle part la première, disait Mme Bovy, il n'aura plus rien. Il est pauvre, vous savez. Tout est à elle. Il lui a tout donné...

Yvonne est par nature une femme en colère. Berthe, depuis 1932, est une femme blessée. Sa vie s'est arrêtée le jour où Pierre est parti, et la plaie d'amour ne s'est pas refermée. Berthe a longtemps vécu dans l'espoir d'un retour, puis elle a fait une forteresse de ses souvenirs. Sa réclusion est aux frontières du fétichisme : chez elle à Neuilly, près du boulevard Richard-Wallace, une femme qui aime a élevé un autel à l'être aimé. Les effets personnels de Fresnay ont été sacralisés : un portrait, un stylo, un képi, une paire de gants, une ceinture sont devenus les objets dérisoires d'une triste célébration.

Du vivant de Fresnay, la vieille dame avait l'habitude de dresser chaque soir le couvert de celui qui n'était plus jamais rentré. Fresnay mort, il continuera d'habiter l'esprit fragile d'une femme qui s'éloigne de la raison parce qu'elle lui fut souffrance. Si folle est sa passion qu'elle mène Berthe à la folie.

– Vous n'êtes pas M. Fresnay ? demande-t-elle à Claude Dauphin.

La scène se passe à Deauville. Le comédien, au volant de sa voiture, a vu s'avancer vers lui Mme Bovy, recroquevillée et minuscule, troublante et troublée.

A chaque femme ses preuves d'attachement. Yvonne n'est pas malveillante. Les êtres sont seulement capables de méchanceté par intermittence. Comment expliquer, alors, cette fortune en immobilier, meubles et bijoux au nom exclusif de Mme Yvonne Wigniolle ? Pourquoi Yvonne a-t-elle accepté le danger pour Pierre de se retrouver à la rue ?

– Il vaut mieux, Julien, que je parte avant elle..., avait avoué Fresnay à son ami Bertheau.

Elle n'a pas contraint Pierre à ce partage démentiel : tout pour moi, rien pour lui. Aux yeux de Fresnay, Yvonne ne devait pas être lésée de liens établis hors du mariage. Cette attitude généreuse apparaît aussi comme un acte imprudent de dévotion et de bravade. Tout pour elle, rien pour moi.

L'argent n'intéressait pas Fresnay. Quelques années auparavant, il avait conseillé à Yvonne de faire don de sa fortune à quelque œuvre humanitaire. Yvonne se moque de faire du bien et n'a aucune mansuétude pour cette foule d'inconnus qu'elle traite de troupeau imbécile. Seul échappe à sa vindicte un entourage amical restreint qui ne suffit plus à la rassurer. La séparation par la mort et la mort elle-même sont des sujets tabous. Par orgueil, égocentrisme et extravagance, Yvonne voudrait ne rien laisser sur cette terre étrangère : si elle pouvait brûler les matrices de disques et leurs reproductions, les pellicules et leurs copies, la maison de Neuilly et ses souvenirs, elle le ferait.

Elle prétend ne pas regretter ce monde qui la concerne si peu ; mais, à l'image de tous ceux que la vie comble d'honneurs et de reconnaissance, Yvonne a peur. Cette angoisse est la clef de son comportement.

De bonne foi, elle a cru qu'ils mourraient ensemble, parce que telle était sa volonté. Il était impossible qu'il en fût autrement. Un alibi parfait qui évite de prendre toute disposition.

Yvonne Printemps avait nié la réalité d'un monde où elle ne pouvait garder sa place. Puis elle s'est retirée de ce monde jusqu'à ne plus le reconnaître. Ni l'admettre dans ses limites qui sont les mêmes pour tous : qui vit doit mourir. Mme Printemps a cru qu'elle pouvait imposer ses propres règles du jeu, seule maîtresse d'un destin qu'elle savait exceptionnel.

« Si le monde continue de tourner, c'est le monde qui a tort ! » dit-elle, inconsciente, butée, effrayée, mal guidée par un instinct qui fut meilleur conseiller. Yvonne a érigé en norme son irresponsabilité. Son décor est un trompe-l'œil. Elle est en décalage et en péril.

Au cimetière, en présence de deux pasteurs, le père Carré prononce une courte allocution :

« Mes amis, je vous propose d'adresser un dernier adieu à Pierre Fresnay sous la forme d'une prière. Pierre Fresnay a écrit qu'il ne se reconnaissait le fidèle d'aucune Église, mais que le divin avait toujours joué un rôle très profond dans sa vie. Au cours de notre longue amitié, il m'a dit combien il aimait l'Évangile. Il s'efforçait de s'en inspirer avec – ce sont ses propres mots – “ une totale bonne foi ”. Il ajoutait que, dans le domaine de la foi tout court, il lui restait à admettre comme réalité ce qui n'était encore pour lui qu'un merveilleux symbole.

« Aussi, en accord avec mes frères chrétiens, j'ai pensé que seul l'Évangile pouvait exprimer, en face de Dieu et dans la vérité, notre recueillement.

« Tout à l'heure, avant de quitter l'hôpital, ses proches et moi nous sommes réunis, et j'ai lu quelques paroles du Christ parmi celles que Pierre Fresnay aimait [1]. Nous allons nous rappeler qu'il y avait une prière qu'il récitait souvent : le Notre Père. C'est cette prière-là que dans son souvenir je vous invite à dire avec moi. »

Couverte de voiles épais, toute cassée de douleur et déchirante dans les murmures qu'elle adresse à une tombe, Yvonne entame son chemin de croix.

Elle n'a pas souhaité qu'on ajourne la générale de la pièce de Roland Dubillard, *Les Diablogues*, qu'interprètent Claude Piéplu et l'auteur. La première a lieu le 15 janvier à la Michodière. Les représentations vont se

1. Extraits des *Béatitudes* et de *Monsieur Vincent*.

poursuivre jusqu'à la mi-mai. Chaque jour Yvonne Printemps vient au théâtre, accompagnée par Claude Simonet qui est allé la chercher à Neuilly. Dans ses bras, Trésor, le petit chien qu'elle ne quitte pas. Derrière chapeau, foulard et voilette, Yvonne se cache. Elle porte un tailleur foncé, un manteau noir et des bottines. Ses jambes sont si frêles qu'elle semble en constant déséquilibre. Ses mains enflées et déformées sont gantées de coton.

Au printemps, le théâtre rend hommage à Pierre Fresnay en programmant treize de ses films. Yvonne n'assiste à aucune de ces cent soixante-quinze projections et préfère écouter les retours de son dans la loge d'Anita Vecchioni. Les deux femmes passent des heures ensemble. Leurs papotages tristes durent et s'éternisent des après-midi et soirées entières. Anita est le meilleur public d'Yvonne : fervente dans son admiration et son attachement, faible dans son jugement.

Chez Mme Vecchioni, et non dans sa loge où elle ne monte plus, Yvonne reçoit quelques visites. Dans le couloir on respire *L'Heure Bleue*. Sur la table ou sur une chaise, elle a posé son sac à main en lézard noir, au fermoir-boule d'un autre âge. Sous la voilette retenue par un doigt, une cigarette se consume, marquée d'une indélébile trace de Rouge Baiser.

Juliette Achard, qui a perdu son mari il y a quelques mois, tente de réconforter Yvonne. L'existence est triste sans leurs grands hommes, mais ils ne sont pas tout à fait absents de cette autre vie. Mme Printemps s'offusque : comment peut-on comparer Achard et Pierre Fresnay ?

– Nous n'avons pas perdu le même ! s'exclame Yvonne en toisant Juliette.

On ne fête plus rien dans la loge de la concierge, mais il y a toujours une bouteille d'alcool pour quelques verres que personne n'ose plus interdire. Yvonne a gardé le teint pâle des filles du Nord, le visage est sans ride, seulement gonflé par les effets de cette boisson dont elle a trop abusé.

Sa douleur est un spectacle. Yvonne est incapable de retenue : le moindre geste, la moindre parole est impudique. Dans le malheur, elle reste une star de la scène. Elle plante son regard bleu dans celui de son visiteur, le saisit par le bras dans une véhémence muette, enfonce ses ongles dans la chair du poignet ou de la main, crie son désespoir et sa solitude :

– Il y a des femmes qui peuvent pleurer, dit-elle à Jean-Claude Brialy. Moi, je ne peux pas, je suis en colère.

Devant Jean-Pierre Darras, Yvonne s'emporte contre l'absent, le lâcheur, le traître qui n'a pas tenu ses promesses.

– Le salaud! Le salaud! Il m'avait juré que nous partirions ensemble!

A Jean Delannoy qui est venu au théâtre à l'occasion de l'hommage rendu à Pierre Fresnay, Yvonne Printemps avoue : « Nous nous étions promis de mourir ensemble. Je vais bientôt mourir à mon tour... »

Elle est pathétique, la Printemps.

Bientôt, il faut décider quel spectacle sera présenté à la Michodière pendant la saison d'hiver 1975-1976. Les pièces de Jean Cosmos, Marc-Gilbert Sauvageon, René Fallet, Neil Simon sont envisagées. Le choix s'arrête sur une reprise de *Gog et Magog* avec Jean-Pierre Cassel dans le rôle créé par François Périer.

Le théâtre est dans une situation financière préoccupante. Le compte société est alimenté par le compte courant d'Yvonne Printemps. La Michodière n'est pas le seul théâtre privé qui connaisse de sérieuses difficultés. La mort de Pierre Fresnay marque un tournant : une période de transition commence.

Yvonne demeure « Madame la Directrice » : son

droit de veto est absolu au conseil d'administration. La vieille dame qu'elle est devenue est un frein à toute évolution du théâtre. Le rôle qu'elle joue et auquel elle croit encore est illusoire pour elle et contraignant pour les membres du conseil. Yvonne reste pourtant l'âme de la Michodière qui est sa famille et son passé. Seuls les murs de ce théâtre lui sont un refuge. A Neuilly, sa présence n'a plus de sens : Yvonne n'aime plus sa maison.

Dans la loge de Mme Vecchioni, elle raconte parfois sa vie aux jeunes comédiennes : Mme Printemps se souvient de Sarah Bernhardt et de Lucien Guitry, du temps qui passe et lui a tant donné, du temps qui soudain lui a ravi l'essentiel. Quel que soit le remède à son chagrin, il est artificiel et sans effet. Une partie d'elle-même est ailleurs et vit à un autre rythme. A quatre-vingt-un ans, elle est en état de rupture, déjà en partance.

Elle s'invente un père industriel, renie sa famille et claironne qu'elle doit sa poitrine de garçon à une grossesse tardive de sa mère qui l'aurait enfantée à cinquante ans. Yvonne fabule. Yvonne a l'alcool triste. Yvonne n'en peut plus de vivre sans lui.

Au théâtre, ses fidèles lui pardonnent de n'être plus tout à fait la même. Sa douleur est sa défaillance. On s'étonne qu'elle ait déjà survécu six mois à la disparition de Fresnay. Yvonne devient exaspérante dans ses contradictions, ses ignorances, ses idées fixes et ses a priori. A deux reprises, elle oppose un refus catégorique aux propositions du conseil. Claude Bourdet a soumis à la lecture de tous *Le Roi des cons* de Wolinski.

– Vous n'y pensez pas! déclare Yvonne Printemps. La Michodière ne peut monter ce genre de pièce...

Peu après, Michel Roux fait savoir qu'il est prêt à mettre en scène *Faisons un rêve.*

– Pierre vient de mourir... On ne peut pas jouer ici une pièce de Guitry, murmure Yvonne.

Quelques semaines plus tard, sans doute à l'été de 1975, elle tombe à Neuilly et se fend la lèvre. La blessure est bénigne, mais la plaie saigne. La femme de chambre appelle l'hôpital Américain. Sur place, Mme Printemps proteste, gronde et gémit. Le médecin n'arrive pas, elle s'inquiète pour son chien et veut partir.

Au terme de quelques heures d'attente, Yvonne voit arriver Dominique Marcas qui a appris son hospitalisation. La comédienne, qui fut en son temps la secrétaire de Pierre Fresnay, est restée proche du couple. Aujourd'hui, une affection partagée lie les deux femmes. Ensemble, elles vont s'enfuir comme des voleuses après avoir mis sens dessus dessous le bureau des sorties de l'hôpital. Entre deux plaintes, Yvonne raconte à Dominique Marcas ses déboires, sa colère et sa longue attente de la journée. Malheureuse et stupéfaite qu'on ne se soit pas occupé d'elle comme d'une reine reconnue et choyée, elle ajoute :

– Je suis quand même Yvonne Printemps...

Pour qui l'est-elle encore ? Yvonne est morte deux fois : en 1959, lorsqu'elle a décidé de ne plus jouer ni chanter sur scène, et en janvier 1975, quand Pierre Fresnay l'a laissée. Pendant dix-huit ans, il a joué à lui faire croire que son règne n'était pas achevé. Elle y a cru car elle l'admirait. Un homme de sa race ne pouvait ni se tromper ni lui mentir. Le château de cartes s'est effondré : Yvonne veut s'abstraire de la réalité et boit de plus en plus.

L'un de ces soirs où la bouteille de whisky voisine sur la table de nuit avec le flacon d'*Heure Bleue*, Yvonne s'assoupit dans son lit aux draps de satin. Lumière et cigarette sont allumées. La main blanche tombe sur le tissu. Le tissu prend feu. Yvonne n'est pas seule dans la grande maison : la présence de la jeune femme de chambre la sauve d'une mort atroce. La chemise de nuit est maculée de sang, le bras et la main sont brûlés au troisième degré.

Elle souffre mais s'en moque. Les plaies se cicatrisent. Yvonne se remet. « Tant pis pour moi », semble dire Mme Printemps.

A l'automne de l'année 1976, Yvonne fait une nouvelle chute. Le diagnostic est ordinaire : col du fémur brisé. La vieille dame est transportée à la clinique Sainte-Isabelle où exerce Bernard Truchot, le neveu d'Albert Willemetz. L'opération se déroule au mieux : la fracture réduite, on prescrit quelques séances de rééducation qui permettront à Yvonne de remarcher.

Elle va rester une dizaine de jours à la clinique. Quarante-huit heures après son admission, elle réclame cigarettes et alcool, exige de sortir de cette prison et chasse de sa chambre le kinésithérapeute. A son retour chez elle, elle refusera de le recevoir.

– Fichez-moi la paix! hurle-t-elle.

Yvonne est odieuse, volontaire et misérable.

A Neuilly, on a installé un lit d'hôpital. Il ne tient plus qu'à Yvonne d'être rapidement debout. Mme Printemps en a jugé autrement. L'occasion est trop belle : elle ne se relèvera pas.

La colère tombée, lui succède un état de nervosité et d'immense solitude. Dans la nuit, elle appelle Dominique Marcas ou Janine Karsenty.

– Je n'ai rien à vous dire... Je voulais seulement vous sentir là, tout près.

Les meilleurs soirs, Yvonne appelle le théâtre après le spectacle. Dans un état semi-comateux, elle réussit à téléphoner à onze heures vingt-huit lorsque la représentation se termine à onze heures vingt-cinq.

– Comment cela s'est-il passé? demande-t-elle à Simonet.

En décembre 1976, Jane Willemetz s'éteint dans sa maison de Marnes-la-Coquette.

Yvonne Printemps s'enferme, s'enfonce, ne supporte plus personne et s'interroge parfois : « Je ne sais pas quoi faire de cette maison. J'ai fait construire une maison d'égoïstes. C'était une maison pour amoureux. Après ma mort, il faut que ce soit des amoureux qui y habitent. Sinon, je préfère qu'elle soit détruite. »

En 1959, Yvonne prétendait qu'elle avait trop de souvenirs pour regretter de quitter la scène. A la veille du grand départ, elle avoue à Christian Freyburger (jeune peintre et journaliste, connaissance de Pierre Fresnay) qui prend régulièrement de ses nouvelles : « Les souvenirs ne vous aident pas, ce n'est pas vrai... J'ai tout eu, j'ai été gâtée, j'ai eu une vie merveilleuse. J'ai fait mon métier de tout mon cœur et maintenant je le paie. Je ne sais pas pourquoi je paie, mais je paie... [1] »

Yvonne se sent persécutée et trahie de tous. Personne n'est épargné, excepté son petit chien Trésor. « Je n'ai besoin de personne ! clame-t-elle. Je ne veux voir personne ! » Yvonne est injuste. Près d'elle, ils sont quelques-uns : Jean Barreyre et son épouse, Claude Simonet, le docteur Paul Thiroloix et Lucille, la nièce d'Yvonne.

Il est trop tard. Elle ne se révolte pas contre quelqu'un, mais contre un monde stupide qui continue de tourner sans elle. Dans un accès de haine qui traduit son infini malheur et une angoisse terrifiante, elle appelle la fin du monde parce qu'elle devine la sienne proche.

– Les jours sont trop longs, ajoute-t-elle. Parce qu'il n'est plus là, il n'y a plus de fête. Je suis toute seule, ce n'est pas juste. J'ai tout perdu avec l'affreuse mort. Il n'est plus là. Je n'ai besoin que de mourir... Tout m'est

1. Les derniers propos d'Yvonne Printemps cités ici sont extraits de conversations téléphoniques avec Christian Freyburger, enregistrées avec le consentement d'Yvonne.

égal. Il n'y a plus rien, je le jure, je le jure. J'ai tout perdu. J'attends de mourir.

Son état s'aggrave dans les premiers jours de janvier. Le 16, le père Carré se rend à Neuilly. Il sera l'intermédiaire dont Yvonne a besoin.

– Je vais mourir, lui dit-elle.

– Rappelez-vous, Yvonne, le mot de Mozart : « Quand Dieu voudra, je voudrai. »

Le reste appartient au secret de la confession.

Le cœur d'Yvonne Printemps a lâché. Il est deux heures du matin, le mardi 18 janvier.

Quelques heures plus tard, ceux qui l'ont aimée viennent se recueillir dans la chambre ivoire de Neuilly. On l'a vêtue de noir, son visage est apaisé. Elle est belle à nouveau. De part et d'autre de son corps, une rose. Sur la table de nuit, un flacon d'*Heure Bleue*.

« Après moi, le déluge ! » avait-elle dit. Comme aucun testament n'a été établi, on fait appel à un généalogiste pour dresser la liste exhaustive des descendants d'Yvonne Wigniolle, dite Printemps. Ils seront huit à se partager une fortune dont 60% iront à l'État.

La succession, dans sa totalité qui couvre la maison de Neuilly, Corbeval (la fermette et un terrain annexe), les bijoux et le compte courant, s'est élevée à un milliard trois cents millions d'anciens francs [1]. La vente des bijoux eut lieu à l'hôtel George V, le 15 novembre 1977 ; celle des meubles et des bijoux fantaisie, des monnaies et de l'argenterie, les 8 et 16 novembre à Drouot rive gauche.

Dans la chambre d'Yvonne, on retrouve un porte-cigarettes, un crayon – une pointe-mine à étui d'argent

1. Le total exact au centime près est 13 513 775,68 F ainsi répartis : environ 3,5 millions pour les bijoux, 6,6 millions pour la maison de Neuilly qui fut détruite, un peu plus de 5 millions pour les autres lots et près de 187 000 F pour la fermette de Corbeval, son terrain et le terrain annexe.

–, une collection de fèves des rois et des dentelles, des lettres – celles qu'elle n'a pas eu le temps de jeter –, du ruban pour sa Légion d'honneur, un petit carnet de feuilles vierges portant quelques numéros de téléphone dont celui de Jean-Pierre Darras, une image pieuse de saint Vincent de Paul, un miroir de poche dont le verso est un portrait de François Périer datant des années 50.

Les obsèques ont lieu le 21 janvier à treize heures trente, en l'église Saint-Jean-Baptiste de Neuilly. Le père Carré rend hommage à l'artiste et fait un juste portrait de la femme :

« – Elle avait du cœur. Elle avait aussi – ce qui n'est pas fréquent – (...) une sorte d'instinct de la vérité. Et, dans tout ce qu'on pouvait lui dire, elle avait l'art de trier ce qui était sincère et ce qui ne l'était pas. »

Dans l'église a retenti la voix d'Yvonne interprétant ce *Largo* de Haendel qui dit :

« Chante mon âme
Ton chant de paix. »

Berthe Bovy a-t-elle su que la Printemps venait de mourir ? Six semaines plus tard, Berthe s'éteint dans une maison de retraite à Montgeron.

Sur la tombe du couple infernal, seuls sont inscrits leurs noms : Yvonne Printemps – Pierre Fresnay. Aucune date. Yvonne n'a jamais eu qu'un seul ennemi : le temps dont elle n'a pu venir à bout. Au-delà de ses contradictions de femme et de star, au-delà de sa gaieté et de son mal d'être, au-delà de ce qu'elle a montré qui était parfois faux et de ce qu'elle a caché qui était souvent vrai, Yvonne a suivi sa loi : « Bien faire et laisser dire. »

ANNEXES

LA CARRIÈRE D'YVONNE PRINTEMPS

Au music-hall et au théâtre[1]

1908 La revue *Nue Cocotte* de Paul-Louis Flers et d'Eugène Héros – théâtre de la Cigale.

1909 La *Revue de l'Alcazar* de Paul-Louis Flers et d'Eugène Héros – théâtre de l'Alcazar d'Été.
La *Revue des Folies-Bergère* de Paul-Louis Flers – théâtre des Folies-Bergère.

1910 La *Revue des Folies-Bergère* de Paul-Louis Flers – théâtre des Folies-Bergère.
La revue *Halley! Halley! Aux Ambass'* de Paul-Louis Flers et d'Eugène Héros – Café-concert des Ambassadeurs.

1911 La *Revue des Folies-Bergère* – théâtre des Folies-Bergère.
La revue *Ah! les beaux nichons!* de Paul-Louis Flers – théâtre de l'Alcazar d'Été.

1912 La revue *Enfin une revue* de Moreau et Ardot – théâtre de l'Olympia.
L'opérette *Si j'étais roi* de Paul-Louis Flers – théâtre de la Scala.

---

1. Sont ici mentionnées toutes les pièces interprétées par Yvonne Printemps. La grande majorité est constituée de créations. En cas de reprise, la distinction est notée. En revanche, ne sont pas indiquées les reprises de rôles créés par Yvonne Printemps elle-même.

La *Revue de l'Olympia* d'Hugues Delorme – théâtre de l'Olympia.

1913 La revue *Et patati et patata* d'Hugues Delorme et Georges Nanteuil – théâtre des Capucines.

La féerie *Les Contes de Perrault* d'Arthur Bernède et Choudens, musique de Félix Fourdrain – théâtre de la Gaîté-Lyrique.

1914 *L'Opérette des X* – théâtre de l'Olympia.

1915 *La revue 1915* de Rip et Louis Verneuil – théâtre du Palais-Royal.

La Nouvelle Revue 1915 – théâtre Antoine.

La revue *Il faut l'avoir!* de Sacha Guitry et d'Albert Willemetz – théâtre du Palais-Royal.

1916 La revue *Le Poilu* de Maurice Hennequin et Pierre Veber, musique de Maurice Jacquet – théâtre du Palais-Royal.

La revue *Tout avance* d'Albert Willemetz – théâtre du Gymnase.

Le vaudeville à couplets *La Petite Dactylo* de Maurice Hennequin et George Mitchell, musique de Maurice Jacquet – théâtre du Gymnase.

1917 *Jean de La Fontaine* de Sacha Guitry – théâtre des Bouffes-Parisiens.

L'Illusionniste de Sacha Guitry – théâtre des Bouffes-Parisiens.

1918 *Deburau* de Sacha Guitry, musique d'André Messager – théâtre du Vaudeville.

Nono de Sacha Guitry (reprise) – théâtre du Vaudeville.

La Revue de Paris de Sacha Guitry et d'Albert Willemetz – théâtre du Vaudeville.

1919 *Le Mari, la Femme et l'Amant* de Sacha Guitry – théâtre du Vaudeville.

Mon père avait raison de Sacha Guitry – théâtre de la Porte-Saint-Martin.

1920 *Béranger* de Sacha Guitry – théâtre de la Porte-Saint-Martin.

Je t'aime de Sacha Guitry – théâtre Édouard-VII.

Comment on écrit l'Histoire de Sacha Guitry – théâtre Sarah-Bernhardt (représentation unique le 4 décembre pour les adieux de Georges Noblet).

1921 *La Prise de Berg-op-Zoom* de Sacha Guitry (reprise) – théâtre Sarah-Bernhardt.

Le Grand-Duc de Sacha Guitry – théâtre Édouard-VII.

Faisons un rêve de Sacha Guitry (reprise) – théâtre Édouard-VII.
Jacqueline de Sacha Guitry – théâtre Édouard-VII.

1922 *Une petite main qui se place* de Sacha Guitry – théâtre Édouard-VII.
Chez Jean de La Fontaine de Sacha Guitry – théâtre de l'Opéra de Paris, le 22 février.

1923 *L'Amour masqué* de Sacha Guitry, musique d'André Messager – théâtre Édouard-VII.
L'Accroche-cœur de Sacha Guitry – théâtre de l'Étoile.

1924 *La Revue de printemps* de Sacha Guitry et d'Albert Willemetz – théâtre de l'Étoile.

1925 *Une étoile nouvelle* de Sacha Guitry – théâtre Édouard-VII.
On ne joue pas pour s'amuser de Sacha Guitry – théâtre Édouard-VII.
Mozart de Sacha Guitry, musique de Reynaldo Hahn – théâtre Édouard-VII.

1926 *Était-ce un rêve? ou Une comédie nouvelle* de Sacha Guitry – théâtre Sarah-Bernhardt.

1927 *Désiré* de Sacha Guitry – théâtre Édouard-VII.

1928 *Mariette ou Comment on écrit l'Histoire* de Sacha Guitry, musique d'Oscar Straus – théâtre Édouard-VII.

1929 *Histoires de France* de Sacha Guitry – théâtre Pigalle.

1930 *Et vive le théâtre,* revue de Sacha Guitry et Albert Willemetz – théâtre de la Madeleine.
Un soir quand on est seul de Sacha Guitry (reprise) – théâtre de la Madeleine.
Le Veilleur de nuit de Sacha Guitry (reprise) – théâtre de la Madeleine.
La Jalousie de Sacha Guitry (reprise) – théâtre de la Madeleine.

1931 *Franz Hals* de Sacha Guitry – théâtre de la Madeleine.
Sa Dernière Volonté ou L'Optique du théâtre de Sacha Guitry – théâtre de la Madeleine.
La Revue coloniale de Sacha Guitry et d'Albert Willemetz – théâtre de la Madeleine.
La S.A.D.M.P. de Sacha Guitry, musique de Louis Beydts – théâtre de la Madeleine.
Chagrin d'amour de Sacha Guitry – théâtre de la Madeleine.
Monsieur Prudhomme a-t-il vécu? de Sacha Guitry – théâtre de la Madeleine.

1932 *Françoise* de Sacha Guitry – théâtre de la Madeleine.
Le Voyage de Tchong-Li de Sacha Guitry – théâtre de la Madeleine.
1933 *Le Bonheur* d'Henry Bernstein – théâtre du Gymnase.
1934 *Conversation Piece* de Noël Coward – His Majesty's Theatre à Londres et 44th Street Theatre - New York.
1935 *Margot* d'Édouard Bourdet, musique de Francis Poulenc et Georges Auric – théâtre Marigny.
1936 *O Mistress Mine* de Ben Travers, musique de Vivian Ellis et Cole Porter – Saint-James' Theatre à Londres.
1937 *Trois Valses* de Léopold Marchand et Albert Willemetz, musique d'Oscar Straus – théâtre des Bouffes-Parisiens.
1939 *Trois Valses* (reprise) – théâtre de la Michodière.
1940 *Léocadia* de Jean Anouilh, musique de Francis Poulenc – théâtre de la Michodière.
1941 *Comédie en trois actes* d'Henri-Georges Clouzot – théâtre de l'Athénée (reprise à la Michodière en octobre 1942).
1942-
1944 *Père* d'Édouard Bourdet – théâtre de la Michodière.
1945 *Vient de paraître* d'Édouard Bourdet – théâtre de la Michodière.
1946 *Auprès de ma blonde* de Marcel Achard – théâtre de la Michodière.
1948 *Du côté de chez Proust* de Curzio Malaparte – théâtre de la Michodière.
1951 *Le Moulin de la Galette* de Marcel Achard – théâtre de la Michodière.
1952 *Hyménée* d'Édouard Bourdet (reprise) – théâtre de la Michodière.
1954 *Voici le jour* de Jean Lasserre – théâtre de la Michodière.
1956 *Le Voyage à Turin* d'André Lang – théâtre de la Michodière.
1958 *Père* d'Édouard Bourdet – théâtre de la Michodière (reprise mais avec création d'un autre rôle).

Au cinéma

1918 *Un roman d'amour et d'aventures,* film muet réalisé par René Hervil et Louis Mercanton d'après un scénario de Sacha Guitry, avec Sacha Guitry.
1934 *La Dame aux camélias,* scénario d'Abel Gance d'après le roman d'Alexandre Dumas fils, réalisation de Fernan

Rivers (supervision d'Abel Gance) – lyrics d'Albert Willemetz, musique de Reynaldo Hahn ; avec Pierre Fresnay, Jane Marken et Lugne-Poe.

1938 *Adrienne Lecouvreur* réalisé par Marcel Lherbier d'après un scénario de Mme Simone et des dialogues de François Porché ; musique de Maurice Thiriet ; avec Pierre Fresnay, Junie Astor, Madeleine Sologne, Pierre Larquey.

1938 *Trois Valses* réalisé par Ludwig Berger, scénario de Léopold Marchand et d'Albert Willemetz d'après leur opérette inspirée de Knepler et Robinson, musique d'Oscar Straus ; avec Pierre Fresnay, Henri Guisol, Jane Marken, Jean Périer.

1939 *Le Duel* réalisé par Pierre Fresnay d'après la pièce d'Henri Lavedan, *Le Duel* ; scénario et dialogues d'Henri-Georges Clouzot et J. Villard, musique de Maurice Yvain ; avec Pierre Fresnay, Raimu, Raymond Rouleau et François Périer.

1943 *Je suis avec toi* réalisé par Henri Decoin sur un scénario de Fernand Crommelynck, adapté par Marcel Rivet ; musique de René Sylviano, lyrics de Jacques Poterat ; avec Pierre Fresnay, Bernard Blier, Annette Poivre.

1947 *Les Condamnés* réalisé par Georges Lacombe sur un scénario de Solange Térac dont l'adaptation et les dialogues sont signés Marc-Gilbert Sauvageon ; avec Pierre Fresnay, Roger Pigaut, Jacques Castelot.

1949 *La Valse de Paris,* réalisation et scénario de Marcel Achard, musique de Jacques Offenbach adaptée par Louis Beydts ; avec Pierre Fresnay, Jacques Charon, Pierre Dux, Jacques Castelot, Robert Manuel, André Roussin.

1951 *Le Voyage en Amérique* réalisé par Henri Lavorel sur un scénario cosigné par le réalisateur et Roland Laudenbach, musique de Francis Poulenc ; avec Pierre Fresnay, Olivier Hussenot, Jean Brochard.

Discographie

ENREGISTREMENTS ORIGINAUX (ACOUSTIQUES) 78 TOURS

– « *Quand les papillons* » de Vercolier et « *Le Cosaque* » de Montuszko, La Voix de son Maître (Gramophone), P-369 (25 cm).

– *Jean de La Fontaine* de Sacha Guitry : une scène de

l'acte II (Yvonne Printemps chante « Revenez, Amour, revenez » de Lulli) et le monologue de l'acte III par Sacha Guitry, La Voix de son Maître, W-362 (30 cm).

– *Deburau* de Sacha Guitry : un air (musique d'André Messager) et une scène de l'acte II, Pathé (saphir), 0606 (30 cm) – 1926.

ENREGISTREMENTS ÉLECTRIQUES

– *Mozart* de Sacha Guitry, musique de Reynaldo Hahn : acte II, « Air de la lettre » et « Le Petit Menuet » par Sacha Guitry, La Voix de son Maître, P-825 (25 cm) – 12 juillet 1929.

– *L'Amour masqué* de Sacha Guitry, musique d'André Messager : « J'ai deux amants » et le duo de l'acte II avec Sacha Guitry, La Voix de son Maître, P-826 (25 cm) – 12 juillet 1929.

– *Mozart* de Sacha Guitry, musique de Reynaldo Hahn : acte III, « Air des adieux » et la scène de l'interview de *Deburau* par Sacha Guitry, La Voix de son Maître, W-1044 (30 cm) – 1er juillet 1929.

– *Mariette ou Comment on écrit l'Histoire* de Sacha Guitry, musique d'Oscar Straus : scène finale de l'acte II avec Sacha Guitry (en deux parties), La Voix de son Maître, W-1045 (30 cm) – 17 juin 1929.

– *Mariette ou Comment on écrit l'Histoire* de Sacha Guitry, musique d'Oscar Straus : acte III, « Depuis trois ans passés » et *Réflexions* par Sacha Guitry, La Voix de son Maître, W-1046 (30 cm) – 12 juillet 1929.

– *La Grande Duchesse de Gerolstein* de Jacques Offenbach : « Dites-lui qu'on l'a remarqué » et extrait du Divertissement de Chambord de Lulli *(Ariette de Cloris)*, La Voix de son Maître, P-835 (25 cm) – 22 novembre 1929.

– *Pot-pourri d'Alain Gerbault* d'Albert Willemetz (en deux parties) qui réunit des extraits de plusieurs airs connus (« Bonsoir Madame la Lune » de Paul Marinier, « Berceuse tendre » de Léo Darniderff, « Un Bel di Vedremo » de Puccini et « Ce n'est que votre main, Madame » de Ralph Erwin, La Voix de son Maître, W-1175 (30 cm) – 7 janvier 1931.

– *La S.A.D.M.P.* de Sacha Guitry, musique de Louis Beydts : « Air des cartes de visite » et « Sourire aux lèvres », La Voix de son Maître, DB-1607 (30 cm) – 26 novembre 1931.

– « Plaisir d'amour » de Martini et « Au clair de la lune » de Lulli, La Voix de son Maître, DB-1625 (30 cm) – 8 décembre 1931.

– *Conversation Piece* de Noël Coward, His Master's Voice : « I'll follow my secret heart » (acte I, en deux parties avec Noël Coward), DA-61363 (25 cm) ; « Charming! charming! » et « Dear Little Soldiers » (acte I, avec Heather Thatcher, Moya Nugent et Maidie Andrews), DA-1364 (25 cm) ; « English Lesson » (acte II), « Nevermore » (acte III, avec Louis Hayward) et le finale incluant « l'Air de Mélanie » (avec Noël Coward et son ensemble), DA-1365 (25 cm) – enregistrements faits le 6 février et le 1er mars 1934.

– *Margot* d'Édouard Bourdet : deux poésies de Ronsard (« A sa guitare », musique de Francis Poulenc et « Printemps », musique de Georges Auric), La Voix de son Maître, DA-4879 (25 cm) – 20 décembre 1935.

– *O Mistress Mine* de Ben Travers : « Goodbye little dream, Goodbye » de Cole Porter, « When a woman smiles » de Vivian Ellis, His Master's Voice, DA-1539 (25 cm) – 25 novembre 1936.

– *Trois Valses* de Léopold Marchand et Albert Willemetz, La Voix de son Maître : « C'est la saison d'amour » et « Te souvient-il ? » avec Pierre Fresnay, musique de Johann Strauss père, DA-4903 (25 cm) ; « Je ne suis pas ce que l'on pense » avec Pierre Fresnay et « C'est le destin peut-être », musique d'Oscar Straus, DA-4904 (25 cm) ; « Je t'aime » avec chœurs et « Oui, je t'aime ô Paris! » avec chœurs, musique de Johann Strauss fils, DA-4908 (25 cm) – enregistrements le 12 mai et le 10 juin 1937.

– *Ta Bouche* de Maurice Yvain, deux airs : « Pour toi » et « De mon temps », La Voix de son Maître, enregistrements faits le 10 juin 1937 et restés inédits (numéros de matrice : OLA 1864 – OLA 1865) [1].

– *Léocadia* de Jean Anouilh, « Le Chemin de l'amour », musique de Francis Poulenc, et « Je chante la nuit » de

1. En revanche, un enregistrement des airs de *Ta Bouche*, effectué par le Poste parisien vers 1937, fut partiellement utilisé pour l'édition du microsillon : *Yvonne Printemps, trente ans de chant.*

Maurice Yvain, La Voix de son Maître, DA-4927 (25 cm) – 20 décembre 1940.

– *L'Amour masqué* de Sacha Guitry, musique d'André Messager : « Je m'étais juré qu'à vingt ans », « Depuis l'histoire de la pomme », « Les couples de charme », « J'ai deux amants » ; *Véronique* d'André Messager en duo avec Jacques Jansen : « C'est Estelle et Véronique », « Le Duo de l'escarpolette », « Le Duo de l'âne », « Adieu, je pars », La Voix de son Maître, DB-5114 (30 cm) – 6 et 7 mars 1941.

– Extraits du film *Je suis avec toi* d'Henri Decoin : « Mon rêve s'achève » et « Vertige d'un soir », paroles de Jacques Poterat, musique de René Sylviano, La Voix de son Maître, DA-4959 (25 cm) – 1943.

– Sélection de huit mélodies : deux chansons d'Albert Willemetz et Henri Bourtayre (« Si l'on était raisonnable » et « Il faut si peu de chose », DA-5058) ; la « Berceuse » dite de Mozart, de Flies, et le « Largo » extrait de *Xerxès* de Haendel, DA-5057. Le 9 novembre 1953 furent aussi enregistrées la chanson de Marie-Antoinette « C'est mon ami », une villanelle du XVIIIe siècle « Ma belle si ton âme », « Je suis bien » d'Albert Willemetz et Louiguy, « Peine de cœur » d'Henri Contet et Paul Durand, F.D.L.P. 1029, La Voix de son Maître.

A signaler, le tirage limité (diffusion hors commerce), au début des années 50, de la bande chantée du film *La Valse de Paris : La Chanson de Fortunio* (« Si vous croyez que je vais dire »), *La Vie parisienne* (« Je suis veuve d'un colonel » et le finale de l'acte II), *La Périchole* (« Mon Dieu, que les hommes sont bêtes », « Ô mon cher amant »), *Madame Favert* (« La Ronde des vignes »), *Madame L'Archiduc* (« Pas ça »), *La Grande Duchesse de Gerolstein* (« Ah ! Que j'aime les militaires », « Dites-lui qu'on l'a remarqué »), *La Belle Hélène* (« Dis-moi, Vénus » et « Oui, c'est un rêve ») – Golden Age of Opera, New York, 30 cm – EJS 420.

Les succès d'Yvonne Printemps ont été repris régulièrement en 33 tours microsillon, exceptés, à ce jour, « Le Cosaque », « When a woman smiles », « Vertige d'un soir » et « Je chante la nuit ». La dernière réédition est un disque compact chez Pathé Marconi.

Les éléments de cette discographie (établie avec l'aide de François Bellair) sont extraits de *L'Impromptu de Neuilly* et d'un livret en langue anglaise publié en 1978. Il en fut tiré trois cents exemplaires non diffusés auprès du grand public. Cette édition limitée est conçue tel un hommage rendu par un Britannique, Patrick O'Connor, à l'une des vedettes françaises les plus aimées outre-Manche.

Bibliographie

A noter, en premier lieu, les quatre ouvrages de base qui ont aidé à la rédaction de cette biographie d'Yvonne Printemps :

– *Yvonne Printemps ou l'Impromptu de Neuilly*, La Table Ronde, 1953, essai collectif.

– *Sacha Guitry, 50 ans de spectacle* par Dominique Desanti, Grasset et Fasquelle, 1982.

– *Pierre Fresnay* par François Possot et Pierre Fresnay, La Table Ronde, 1975.

– *Yvonne Printemps : Le Doux Parfum du péché* par Claude Dufresne, Perrin, 1988.

Ouvrages complémentaires concernant Sacha Guitry :

– Théâtre complet de Sacha Guitry, club de l'Honnête Homme, 1973.

– *Le Petit Carnet rouge* de Sacha Guitry, Perrin, 1979.

– *Si j'ai bonne mémoire* de Sacha Guitry, Perrin, 1980.

– *A bâtons rompus* de Sacha Guitry, Perrin, 1981 (l'édition de ces trois volumes a été établie par Henri Jadoux).

– *Lucien Guitry raconté par son fils*, Raoul Solar, 1953.

– *Sacha Guitry* par Henri Jadoux, Perrin, 1982.

– *Sacha Guitry : Le Théâtre et l'Amour* par Henri Jadoux, Perrin.

– *Sacha Guitry* par Jacques Lorcey, La Table Ronde, 1971.

– *Sacha Guitry par les témoins de sa vie*, ouvrage établi par Jacques Lorcey, France-Empire, 1976.

– *Sacha Guitry, roi du théâtre* par René Benjamin, Plon, 1933.

– *Sacha Guitry intime* par Fernande Choisel, Éditions du Scorpion, 1957.

– Album Sacha Guitry, établi par André Bernard et Charles Floquet, Éditions Henri Veyrier, 1983.

Ouvrages complémentaires concernant Pierre Fresnay :

– *Je suis comédien* par Pierre Fresnay, Éditions du Conquistador, 1954.

– *Pierre Fresnay* par Albert Dubeux, Calmann-Lévy (collection Masques et Visages), 1950.

– *Fresnay* par Henri Agel, L'Avant-Scène, 1976.

– *Pierre Fresnay : Le Gentilhomme du cinéma*, France-Empire, 1981.

Biographies diverses :

– *Guynemer : L'Ange de la mort* par Jules Roy, Albin Michel, 1986.

– *Charlotte Lysès* par Raymond Herment, Éditions Gardescel – Nice, 1958.

– Jean Jardin : *Une éminence grise* par Pierre Assouline, Balland, 1986.

– *Bernstein le magnifique, 50 ans de théâtre, de passions et de vie parisienne* par Georges Bernstein-Gruber et Gilbert Maurin, Jean-Claude Lattès, 1986.

Livres de souvenirs

– *Rideau à neuf heures* de Louis Verneuil, Éditions des Deux Rives, 1945.

– *Le Ballet de ma vie* de Cléo de Mérode, Pierre Horay, 1955.

– *Dans mon rétroviseur* d'Albert Willemetz, La Table Ronde, 1967.

– *70 ans sur les planches* de Denise Grey, Plon Entracte.

– *Ma vie en vrac* de Pierre Brasseur, Calmann-Lévy, 1972.

– *Mémoires sans mémoire* de Jacques-Henri Lartigue, Robert Laffont, 1957.

– *L'Émerveillé* de Jacques-Henri Lartigue, Stock, 1981.

– *La Confession de Célimène* de Cécil Sorel, Presses de la Cité, 1949.

– *La Jumelle noire* de Colette, Éditions Ferenczi, 1938.

– *Faut-il épouser Sacha Guitry ?* de Jacqueline Delubac, Julliard, 1976.

– *Premiers pas dans le temple* de Béatrix Dussane, Calmann-Lévy, 1955.

– *Par les fenêtres* de Béatrix Dussane, Calmann-Lévy, 1958.

– *La Défense* d'Arletty, La Table Ronde, 1971.

– *La Vicomtesse d'Éristal n'a pas reçu son balai mécanique : Souvenirs d'un jeune homme*, La Table Ronde, 1987.

– *Mes années folles* de Marcel Dalio, Jean-Claude Lattès, 1976.

– *Les Souvenirs de Monsieur Brun* de Robert Vattier, Robert Laffont, 1961.

– *Ma vie privée* de Ginette Leclerc, La Table Ronde, 1963.

– *Le Rideau rouge* d'André Roussin, Albin Michel, 1982.

– *Françoise Giroud vous présente le Tout-Paris*, Gallimard (collection L'Air du Temps), 1952.

– *Les Promeneurs de rêve* de Marcel Karsenty, Ramsay, 1955.

– *Hier, à la même heure* d'Anne Vernon, Éditions de l'Acropole, 1988.
– *Micro de nuit*, de José Artur, Stock, 1974.
– *Pourquoi dites-vous ça en riant?* de Jean-Pierre Darras, Plon, 1984.
– *Mémoires barbares* de Jules Roy, Albin Michel, 1989.
– *Mon rêve avait raison* de Jean-Laurent Cochet, Pygmalion, 1989.

Ouvrages sur l'opérette, le music-hall, le théâtre et le cinéma :

– *Histoire de l'opérette en France* par Florian Bruyas, Éditions Emmanuel Vitte, Lyon, 1974.
– *Music-hall et café-concert* par André Sallé et Philippe Chauveau, Bordas, 1986.
– *Le Théâtre des années folles* par Pierre Brisson, Éditions du Milieu du Monde, 1943.
– *Le Théâtre de Maurice Boissard* par Paul Léautaud, Gallimard, 1958.
– *Le Journal littéraire* de Paul Léautaud, Le Mercure de France, 1955, (réédition 1986).
– *Inoubliables! Visages du cinéma français 1930-1950* par Olivier Barrot et Raymond Chirat, Calmann-Lévy, 1986.
– *Les Reines de la Belle Époque* par Paul Derval, Les Éditions de Paris, 1954.

Ouvrages d'histoire et témoignages :

– *Notre siècle 1900-1988*, par René Rémond, Fayard, 1988.
– *Au temps du Bœuf sur le toit* de Maurice Sachs, La Nouvelle Revue critique, 1939 (réédition Les Cahiers Rouges, Grasset et Fasquelle, 1987).
– *Avant l'oubli* d'Édouard Bonnefous (période 1900-1940), Laffont-Nathan, 1985.
– *La République radicale* par Madeleine Reberioux, Seuil, 1975.
– *La Fin d'un monde* par Philippe Bernard, Le Seuil, 1975.
– *Le Déclin de la IIIe République* par Henri Dubief, Le Seuil, 1975.
– *Notre Avant-guerre* de Robert Brasillach, Plon 1941, (rééditions 1968 et 1981 chez le même éditeur).

Ouvrages sur la période de la Seconde Guerre mondiale :

– *La Guerre à neuf ans* de Pascal Jardin, Grasset, 1971.
– *Guerre après guerre* de Pascal Jardin, Grasset, 1973.
– *Vingt-cinq Ans de liberté* d'Alfred Fabre-Luce, Julliard, 1962.
– *De Munich à la Libération* par Jean-Pierre Azéma, Le Seuil, 1979.
– *La Vie parisienne sous l'Occupation* par Hervé Le Boterf, France-Empire, 1974.
– *La Vie quotidienne des écrivains et des artistes sous l'Occupation 1940-1944* par Gilbert et Jean-Robert Ragache, Hachette, 1988.
– *La France de Pétain et son cinéma* par Jacques Siclier, Henri Veyrier, 1981.
– *Chantons sous l'Occupation* par André Halimi, Olivier Orban, 1976.
– *L'Épuration* par Herbert Lottman, Fayard, 1986.

Index des noms principaux

ABETZ Otto : 230-231, 246.
ACHARD Juliette : 135, 256-257, 349.
ACHARD Marcel : 78, 135, 181, 219, 256-257, 258, 260, 274-275, 282, 284, 289, 324.
ALBERTINI Georges : 250, 319-320.
ALLAIS Alphonse : 39, 40, 44, 68.
ANOUILH Jean : 183-184, 196, 198, 217, 226-227, 240, 243, 248, 251, 255, 265, 273, 277, 284-286, 293-295.
ANTOINE André : 32, 73, 120, 158.
ARDOT Paul : 25.
ARLETTY : 23, 46, 71, 96, 244, 297.
ARTUR José : 261, 263, 281.
ASTOR Junie : 212.
AUDOUARD Yvon : 271.
AURIC Georges : 100, 118, 130, 196.
AURIOL Vincent : 263.
AVRIL Jeanne : 14.
AZNAVOUR Charles : 195.

BAKER Joséphine : 85, 165.
BARRAULT Jean-Louis : 236.
BARREYRE Jean : 228, 261-262, 289, 339, 345, 354.
BARTET Julia : 19, 145, 147, 277.
BAUR Harry : 23, 50, 121, 124, 173.
BEAUVOIR Simone (de) : 247.
BELL Marie : 248.
BERENDT Rachel : 147, 151.
BERGER Ludwig : 209.
BERGMAN Ingrid : 298.
BERNARD Tristan : 18, 40, 42, 68-69, 71, 74, 86, 167.
BERNEDE Arthur : 25.
BERNHARDT Sarah : 18-19, 69, 73, 86, 96, 101, 104, 111, 114, 146, 151, 192, 211, 351.
BERNHEIM Josse et Gaston : 38, 49, 84, 112, 138.
BERNSTEIN Henry : 18, 34, 66, 84, 97, 118-119, 144, 156, 178-181, 207, 219.
BERR Georges : 145-146.
BERTHEAU Julien : 214, 314, 318, 323-324, 328, 333, 347.
BEYDTS Louis : 166, 170, 275, 289.
BLANCHAR Pierre : 124, 156.
BLIER Bernard : 239, 256, 258.
BLONDIN Antoine : 262, 293.
BOUCHER Victor : 18, 34, 120, 169, 194, 208, 226, 278.
BOURDET Claude : 297, 351.
BOURDET Denise : 283.
BOURDET Édouard : 180, 193-194, 196-197, 206, 208, 234, 237, 241, 245, 248, 255, 282-283, 289, 294, 297.
BOVY Berthe : 32, 79, 151, 154-

155, 157, 159, 165, 170, 179, 183-184, 200, 345-346, 356.
BOYER Charles : 179-181.
BRASILLACH Robert : 129, 250, 318-319.
BRIALY Jean-Claude : 350.
BRISSON Pierre : 88, 184.
BRUANT Aristide : 14.
BRÛLÉ André : 165, 169.
BUSSIÈRES Raymond : 242.

CAILLAVET Gaston (de) : 18.
CANOLLE Jean : 320, 322.
CAPUS Alfred : 18, 40, 68, 139.
CAREL Roger : 337.
CARETTE Julien : 124, 207.
CARNÉ Marcel : 232.
CARRÉ Révérend Père : 100, 267, 344-345, 348, 356.
CARTON Pauline : 160, 162, 164.
CASSIVE Armande : 36.
CASTELOT Jacques : 275.
CAUSSIMON Jean-Roger : 204.
CHALIAPINE Fédor : 91, 92, 120, 125, 133, 167.
CHAMBOIS Jean-Henri : 244-245, 248, 269, 272, 332.
CHAPLIN Charlie : 133, 167.
CHARON Jacques : 275.
CHAVANCE Louis : 238, 247.
CHEVALIER Maurice : 19, 22, 131.
CHOISEL Fernande : 172.
CHOUDENS : 25.
CHRISTIAN-JAQUE : 232.
CHRISTINE Henri : 26, 76, 255.
CLARETIE Jules : 144, 149.
CLEMENCEAU Georges : 33, 41, 71-72.
CLOUZOT Henri-Georges : 218, 232-235, 244, 246-247, 284, 294.
COCHET Jean-Laurent : 322.
COCTEAU Jean : 49, 51, 85, 86, 99, 144, 154, 160, 294.
COLAS Eugène : 194.
COLAS Famille : 317.
COLETTE 19-20, 104, 139, 165, 195.
COQUET James (de) : 210.
COWARD Noël : 185-189, 289, 303.
COWL Darry : 306.
CROISSET Francis (de) : 123, 139, 169, 170, 208.
CUREL François (de) : 18, 32.

DAEMS Marie : 281.
DALIO Marcel : 183, 206.
DARRAS Jean-Pierre : 322, 325-328, 337-339, 350, 356.
DARRIEUX Danielle : 239.
DARY René : 204, 210.
DAUPHIN Claude : 346.
DAUSSMOND Betty : 112, 224.
DEARLY Max : 19, 167.
DECOIN Henri : 232-233, 239, 249.
DELAIR Suzy : 219, 233.
DELANNOY Jean : 273, 276, 293, 350.
DE MAX Édouard : 31.
DELORME Danièle : 307, 309-312, 328.
DELORME Hugues : 25.
DELUBAC Jacqueline : 165, 166, 171, 173, 174, 180.
DEVAL Marguerite : 226-227, 234, 237, 288, 297, 302.
DIAGHILEV Serge : 85, 91.
DIOR Christian : 275.
DOLLY Sisters : 78, 116, 131.
DON : 154.
DONNAY Maurice : 18, 42-43, 139.
DOUCET Clément : 85, 164.
DRANEM : 19-20.
DUBAS Marie : 23, 107, 304.
DUFRENY Paul : 164.
DULLIN Charles : 244.
DUMESNIL Jacques : 195.
DUSE La : 192.
DUSSANE Béatrix : 147, 149, 152.
DUVERNOIS Henri : 97, 104, 150, 203.
DUX Pierre : 275, 307, 309, 345.

ESCANDE Maurice : 147, 160-161.

FABRE Émile : 150-152.
FALCONETTI Renée : 150.
FERAUDY Maurice (de) : 121, 131, 146.
FERNANDEL : 246.
FERRARE Marthe : 107.
FEYDEAU Georges : 45, 66, 68.
FLERS Paul-Louis : 17, 20, 25.
FLERS Robert (de) : 18, 96, 123, 139, 208.
FOLLEREAU Raoul : 266-267.
FOURDRAIN Félix : 25.
FRANCE Anatole : 69, 70, 84.
FRANCK Alphonse : 116, 138.
FRANCK Pierre : 307, 311.
FRANÇOIS Jacques : 234, 238, 333.
FRESNAY Pierre : 87, 95, 139-140, 143-157, 160-163, 168, 170, 175-177, 181-187, 189-192, 195-196, 198-200, 204-205, 207-209, 211, 213-222, 226, 228-229, 231, 233-242, 244-250, 256, 285, 287-290, 292-298, 302-306, 309-312, 314-316, 318-328, 332-340, 343-350, 354.

GABIN Eugène : 19, 34.
GABIN Jean : 19, 206.
GALABRU Michel : 332, 334-335.
GANCE Abel : 192, 248.
GARBO Greta : 180, 212.
GARRY Claude : 144-145.
GAUTIER Jean-Jacques : 39, 315.
GAVOTY Bernard : 289.
GENIER Firmin : 145, 147.
GÉRALDY Paul : 144, 256, 284.
GERBAULT Alain : 160.
GRANIER Jeanne : 19, 96, 120.
GRANVAL Charles : 154.
GRAVEY Fernand : 286.
GREVEN Alfred : 232, 234.
GREY Denise : 23, 121, 131.
GUÉRIN François : 297, 298.
GUERLAIN Jacques : 83.
GUÉTARY Georges : 246.
GUEZ Gilbert : 291.
GUILBERT Yvette : 14, 19, 78, 116.
GUISOL Henri : 210.
GUITRY Jean : 69, 91.
GUITRY Lucien : 19, 32, 40, 44, 68-69, 72-75, 86-88, 90, 92, 96-97, 101, 102, 104, 109, 111-112, 118-122, 127, 130, 138-139, 145-146, 167, 170, 178, 281, 326, 351.
GUITRY Sacha : 18-20, 26, 30-32, 36-49, 53, 55-71, 72-75, 77-79, 81-103, 105-112, 115-120, 122, 140, 155-177, 180-182, 191, 200, 244, 255, 259, 261-262, 266, 279, 281, 288, 292, 327, 335, 351.
GUYNEMER Georges : 50-55, 57-59, 61, 99, 286, 336.

HAHN Reynaldo : 111, 123-124, 191, 205.
HALLER Bernard : 328-331.
HENNEQUIN Maurice : 45, 49.
HÉROS Eugène : 25.
HERVIL René : 71.
HIEGEL Pierre : 287-288.
HOUVILLE Gérard (d') : 112.

ISOLA Émile et Vincent : 25.
IVERNEL Daniel : 336.

JADOUX Henri : 119.
JARDIN Jean : 222-223, 227, 231-232, 236, 240, 249, 252, 256, 280, 289, 293.
JARDIN Pascal : 222-223.
JEAN-CHARLES : 25.
JOANNON Léo : 232, 236, 293, 294.
JOUVET Louis : 183, 206, 233, 256.

KARSENTY Marcel : 258.
KARSENTY Robert : 258-259, 284, 298, 335, 339.
KERIL Yvan : 102.
KREISLER Fritz : 199.

LACOMBE Georges : 233, 235, 238, 267.
LANG André : 289.
LANVIN Jeanne : 78-81, 89, 94, 104, 108, 125, 131, 159, 163, 171, 176, 200.
LA PATELLIÈRE Denys (de) : 201, 282.
LARQUEY Pierre : 227, 235, 237, 239, 297.
LARTIGUE Jacques-Henri : 61, 95-96, 98-100, 102-108, 110, 113-115, 118, 122-124, 130-131, 138, 157, 162, 259.
LARTIGUE Maurice : 61.
LAUDENBACH Philippe : 313, 329.
LAUDENBACH Roland : 262, 270, 281, 293, 294, 296.
LAVEDAN Henri : 217.
LAVOREL Henri : 281, 293.
LÉAUTAUD Paul : 97, 132, 134, 165.
LE BARGY Charles : 120, 146, 148.
LECLERC Ginette : 238, 244, 247.
LECONTE Marie : 155.
LEDOUX Fernand : 150, 267.
LEFÈVRE René : 248.
LE GALLO : 34.
LEIRIS Michel : 247.
LEROY Georges : 147.
LE VIGAN Robert : 206, 249, 286, 288, 294-295.
L'HERBIER Marcel : 210-211.
LIFAR Serge : 85, 244.
LUGUET André : 338.
LYSÈS Charlotte : 30, 36, 40-45, 48-49, 55-56, 59-60, 68, 70, 77, 83, 138, 160.

MALAPARTE Curzio : 196, 269-270, 295.
MANSON Héléna : 238-239.
MARCEAU Félicien : 316.
MARCHAND Léopold : 203.
MARCONI Lana : 292.
MARNAC Jane : 20, 30.
MARVILLE Marie : 17.
MARCABRU Pierre : 295.
MAS Émile : 147.
MAUREY Max : 138.
MAYOL Félix : 19.
MELBA : 125.
MERCANTON Louis : 71, 211.
MÉRODE Cléo (de) : 111.
MESSAGER André : 26, 30, 78, 97, 100, 102-108, 110, 112, 117, 122-123, 131, 158, 205, 287.
MEURISSE Paul : 246.
MINNAZOLI Christiane : 325.
MIRBEAU Octave : 38, 68.
MISTINGUETT : 25, 79, 85.
MONET Claude : 38, 49, 70-71, 82.
MOREAU Émile : 25.
MORENO Marguerite : 165.
MORLAY Gaby : 178 (note), 244.
MORTON : 27.
MOUNET Paul : 145-146, 149.
MOUNET-SULLY : 73, 146.
MUSSOLINI Benito : 168.

NANTEUIL Georges : 25.
NATANSON Jacques : 124, 156.
NEVEUX Georges : 183.
NOAILLES Anna (de) : 124.
NOBLET Georges : 44, 107, 155.
NOE Yvan : 156, 181.
NOZIÈRE Fernand : 32.

OBEY André : 186, 189, 244.
OFFENBACH : 35, 107, 116, 274-275.
OZERAY Madeleine : 199.

PAGNOL Marcel : 156-157.
PARAVICINI Madame : 27-29, 196.
PASSEUR Steve : 181, 244.
PAULUS : 19.
PÉRIER François : 219, 252, 261-262, 278-279, 286, 289, 302-303, 312-313, 316-318, 322, 350, 356.
PÉRIER Jean : 80, 114, 120.

PERRY Jacques : 314-315.
PÉTAIN Philippe : 33, 40, 61, 73, 111, 215, 225, 230-231, 236, 242-243, 250.
PICAUT Roger : 268.
PITOEFF Georges : 241.
PITOEFF Ludmila : 192.
POIVRE Annette : 243.
POLAIRE Pauline : 19-20.
POLIN : 96.
PONT-JEST Renée (de) : 42.
PORCHÉ François : 147, 211.
PORTER Cole : 199.
PORTO-RICHE Georges (de) : 18, 68, 104, 194.
POULENC Francis : 60, 196, 226, 282.
PRÉJEAN Albert : 244.
PUGET Claude-André : 181, 219, 244.

QUINSON Gustave : 33-35, 45, 194, 208.

RAIMU : 23, 36, 45, 156-157, 270.
RÉJANE : 18, 145.
RENANT Simone : 155, 179, 195.
RENARD Jules : 40, 68.
RENAUD Madeleine : 238, 267, 270.
RENOIR Jean : 205-207.
RENOIR Pierre : 206, 236.
RENOUARDT Jane : 44, 61, 99-100, 286.
RIP Georges Thenon : 33, 35, 165.
RIVERS Fernand : 191.
ROSSI Tino : 244.
ROTHLISBERGER : 167.
ROULEAU Raymond : 218.
ROUSSIN André : 157, 256, 269-270, 272-273, 278, 284, 316, 325, 332-333, 338, 345.
ROUX Michel : 322-324, 351.
RUBINSTEIN Arthur : 87, 138, 298.
RUBINSTEIN Ida : 192.

SACHS Maurice : 85.
SAINT-PIERRE Michel (de) : 293, 328, 337.
SALACROU Armand : 315.
SARMENT Jean : 150, 208, 235.
SARTRE Jean-Paul : 247.
SAVOIR Alfred : 173.
SCHNEIDER Hortense : 274.
SIGNORET : 31-33.
SIMON Michel : 164, 179.
SIMON René : 326.
SIMONE Madame : 211-212.
SOLIDOR Suzy : 244.
SOLOGNE Madeleine : 213.
SOREL Cécile : 61, 79, 124, 126-128, 133.
SPINELLY : 34.
STANISLAVSKI : 73, 146.
STRAUS Oscar : 155, 202.
STROHEIM Eric (von) : 206.
SULLY Mariette : 112.
SYLVAIN : 146.
SYLVIE : 195.

TAINSY Andrée : 290.
TERRASSE : Claude : 78.
TESSIER Valentine : 79, 124.
THIROLOIX Jules : 118-119, 227.
THIROLOIX Paul : 227, 261, 279, 289, 307, 354.
TOSCANINI Arturo : 136.
TOURNEUR Maurice : 232-233.
TOUTAIN Blanche : 18.
TRÉBOR Robert : 32, 85, 165, 169, 191.
TRIOLET Elsa : 271.

VALENTIN Monelle : 251, 284, 286.
VALLÉE Yvonne : 131.
VÉBER Pierre : 45.
VÉDRINES Jules : 32, 52.
VERMOREL Claude : 248.
VERNEUIL Louis : 31-35, 208.
VERNON Anne : 298.
VILBERT : 30, 35-36, 107.
VITOLD Michel : 247.

VOLTERRA Léon : 27, 30, 124, 156.
VUILLARD Édouard : 84, 94-95, 174, 188-189, 230, 263.

WIÉNER Jean : 85, 164, 205.
WIGNIOLLE Palmyre : 11-18, 22, 24, 29, 65, 77, 86, 120, 189-191, 230, 251-252, 281.
WILLEMETZ Albert : 34, 36, 39, 41, 49, 52, 76, 78, 82, 90, 112, 116-117, 130, 138, 160, 164, 169-171, 191, 199, 202-203, 208, 224, 227, 240, 260-262, 269, 278, 289, 297, 301, 310, 353.

YVAIN Maurice : 235, 255, 271.

Remerciements

Je voudrais dire ma gratitude à ceux qui m'ont accueillie, à plusieurs reprises parfois, et qui ont fait appel à leur mémoire pour que ce portrait d'Yvonne Printemps soit dressé au plus juste de sa personnalité :

– M. et Mme Henri Le Boulère, M. et Mme André Boulay, neveux par alliance et nièces d'Yvonne Printemps : qu'ils soient remerciés pour la confiance qu'ils m'ont témoignée et leur fidélité à une tante si dérangeante,

– Mme Paulette Truchot, sa fille Janine et son gendre André Delas d'Eym, son fils Bernard et sa belle-fille Michèle, son neveu Serge Willemetz : ils étaient la seconde famille d'Yvonne Printemps et se sont montrés des interlocuteurs patients, curieux et justes,

– Les docteurs Pierre et Jacques Thiroloix qui ont grandi dans l'entourage d'Yvonne Printemps et de Pierre Fresnay, et dont le grand-père Jules Thiroloix fut le médecin de Sacha Guitry,

– Philippe Laudenbach, neveu de Pierre Fresnay, Catherine Laudenbach – épouse de Roland – et François Possot, auteur d'un volume sur Fresnay dont il était l'ami,

– Mmes Annette Poivre et Catherine Anouilh, MM. André Roussin et Bernard Blier, aujourd'hui disparus, dont les témoignages me furent précieux,

– François Périer, Julien Bertheau et son épouse Micheline, Bernard Haller, Michel Roux, Michel Galabru, José Artur : tous ont fait revivre la comédienne et la directrice de théâtre; comme d'autres si liés à la Michodière : Martine Saint-Willemetz, Dominique Marcas, Robert Deslandes et son épouse, et surtout, pour son aide attentive, Claude Simonet, administrateur, confident et ami jusqu'à la fin,

– Merci à Mmes Arletty, Davia, Mireille, Héléna Manson, Suzy Delair et à MM. Jacques Dumesnil et Fernand Ledoux, ainsi qu'à trois réalisateurs : Jean Delannoy, Georges Lacombe, et Denys de La Patellière pour une phrase ou une scène,

– Merci à Claude et Ida Bourdet de leur accueil, à Florette Lartigue, à Félicien Marceau, François Bellair, Yves Lanvin – neveu de Jeanne Lanvin –, au docteur Émile Oudot, à Alain Duault pour ses conseils, à Robert et Marcel Karsenty, à Magdeleine Colas et sa fille Micheline Holtzer-Colas, à Jacques Crépineau, actuel directeur du théâtre de la Michodière,

– Merci à de nombreux comédiens et autres amis d'Yvonne Printemps pour leurs témoignages : Geneviève Barrault qui a créé en 1980 le « Club des amis d'Yvonne Printemps », Antoine Blondin, Blanchette Brunoy, Roger Carel, Jacques Castelot, Jean-Henri Chambois, Thierry Clément, Jean-Laurent Cochet, Darry Cowl, Jean-Pierre Darras, Rosine Delamare, Jacques Delore, Danièle Delorme, Jean Desailly et Simone Valère, Pierre Franck, Jacques François, Yvonne Gaudeau, François Guérin, Daniel Ivernel, Bernard Latour, Michel Lengliney, Corinne Le Poulain, Robert Manuel, Christiane Minazzoli, Roger Pigaut, Simone Pineau-Baudry, Alain Quercy, Simone Renant, Claude Rich, Catherine Rouvel, Jean-Paul Sassy, Madeleine Sologne, Claude Sylvian, Pierre Trabaud,

– Un remerciement particulier au R.P. Carré pour sa compréhension et sa bienveillance, à Max Favalelli pour son infaillible soutien et à Christian Freyburger qui m'a permis d'entendre, presque en direct, ses dernières conversations avec Yvonne Printemps au seuil de la mort,

– Merci enfin à André Bernard de nous avoir permis d'utiliser en couverture de cet ouvrage un portrait d'Yvonne par Sacha Guitry ; merci à la maison Guerlain de son autorisation pour l'emploi du nom d'un de ses parfums, *L'Heure Bleue.*

Table des matières

Chapitre 1 : 1894-1917 9

Automne 93 : le train manqué/A Ermont, les années difficiles/La rencontre de Marie Marville/De la petite Yvonne à Yvonne Printemps/« Para »…/*La Revue 1915*/Charlotte, Albert, Sacha et les autres/Sacha est amoureux/Où Yvonne rencontre un héros/L'année 1917.

Chapitre 2 : 1918-1927 63

Un début de conte de fées/*Deburau :* la Dame aux camélias rencontre Lucien Guitry/Les deux amies : Jeanne et Jane/Après-guerre : des lendemains qui chantent/Yvonne se marie/1920 : le voyage à Londres/*Je t'aime*/La rencontre de Jacques-Henri Lartigue/1923 : le triomphe de *L'Amour masqué*/Les folles semaines de janvier 1924/La mort de Lucien/L'enfant prodige : *Mozart*/De Londres à New York/Odette et Désiré.

Chapitre 3 : 1928-1945 141

Pierre Fresnay ou les rébellions d'un jeune premier/Yvonne-la-Cavaleuse : le temps des transitions/1931 : l'année de *Franz Hals*/Sacha dépossédé/*Le Bonheur :* Yvonne joue Bernstein/La rencontre du jeune homme pauvre/*Conversation Piece* ou l'éloignement/La Dame aux camélias devient Margot/Interlude/1937 : *Trois Valses* et tous les succès/*Adrienne Lecouvreur* made in Germany/Drôle de guerre/Une maison pour deux/

États de guerre/« Mon rêve s'achève »/1944-1945 : « La grande dérobade »/La mort de Palmyre.

Chapitre 4 : 1946-1958 253

Auprès de ma blonde/Scènes de la vie quotidienne/L'année de *Monsieur Vincent*/« Le jeu de l'amour et de la cruauté »/*La Valse de Paris*/François Périer à la Michodière/La brouille avec Anouilh/« Jamais, jamais, je ne te laisserai un jour en paix! »/Le neveu de Pierre/1958 : le dernier rôle.

Chapitre 5 : 1959-1975 299

« Cinquante-quatre ans sur scène : ça suffit! »/La rose de Lust/*Le Neveu de Rameau* et l'affaire Salacrou/Le départ de François Périer/La générale du *Truffator*/Portrait d'une dévoreuse/L'homme aux yeux bleus/Une soirée au Coupe-Chou/« Elle me mène la vie dure »/La mort de Pierre Fresnay.

Épilogue : 1975-1977.......................... 341

La carrière d'Yvonne Printemps........... 359

Bibliographie.............................. 369

Index.. 373

Remerciements........................... 379

Cet ouvrage a été réalisé sur
Système Cameron
par la SOCIÉTÉ NOUVELLE FIRMIN-DIDOT
Mesnil-sur-l'Estrée
pour le compte des Éditions Robert Laffont
le 28 août 1989

Imprimé en France
Dépôt légal : septembre 1989
N° d'édition : 31557 – N° d'impression : 10871